宁夏大学马克思主义理论研究与学科建设工程丛书

农民内生能力研究
以宁夏为例

A STUDY ON THE ENDOGENOUS CAPACITY OF FARMERS
— Taking Ningxia as an Example

马金龙 张 颖

———————— 著

社会科学文献出版社
SOCIAL SCIENCES ACADEMIC PRESS (CHINA)

目　录

绪　论

一　研究背景和研究价值

（一）研究背景

随着脱贫攻坚战的全面胜利，巩固拓展脱贫攻坚成果同乡村振兴有效衔接问题已经摆在我们面前。党的十九大报告提出"产业兴旺、生态宜居、乡风文明、治理有效、生活富裕"的总要求，指明了乡村振兴的努力方向和目标。党的二十大报告提出"扎实推动乡村产业、人才、文化、生态、组织振兴"的新要求，明确"巩固拓展脱贫攻坚成果，增强脱贫地区和脱贫群众内生发展动力"[①]。天地之大，黎元为先。作为全面推进乡村振兴的出发点和落脚点，让亿万农民生活更加美好必须增强低收入农户内生能力，推动低收入农户增收致富，从而使其共享农村改革与发展成果。

"资源是人类赖以生存的物质基础，是人类创造财富的重要源泉。在丰富多样的资源中，活跃性最强、能力性最高、价值创造力最强大的当属人力资源。"[②] 人力资本含金量高的人力资源是促进经济发展的第一力量。奥地利经济学家熊彼特认为，人力资本储备对经济的创新和创造能力起到决定作用，同时驱动着经济增长。纳尔逊和菲利普斯提出人力资源与经济增长具有正相关关系。[③] 卢卡斯从宏观上分析人力资本对经济增长的作用，强调人

---

① 习近平：《高举中国特色社会主义伟大旗帜 为全面建设社会主义现代化国家而团结奋斗——在中国共产党第二十次全国代表大会上的报告》，人民出版社，2022，第31页。

② 张翊：《我国农村人力资源开发的路径分析》，《农业经济》2015年第12期。

③ R. R. Nelson, E. S. Phelps, "Investment in Humans, Technological Diffusion, and Economic Growth," *American Economic Review*, 56.1 (1966): 69-75.

力资本的积累可以有效促进经济增长。[1] 具体来说，人力资本促进农村经济发展有三大效应，即要素效应、溢出效应和吸纳效应。[2] 要素效应是指人力资本同自然资源、劳动力、物质资本等生产要素一样，是生产过程中不可或缺的要素之一，人力资本的不断投入会极大地提高劳动生产率，进而促进经济的增长。特别是农村人力资源投资，以教育培训、健康和有效流动等为主要内容的人力资源投资对农村经济发展具有积极作用。溢出效应是指某要素参与某项活动或行为时，这一要素不仅会对活动或行为产生预期的效果，而且会对活动或行为之外的人或物产生积极影响。罗默的新经济增长理论强调了知识、技能具有溢出效应，在农业生产中人力资本溢出效应更加突出。吸纳效应是指发挥人力资本优势，引进先进技术，吸引其他地区或国家的物质资本等要素进入，从而促进当地经济社会发展。中国的大城市人力资本溢出效应明显，它们吸引了具有丰富人力资本的人才聚集城市，促进城市快速发展。大城市的人力资本溢出效应可以为农民内生能力的提升提供经验借鉴。

踏上全面建设社会主义现代化国家新征程，全面推进乡村振兴、加快建设农业强国，必须进一步落实巩固拓展脱贫攻坚成果同乡村振兴有效衔接。如何有效防止"返贫"？如何打破贫困代际传递？如何推动农民增收致富？这些问题的解决，都需要对农民内生能力进行深入探讨和研究，以期更好地推进乡村振兴战略，从而实现农业强、农村美、农民富的美好画卷。

（二）研究价值

宁夏巩固拓展脱贫攻坚成果与农民内生能力研究是立足于脱贫攻坚与乡村振兴两大战略的历史交汇期和政策衔接的过渡期，从农民内生能力建设角度探索巩固拓展脱贫攻坚成果同乡村振兴有效衔接的路径，对提高农民的幸福感、获得感具有十分重要学术价值和应用价值的研究。

1. 学术价值

巩固拓展脱贫攻坚成果是近一段时间学界关注的热点，虽然管理学、经济学、社会学、政治学等领域的专家学者都在做相关的研究，但大多数集

---

[1] R. E. Lucas Jr. , "On the Mechanics of Economic Development，" *Journal of Monetary Economics*，22. 1 （1988）：3-42.

[2] 李雪平：《湖北省农村人力资本对农村经济增长的影响分析》，《决策咨询》2017 年第 3 期。

中于农村建设、制度建设等宏观层面，从农民角度进行研究的深度和广度还有很大的发掘空间。本书围绕宁夏农民内生能力建设探索巩固拓展脱贫攻坚成果的有效路径，相较于已有的研究更具有具体性和针对性，从理论上进一步丰富了巩固拓展脱贫攻坚成果同乡村振兴有效衔接的研究成果。

2. 应用价值

激发农民内生发展动力是深化精准扶贫的基础，更是巩固拓展脱贫攻坚成果的重要手段。研究宁夏巩固拓展脱贫攻坚成果和农民内生发展动力建设，让政策与实际需求更好地对接，多措并举激发农民内生发展动力，实现巩固拓展脱贫攻坚成果同乡村振兴有效衔接，有利于宁夏社会经济的全面发展。

二 国内外研究现状述评

（一）国内关于农民内生能力的研究

1. 从增加农民收入视角来看

乡村振兴的落脚点是农民的"生活富裕"。农民收入水平既是衡量农民生活水平高低的重要指标，也是衡量乡村振兴的现实标志。正如习近平总书记强调的："检验农村工作实效的一个重要尺度，就是看农民的钱袋子鼓起来没有。"[1] 李小静认为，使农民的务"农"收入持续增长，才能激发他们的积极性，进而促进乡村"产业兴旺"。[2] 李晓青等提出了不忘初心勇于担当、扶贫济困守望相助、自力更生开拓进取、敢想敢干勇于探索四个维度来概括脱贫攻坚精神的基本内涵。[3] 徐振从吸引大学生回乡创业角度入手，提出大学生回乡创业路径，为农村发展带来更多创业机会。[4] 李实等提出在实施乡村振兴战略时应当加快城乡要素市场化的改革进程、加强产业融合的集约型村庄建设、保障农村公共服务供给等。[5]

2. 从加强生态文明建设视角来看

绿水青山就是金山银山。建设环境优美的社会主义新农村是实现乡村振兴

---

① 习近平：《论"三农"工作》，中央文献出版社，2022，第 203 页。
② 李小静：《乡村振兴战略视阈下农民可持续增收路径探析》，《农业经济》2021 年第 4 期。
③ 李晓青、唐剑：《逻辑、内涵及价值：脱贫攻坚精神解析》，《理论视野》2020 年第 11 期。
④ 徐振：《乡村振兴战略背景下大学生回乡创业路径》，《农业经济》2021 年第 4 期。
⑤ 李实、陈基平、滕阳川：《共同富裕路上的乡村振兴：问题、挑战与建议》，《兰州大学学报》（社会科学版）2021 年第 3 期。

战略的基础和前提。从生产到生活，离开了生态与绿色，乡村就失去了本色。王志章等基于西部10省（区）85村1143户的微观调查数据对联动机制建设、产业发展根基、乡村生态治理、乡村文明建设等方面做了深入研究，提出多方联动、扩大产业、加强乡村治理、打造绿色文明的新农村对策。[①] 陈冬仿指出，提高农民生态文明意识是乡村生态振兴的必然要求、乡村文化振兴的应有之义和乡村人才振兴的现实需要。[②] 王晓毅认为乡村振兴是生态文明的实现途径，应当注意克服工业化农业的问题，提升乡村产业和社会生活的多样性。[③]

3. 从提高治理体系和治理能力视角来看

国内学者从提高乡村治理体系和治理能力视角出发研究巩固拓展脱贫攻坚成果同乡村振兴有效衔接方面的成果丰富。龚冰等在对兰考县的经验总结中强调了推进县域治理体系和治理能力现代化的重要路径和方法。[④] 李迎生从宏观制度设计、微观机制设计两个方面提出构建一体化反贫困制度体系。[⑤] 汪三贵、冯紫曦指出，脱贫攻坚与乡村振兴目标相连，层层推进，脱贫攻坚是乡村振兴的前提，乡村振兴是巩固脱贫攻坚的力量保障。在设计乡村振兴体制机制和政策体系时，要把落后地区和相对贫困人口作为重点关注对象，确保城乡差距、地区差距和居民的收入与生活质量差距进一步缩小。[⑥]

4. 从能力贫困理论视角来看

国内关于能力贫困的研究经历了对阿马蒂亚·森（Sen）（又译作阿玛蒂亚·森）的能力贫困理论的引进、评述和应用的过程。胡道玖认为可行能力既有建构性的价值自由，又有工具自由，是一种多元的实质自由。[⑦] 李正彪指出中国反贫困应该重视采取恰当的公共政策以提高贫困人口的

① 王志章、杨志红：《西部地区脱贫攻坚与乡村振兴战略的融合之路——基于10省85村1143户的微观调查数据》，《吉首大学学报》（社会科学版）2020年第2期。
② 陈冬仿：《乡村振兴战略视角下农民生态文明意识培养路径探索》，《农业经济》2021年第4期。
③ 王晓毅：《生态文明话语下的乡村振兴》，《南京工业大学学报》（社会科学版）2019年第5期。
④ 龚冰、吕方：《"摘帽县"如何巩固拓展脱贫成果？——基于兰考县案例的思考》，《甘肃社会科学》2020年第1期。
⑤ 李迎生：《构建一体化的反贫困制度体系》，《理论导报》2020年第7期。
⑥ 汪三贵、冯紫曦：《脱贫攻坚与乡村振兴有效衔接的逻辑关系》，《贵州社会科学》2020年第1期。
⑦ 胡道玖：《可行能力：阿马蒂亚·森的发展经济学方法及价值关怀》，《福建论坛》（人文社会科学版）2014年第4期。

可行能力。① 高燕提出要立足于贫困者的能力建设，通过增强其能力来帮助受助者彻底地摆脱贫困。② 国内对阿马蒂亚·森的能力贫困理论的应用性分析主要表现在以其理论和框架来分析中国的贫困问题，并提出相应的对策。宁夏农民内生能力建设研究是为了寻找适合宁夏巩固拓展脱贫攻坚成果的积极应对，阿马蒂亚·森的理论本土化为我们提供了有益的理论参考。

（二）国外关于农民内生能力的研究

贫困是人类共同的敌人，世界各国把消除贫困作为本国发展的主要目标之一。西方国家对贫困问题的研究由来已久，随着资本主义的兴起，西方国家经历了资本主义经济发展初期的"工具性"贫困观向二战后的多元化贫困观转变。

1. "工具性"贫困观研究

"工具性"贫困观的关注重点在于收入和消费，认为穷人的不幸主要来源于懒惰、缺乏进取心和理性的行为方式。布斯（Booth）和朗特里（Rowntree）在 19 世纪末先后对伦敦郊区和约克郡的贫困情况进行了大规模的调查研究，布斯以个体统计资料为特征，把"穷人"定义为一周的经济收入在 1 英镑及以下的人群③，而朗特里认为"贫困"的内涵是一个家庭的总收入无法维持家庭人口最基本的生存所需④。二人从收入角度界定了"绝对贫困"标准，奠定了西方近代贫困研究的基石。

2. 多元化贫困观研究

20 世纪 60 年代，学者们对贫困的定义更加多元化。汤森（Townsend）认为贫困是由于资源的有限性，部分人失去了参加正常社会生活和获得常规社会生活水平的权利。⑤ 福克斯（Fuchs）最早提出了相对贫困的概念并重新划定了贫困标准。随后，勒努瓦（Lenior）提出了社会排斥理论，阿

---

① 李正彪:《简论阿马蒂亚·森理论对中国反贫困的启示》,《中国青年政治学院学报》2003 年第 1 期。

② 高燕:《中国农村的贫困问题研究——基于阿玛蒂亚·森的能力视角》,《劳动保障世界》（理论版）2013 年第 1 期。

③ C. Booth, *Life and Labour of the People in London* (London: Macmillan Press, 1902).

④ B. S. Rowntree, *Poverty: A Study of Town Life* (London: Macmillan Press, 1901).

⑤ P. Townsend, *Poverty in the United Kingdom: A Survey of Household Resources and Standards of Living* (London: Penguin Books, 1979).

马蒂亚·森提出了能力贫困理论，标志着西方社会的贫困观从"工具性"转向对人性的追求，由单一视角转向多元化视角。

3. 能力贫困理论研究

19世纪80年代，阿马蒂亚·森从可行能力视角衡量和评价一个人的生活状况，认为贫困的实质是人们缺乏改变生存状况、抵御生活或生产风险、抓住经济机会并获得经济利益的能力，而人们拥有选择的权利和获取必要的资源的机会是获得并提高能力的关键。① 而后，能力贫困理论得到普遍认可，联合国开发计划署在《2003年人类发展报告》中提出了六条解决贫困问题的新思路，其核心在于改善社会发展环境，提高人们的可行能力。对于阿马蒂亚·森的可行能力理论，国外学者也不乏质疑之声，认为可行能力本身内涵比较模糊，在实践层面的自由论述比较乏力。比如，努斯鲍姆（Nussbaum）在质疑的同时从制度视角强调政府在发展和提升个人可行能力上的作用。②

（三）国内外关于农民内生能力研究现状评析

阿马蒂亚·森的能力贫困理论使得贫困问题的研究视角从区域转移到人本身，该理论指出，仅仅衡量收入已经不足以概括贫困的本质，应该从可行能力方面进行考察。这就将贫困的成因和本质内生化，政府得以寻找贫困的根源，进而采取行之有效的救济方法。虽然国外学者对能力贫困理论存在一些质疑，但能力贫困理论的发展为我们深入理解贫困成因、探索巩固拓展脱贫攻坚成果路径提供了理论基础。从提升农民内生能力视角研究巩固拓展脱贫攻坚成果同乡村振兴有效衔接，具有切实的理论可行性。

随着能力贫困理论在国内的传播和发展，已有不少涉及可行能力的研究，主要表述为自我发展力、内生能力等。但通过文献梳理不难发现，虽然关于内生能力的相关理论不断丰富，但实证研究较少，缺乏理论与实际相结合的内容成果。此外，相关研究以宏观视角和制度层面的成果为主，缺少单独从内生能力出发的研究成果。开展对宁夏农民内生能力的实证研究要紧紧围绕农民的主体地位，在理论和实际相结合的基础上，提出切实可行的发展路径。

① A. Sen, *Development as Freedom* (Oxford: Oxford University Press, 1999).
② M. C. Nussbaum, *Creating Capabilities: The Human Development Approach* (Massachusetts: Harvard University Press, 2011).

三　研究内容、方法、思路

（一）研究内容

1. 研究对象

本书以宁夏农民内生能力为研究对象。根据阿马蒂亚·森的可行能力理论，内生能力是指个人所拥有的能够自由获取所需资源的驾驭性力量，这种力量源于自身，是人实现自我发展和自身价值的能力，是一种内生性的发展能力。郭劲光等构建了包含经济能力、政治能力、文化能力和社会能力的内生能力系统。[①] 通过前期对宁夏农民人力资本的初步调研，我们发现宁夏低收入农户群体仍然面临信息闭塞，文化水平层次低，经济收入水平低，公平地获取公共产品和服务的机会、权利缺少，以及由长期处于物质匮乏和精神生活贫瘠的发展困境而造成的消极生存心态等困难，返贫风险较高且直接影响巩固拓展脱贫攻坚的成效。根据学界前期研究成果和对宁夏低收入农户内生能力的初步调研，本书将从宁夏低收入农户经济收入能力、政治参与能力、文化发展能力以及社会交往能力四个维度衡量当前宁夏低收入农户的内生能力。

2. 总体框架

除绪论外，本书共分为六个部分。

第一部分为宁夏农民内生能力的理论内涵。结合前人的研究成果和宁夏脱贫成果的初步调研情况，对低收入农户内生能力进行概念界定；从可行能力理论、参与式发展理论、赋权理论和人力资本理论四个方面进行理论基础分析；基于概念界定和理论基础分析，阐述低收入农户内生能力的构成要素。

第二部分为宁夏农民内生能力的概况分析。具体对宁夏基本情况和宁夏脱贫攻坚成果概况进行分析，以了解宁夏农民内生能力提升的背景；进而聚焦于宁夏农民内生能力概况，厘清其外在表现和内在特性。

第三部分为宁夏农民内生能力提升的框架构建。从基本要求、框架要

---

① 郭劲光、俎邵静：《参与式模式下贫困农民内生发展能力培育研究》，《华侨大学学报》（哲学社会科学版）2018 年第 4 期。

素、形成机制三个方面构建宁夏农民内生能力提升框架，为后文探讨如何提升低收入农户内生能力奠定基础。

第四部分为宁夏农民内生能力提升的困境分析。通过对《宁夏统计年鉴》《宁夏农村统计年鉴》《中国农村贫困监测报告》等官方数据的分析，结合整群抽样、调查问卷、个案分析结果，分析宁夏低收入农户内生能力提升现状及其困境。

第五部分为宁夏农民内生能力提升的 SWOT 分析。在现状与困境研究基础之上，综合分析宁夏低收入农户内生能力提升的外部发展条件与内部基础条件，得出 SWOT 分析结论。

第六部分为宁夏农民内生能力提升的对策建议。通过宁夏低收入农户内生能力不足的原因分析，探索提升低收入农户内生能力的发力点，提出四条对策建议：提升经济收入能力、提升政治参与能力、提升文化发展能力、提升社会交往能力。

3. 重点、难点

本书的重点在于探索宁夏农民内生能力不足的原因。低收入农户内生能力不足是现阶段我国"三农"问题中较为普遍的情况，但宁夏低收入农户发展问题具有地方特殊性，受到传统民俗乡风、自然地理条件、基层民主建设等多种因素影响。如何结合区情实事求是地探索宁夏低收入农户内生能力不足背后的深层原因，如何发掘低收入农户内生能力不足阻碍宁夏巩固拓展脱贫攻坚成果的根本因素，是提出宁夏巩固拓展脱贫攻坚成果与提升低收入农户内生能力对策的前提，是本书的重点。

本书的难点在于尽可能客观全面地掌握宁夏低收入农户内生能力现状。根据前期调研结果，本书将宁夏低收入农户内生能力划分为经济收入能力、政治参与能力、文化发展能力、社会交往能力四个部分。其中，经济收入能力涉及生产决策能力、生产技术能力、经营管理能力、市场风险承担能力等，政治参与能力涉及知政能力、参政能力、民主监督能力等，文化发展能力涉及科学文化素质与能力、文化传播能力、文化创新能力等，社会交往能力涉及语言表达能力、组织合作能力、社会交往范围等。宁夏低收入农户内生能力测度涉及较广，如何合理设计调查问卷，如何在全区范围内有效开展问卷调查，是本书顺利开展的基础所在，也是难点所在。

4. 主要目标

本书以可行能力理论、参与式发展理论、赋权理论和人力资本理论为指导，通过农民经济收入能力、政治参与能力、文化发展能力、社会交往能力四个维度测算宁夏低收入农户内生能力，以问卷调查的方式全面了解宁夏低收入农户内生能力现状并分析其原因，最终提出提升低收入农户内生能力的对策建议。本书的主要目标是通过提升低收入农户内生能力，巩固宁夏脱贫攻坚成果，实现巩固拓展脱贫攻坚成果同乡村振兴有效衔接。

（二）研究方法

1. 问卷调查与个案访谈相结合

本书采用整群抽样方法，按照宁夏经济社会发展状况和宁夏低收入农户的分布现状，将宁夏低收入农户分成若干群，然后以这些群为抽样单位，对之施以随机抽样，并对被抽取的群进行问卷调查。同时，本书还对发展改革委、农业农村、人力资源和社会保障、统计等部门进行了走访或召开座谈会。另外，本书在所选的样本里抽出了一部分典型个案，对这些典型个案进行了重点访谈。

2. 文献研究法

文献研究法是社会科学研究的最重要的方法之一。本书在大量检索与查阅文献的基础上，全面把握前人的研究成果，研读权威论文、专著等文献，查阅近年来国家和各地方政府的各类统计年鉴、政府数据与外文资料等，根据研究目标对查阅收集的文献资料进行分类整理，在分类整理的基础上选取与本书紧密相关的数据资料，结合实地调研进行文献再加工、再深化，助力宁夏低收入农户内生能力提升研究。

3. 实证分析与规范分析相结合的方法

本书从实证分析的视角出发，对宁夏脱贫攻坚成果进行规范性分析，结合实证分析与规范研究的成果，提出了宁夏巩固拓展脱贫攻坚成果与提升低收入农户内生能力的目标取向。

4. 计量分析方法

本书运用计量分析法对宁夏低收入农户内生能力现状进行整体研究，

运用SWOT分析方法对宁夏低收入农户内生能力进行优劣分析，通过以上计量分析方法提出提高宁夏低收入农户内生能力的对策建议。

（三）研究思路

本书研究思路如图0-1所示。

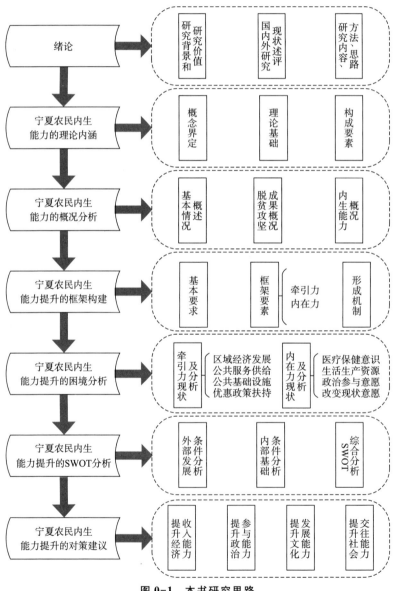

图0-1　本书研究思路

第一章

宁夏农民内生能力的理论内涵

基础理论的学理厚度决定了应用对策的精准程度。为探寻提升低收入农户内生能力以巩固宁夏脱贫攻坚成果的有效对策，要以理论内涵分析为起点厘清宁夏低收入农户内生能力的概念界定、理论基础和构成要素。本章以三节内容对此做出阐述。

第一节　宁夏农民内生能力的概念界定

要研究低收入农户内生能力，首先要对其概念做出清晰明了、学界普遍认可的界定。本节将对宁夏低收入农户和内生能力两个概念做出学理上的分析，在此基础上给出本书的概念界定。

一　宁夏低收入农户

低收入农户的判定在不同地区有不同标准。宁夏低收入农户与其他省份相比具有其自身特殊性，同时，宁夏不同地区间的农业农村发展和经济社会水平差距，也导致宁夏低收入农户群体内部存在一定差异。

（一）低收入农户

低收入农户主要是指那些在农村地区生活，且其家庭人均纯收入低于一定标准的农户。这个标准通常是根据当地的经济发展水平和物价水平来确定的，因此各地的低收入标准会有所不同。具体而言，低收入农户可能面临多种生活困难，如收入不稳定、基本生活需求难以满足等。他们可能缺乏足够的资源来改善生活条件，如住房条件较差、教育医疗资源匮乏等。因此，低收入农户通常需要政府和社会各界的关注和帮助，从而获取帮助改善生活状况、提高生活水平的外部支持条件。值得关注的是，低收入农户的概念界定可能因地区和政策的不同而有所差异。在现实生活中，各地方政府会根据当地的实际情况和相关政策，制定具体的低收入农户认定标准和程序，以确保低收入农户能够得到准确的认定和相应的帮助。

总的来说，低收入农户是一个相对贫困的群体，需要政府和社会各界的关注和支持。相关部门通过制定合理的认定标准和帮扶政策，可以更好地保障他们的基本生活需求，促进农村地区的经济发展和社会稳定。

（二）宁夏低收入农户

改革开放以来，宁夏农民收入虽然和全国农民收入一样呈增长趋势，但增长速度长期缓慢，已成为当前制约农村经济发展的突出问题。这个问题直接影响着宁夏整体社会经济发展的水平，是我国实现建设农业强国目标所必须重视的任务之一。

宁夏作为一个以农业为主的省区，更应把增加农民收入作为重中之重。宁夏回族自治区的乡村人口约占全区总人口的 33.66%，全区就业人口中从事第一产业的人口占 28%。[1] 因此，农业、农村、农民问题始终是宁夏经济社会发展的基本问题，必须从国民经济和社会发展及民族团结的高度来看待增加宁夏农民收入的问题。

宁夏低收入农户是指收入位于宁夏农民平均收入线以下的农民群体，这部分人主要包括 2.65 万边缘易致贫人口和 1.49 万脱贫不稳定人口。[2] 他们有一定的共性，即属于经济上相对贫困、生活水平较低，面临着收入不稳定、生活困难等问题的农民群体，主要包括最低生活保障对象、特困人员、防止返贫监测对象、最低生活保障边缘家庭成员、刚性支出困难家庭成员、因病致贫重病患者家庭和其他困难人员等。这部分低收入农户群

---

① 宁夏回族自治区统计局、国家统计局宁夏调查总队编《2023 宁夏统计年鉴》，中国统计出版社，2023。

② 国家统计局住户调查办公室编《2020 中国农村贫困监测报告》，中国统计出版社，2020。

体需要政府和社会各界的关注和支持。

宁夏低收入农户的概念界定涉及多个方面，主要包括经济收入、生活水平和社会福利等。首先是经济收入，低收入农户的经济收入往往低于当地设定的贫困线或平均收入水平。应当根据宁夏地区的经济发展水平和农民的实际收入、生活成本等情况，设定一个相对合理的低收入标准，这个标准可能随着时间和政策的变化而调整。农民的总收入如若低于这一标准，则被认定为低收入农户。其次是生活条件，应当考察农民的基本生活需求是否得到满足，如食品、住房、教育、医疗等方面的支出是否超过其承受能力。如果农民在以上几方面均存在明显的困难，则会被认定为低收入农户。最后是社会保障和福利享受情况，应当考虑农民是否能够享受到基本的社会保障和福利，如果农民在养老保险、医疗保险、最低生活保障等方面存在保障不足等问题，则将被认定为低收入农户。对于低收入农户这一群体，政府会采取相应的措施进行帮扶，如提供生活补贴、改善住房条件、提供就业机会等，以帮助他们改善生活状况，提高生活水平。

在实际操作中，宁夏回族自治区政府会结合当地的实际情况和相关政策，制定具体的判定办法和程序，确保低收入农户能够得到准确的认定和相应的帮助。此外，宁夏低收入农户的认定工作通常由多个部门联合进行，包括民政、住建、公安、税务、金融等部门。他们会根据收集到的数据和信息，进行综合分析和评估，最终确定低收入农户的范围和名单。需要注意的是，宁夏低收入农户的概念界定可能因地区、政策等因素而有所不同。因此，需要结合宁夏各市县的实际情况和相关政策来界定低收入农户的范围，并采取相应的措施来帮助这一低收入农户群体改善生活状况。

二　内生能力

内因是事物发展的根本和真正动力，外因通过内因起作用。从发生学的角度，"内生"源自事物固有肌理，是随肌理的变化而生长的变化方式，固有肌理是事物自身发展的逻辑，生长变化是必然结果。以促进内生性增长为核心观点的"内生增长理论"认为，内生性技术进步是实现经济可持续增长的决定因素。

(一) 内生能力的内涵

学界关于能力的研究很多。从主体上看，"可以从主体和客体两个视角来分析发展能力：主体视角是指站在主体角度去观察客体和整体，客体视角是指站在客体角度去观察主体和整体"[①]。从层次上看，存在一般能力和特殊能力的区别；从来源上看，既有先赋性能力，也有后致性能力；在能力转化过程方面，受主客观条件限制，能力具有由弱能力向强能力转化的总体趋势，同时也存在能力发展徘徊不前甚至下降的可能。能力大小最终体现在对能力载体的有效利用程度，预期目标的合理性和实现程度，对家庭、社会、国家的有益程度等方面。就人的能力而言，有"能力"的人指的是有才能、有办事本领的人，如贤能之人、智能之士，一个人的能力有大有小，如无能、低能、高能的表述。

内生能力是能力理论的细化，是基于主体自身内部因素成长起来的一种能力，与"外缘"能力相对应。"内生能力是个体以自身内部条件为根本，既不依赖利用外部援助，又能与外部条件良性互动的一种能力，是自内而外而非由外及内发展的一种发展模式。在本质上，内生能力与自力更生能力、自我发展能力、内生动力具有异曲同工之处。"[②]

(二) 内生能力特征

内生能力强调发展依靠自我能力积累，逐步减少对外部环境、条件的依赖。就个人主体而言，内生能力具有以下特征。

1. 内生能力是一个体系

高级能力如战略决策、国家管理、文学艺术创作、科学研究等从事非直接生产活动的能力，是衡量人的创造思维、创造能力、审美水平的重要方面。此外，阿马蒂亚·森提出了包括吃、穿、住、行、读书和社会参与的机会与权利在内的"可行能力集"概念。[③]女哲学家玛莎·努斯鲍姆提出了内在可行能力、结合的可行能力、基本/核心可行能力三种可行能力类型和能力的十个方面，如身体完整健康、判断力、创造力、控制力和综

[①] 曹子坚、张俊霞：《能力建设视域下的农村贫困治理》，《甘肃社会科学》2020 年第 5 期。

[②] 刘金新：《脱贫脆弱户可持续生计研究》，博士学位论文，中共中央党校，2018。

[③] 阿马蒂亚·森：《以自由看待发展》，任赜、于真译，中国人民大学出版社，2002，第 62 页。

合的实践能力等。① 国内学者如王德宠在《能力·素质·创新教育》一书中提出，人的能力包括三个层次，第一层次的智力以思维能力为核心，第二层次的基本能力由吸收信息能力、加工信息能力和输出信息能力构成，第三层次的综合能力表现为独立工作能力、适应能力、组织管理能力和创造能力等。② 韩庆祥在《建构能力社会：21世纪中国人的发展图景》一书中曾将人的能力归纳为体力、智力、道德力、审美力和实践操作能力几个方面，其中体力、智力受先赋性因素影响，但体力、智力与道德力、审美力、实践操作能力一样随实践发展而变化。③ 总体来说，人的能力可归纳为满足基本需求方面的能力和满足高层次精神需求方面的能力两大类型。从内生的角度来说，主体的内生能力是由体力、智力以及体力与智力综合发挥的综合能力等共同组成的体系。

2. 内生能力增长需要具备基本条件

个体内生能力增长需要的基本条件指的是个体内生能力增长的载体。

第一，具备健康的身体。在《资本论》第1卷中，马克思指出，生产力是人们解决社会与自然矛盾的实际能力，生产力发挥的过程是人们通过身上的自然力——臂和腿、头和手、思维的能力共同创造满足人需要的使用价值的过程，生产力发挥的直接结果就是使用价值的获得和需求的满足，即健康身体是内生能力增长的前提。④

第二，存在足够的生产和生活资料。"对生产工具一定总和的占有，也就是个人本身的才能的一定总和的发挥。"⑤ 工人必须有足够的生活资料才能维持自身正常劳动能力再生产，工人的消费能力是"一种个人才能的发展，一种生产力的发展"⑥。能力不断被消耗，需要不断地通过消费生活资料来补充，生活资料数量和质量至少要保证个体能够维持自身能力再生产需要，以及保障延伸而来的后代获得健康成长和实现能力培养的生活资

---

① 郑琪：《玛莎·努斯鲍姆基于能力理论的正义思想研究》，《求是学刊》2017年第6期。
② 王德宠主编《能力·素质·创新教育》，北京邮电大学出版社，2002，第9页。
③ 韩庆祥：《建构能力社会：21世纪中国人的发展图景》，广东教育出版社，2003，第67页。
④ 《资本论》（第1卷），人民出版社，2004，第208页。
⑤ 《马克思恩格斯选集》（第1卷），人民出版社，2012，第209页。
⑥ 《马克思恩格斯全集》（第46卷下册），人民出版社，1980，第225页。

料需要，才能避免出现能力萎缩、生产效率降低、生活水平下降情况。生产资料占有和生产资料损耗的及时补充和更新，也是个体内生能力增长的必要条件。

第三，获得一定劳动技能和技巧。马克思和恩格斯十分重视教育和技能培训在提高工人阶级能力方面的重要性。马克思指出："要改变一般的人的本性，使它获得一定劳动部门的技能和技巧，成为发达的和专门的劳动力，就要有一定的教育和训练。"① 恩格斯在《共产主义原理》中也指出："教育将使年轻人能够很快熟悉整个生产系统。"② 马克思十分重视培养工人子女的能力，他指出："工人阶级在不可避免地夺取政权之后，将使理论的和实践的工艺教育在工人学校中占据应有的位置。"③ 因为，未来社会化、组织化程度高和流动性大的生产需要能力全面发展的人来适应。

第四，有自由发展时间。自由时间内容丰富，包括个人受教育时间、发展智力时间、履行社会职能时间、进行社交活动时间、自由运用体力和智力时间，以及星期日休息时间。社会发展、社会享用和社会活动的全面性都取决于时间的节省，增加自由时间能给予个人能力充分发展的空间。从生产力角度看，高生产效率提供的非生产时间更多，个人就会有更多闲暇时间提高其他能力，综合能力提高的生产者，将知识和技能内化为生产力，推动社会形态向高级阶段演变，人再次获得更大程度解放，形成能力增长和生产力水平提高之间的良性循环。

第五，机会和权利平等。马克思在很多地方表达了能力发展与机会和权利的联系。马克思认为，古代根本不懂主体权利，它所带来的不是主体自由，而是对主体的奴役，个人权利局限于简单占有，资本主义剩余价值是资本家无偿占有工人阶级劳动机会和权利的结果，是权利滥用。④ 所以，要"立即唤醒一切被压迫民族起来要求独立和自己管理自己事务的权利"⑤。"生产劳动给每一个人提供全面发展和表现自己的全部能力即体能

---

① 《马克思恩格斯全集》（第23卷），人民出版社，1972，第195页。
② 《马克思恩格斯文集》（第1卷），人民出版社，2009，第689页。
③ 《马克思恩格斯文集》（第5卷），人民出版社，2009，第561~562页。
④ 《马克思恩格斯文集》（第1卷），人民出版社，2009，第93页。
⑤ 《马克思恩格斯文集》（第2卷），人民出版社，2009，第398页。

和智能的机会，这样，生产劳动就不再是奴役人的手段，而成了解放人的手段，因此，生产劳动就从一种负担变成一种快乐。"① 可见，在马克思的能力学说中，机会公平和权利平等是人的能力全面发展的重要条件之一。阿马蒂亚·森在《贫困与饥荒——论权利与剥夺》中也提出，收入不平等、社会歧视、医疗保健和公共教育设施匮乏、缺少就业机会等因素都会严重削弱甚至剥夺人的可行能力。联合国开发计划署在《2013 年人类发展报告》中强调，经济和社会进步的愿景是不断扩展人们的选择权和能力。可见，公平的机会和广泛的权利赋予也是个体内生能力成长的必要条件。

第二节　宁夏农民内生能力的理论基础

本节将从可行能力理论、参与式发展理论、赋权理论和人力资本理论等学界普遍认可的理论出发，阐释这些理论的提出背景和主要内容，探讨这些理论与低收入农户内生能力之间的内在逻辑关系，从而为研究低收入农户内生能力提升打好理论基础。

一　可行能力理论

阿马蒂亚·森在《以自由看待发展》一书中提出了"可行能力"概念，他认为可行能力是一个人有可能实现的、各种可能的功能性活动的组合。② 可行能力的核心是个体选择人生道路的自由。可行能力重在遵从个体的意愿和主动性，是在尊重个体意愿和主动性的基础上，使个体获得高质量生活，并过上良好生活的能力。理解可行能力，要注重理解可行能力的以下特征。

可行能力具有集束性。可行能力不仅是个体能力的集合，还表现为通过对比每个个体不同的可行能力集来寻找到最优配置，进而实现各自的功能。可行能力关涉功能性活动，一个人所拥有的能够选择的多种功能性组

---

① 《马克思恩格斯全集》（第 26 卷），人民出版社，1995，第 311 页。
② 阿马蒂亚·森：《以自由看待发展》，任赜、于真译，中国人民大学出版社，2002。

合构成这个人的"可行能力集"。若一个人拥有相对别人更多的有价值的功能性活动，那么他的"可行能力集"具有优势，也意味着他拥有更多的机会去做更多有价值的事或者有更多的能力去做某一有价值的事。本质上，相较于拥有较少功能性活动的人，这个人拥有更大的自由与更多的能力。"一个人在他所拥有的可行能力里面，把这些可行能力按照数学集合的方式组成很多个不同的集合，这些集合可供人们任意选择，选择的标准就是对自己而言良善的生活。"① 正如希拉里·普特南所说："城市里不愿意上学的孩子与一个山区想上学却不能上的孩子相比，你可能会觉得他们的结果都是一样的，其实不然，就生活的环境而言，他们注定就不会拥有相同的能力集。"② 阿马蒂亚·森认为，在谈到可行能力思想的时候我们不得不重视一些最基本的能力，首先你要拥有阅读和写作的能力，在这个基础上，你才能拥有实质的自由及参与社会的机会。③ 基于此，我们可以看出，可行能力是通过认识到人与人之间的差异性建立起来的。这么做的缘由也是为了保障人们的实质自由的实现，进而达到实现真正正义的目的。

可行能力具有正义性。阿马蒂亚·森在批判罗尔斯正义观的基础上，提出了"可行能力"的概念，这一概念的一个重要特征就是正义性。阿马蒂亚·森对一些学者把贫困的原因归结为资源匮乏的论点进行了深入的批判。当然阿马蒂亚·森并没有否认资源的匮乏是造成贫困的重要原因之一，但他指出，资源匮乏肯定不是这一现象背后的本质原因，因为即使在物资丰富的情况下，依然还是会产生贫困饥荒现象。物质资源的丰富仅仅是对于富人而言的，对于那些缺乏购买力的农民或者收入低下的底层工作人员来说，丰富的物质资源不过是一个美丽的泡影。由此可以看出，造成贫困饥荒的原因并非物质资源的匮乏，而是可行能力被剥夺导致的购买力下降。如果遇上天灾，最先失去生活能力的是那些靠土地吃饭的农民和低收入的工人们。那么如果发生灾害，我们给那些失去购买能力的人们以物

---

① 阿马蒂亚·森：《以自由看待发展》，任赜、于真译，中国人民大学出版社，2002，第62页。

② 希拉里·普特南：《事实与价值二分法的崩溃》，应奇译，东方出版社，2006，第69~70页。

③ 阿马蒂亚·森：《以自由看待发展》，任赜、于真译，中国人民大学出版社，2002。

资上的救助就够了吗？答案当然是否定的，所谓"救得了一时救不了一世"，是指表面上他们得到了帮助，但是实质上他们依然没有获取物资的能力，所以我们需要思考的就应该是如何提高人们获取物资的能力。基于此，可以看出无力购买食品是大范围饥荒的重要原因。① 找到产生饥荒的本质原因，我们就不难发现行之有效的解决办法，即提高人们的可行能力。可行能力的提升，为人们解决饥荒提供了新的参考路径。这个路径就是正义问题，制定公平正义的制度，制度面前人人平等。从可行能力视角可以看出，能力不平等在社会不平等评估中具有核心作用。阿马蒂亚·森认为，政府和社会必须履行对每个个体的可行能力进行扩展的义务和责任。也就是说，政府和社会要把关注点放到各种政策的制定或者思考什么样的政策更适合扩展人们的可行能力上来，而不是"把关注的焦点集中在怎样应对诸如社会财富总值与个人之间如何分配等各种可能的矛盾上面投入巨大的精力"②。

可行能力具有现实性。可行能力是建立在现实生活之上的、与人们的自由息息相关的。可行能力着眼于现实生活，关注事物的多个特征。可行能力包括多种有价值性的目标，从功能性活动的概念可以看出，可行能力关注个人的"生活内容"，涵盖个人生活中衣、食、住、行、用等诸多方面。不过可行能力的意义不在于简单地对某些客体对象（如收入和商品）的计算。事实上，可行能力超越了对于生活手段的关注，而转向实际的生活机会的视角。它更关注人们实际生活中能够享有的实质自由，强调个人生活的质量。过什么样的生活是人们的权利自由，选择过什么样的生活是人们的选择自由，可行能力正义尊重个人过上有质量的生活的自由，更重视个人享有多种选择的机会和权利的自由。

二 参与式发展理论

"参与"的概念最早提出于 20 世纪 40 年代末。科恩（Cohen）、厄普霍夫（Uphoff）认为"参与"就是积极介入实践项目的制定、执行和利益

---

① 阿马蒂亚·森：《贫困与饥荒——论权利与剥夺》，王宇、王文玉译，商务印书馆，2001。
② 阿马蒂亚·森：《正义的理念》，王磊、李航译，中国人民大学出版社，2012，第 215 页。

分配中去，用自身来影响项目的实践和实施方向，目的是提高自己的生活水准。卡莫迪（Carmody）认为参与式发展是政治制度和文化在不知不觉中发生较大变化的标志，它反映了国家和政治系统在发展和技术变革方面的相对失权，表现为非政治化和技术官僚化，以及通过亚政治的出现而重新政治化，表现为特殊利益、游说、社会运动。① 参与式发展是对传统发展思想的挑战，是对传统发展模式的反思和改进，强调所有受益人都应有权参与当地发展和建设，包括发展项目的制定、执行和监督全过程，使发展项目能够很好地与当地实情和文化相结合，满足当地人民的需求以及保证项目公正、平等地按照计划进行。参与式发展强调参与的主体或受益者对发展进程有决策权，对发展的利益有分配权，对发展的结果有拥有权。

20 世纪 70 年代以来，"参与"的概念逐步演化为相对丰富的参与式发展理论，它是对以现代化理论为代表的传统发展理论进行反思与批判的一种全新的发展理论。参与式发展理论的假设是每一个人都有自己的知识，都有发表自己意见的愿望，都关心自己的利益，都受制于和影响着周围环境，只要有机会他们就愿意参与讨论与自身利益有关的发展活动。此外，出于对自身利益的考虑，他们对于社区的发展十分关注，希望通过参与来赢得一定的自我发展空间，参与是人类的基本需要。② 与现代化理论相比，参与式发展理论是一种微观发展理论，强调尊重差异、平等协商，在"外来者"的协助下通过社区成员积极主动的广泛参与实现社区可持续的有效益的发展，使社区成员能够共享发展成果。

20 世纪 90 年代以来，参与式发展逐渐在理论上成熟和完善，基本包括三个层次的含义：对弱势群体赋权，弱势群体在发展决策中的参与以及最终在变革社会结构的过程中发挥作用；参与强调社会变迁中各个角色之间的互动，以此引申出社会角色在发展进程中的平等参与；参与反映的是一种基层群众被赋权的过程。③ 由此可见，其思想核心强调发展过程的主

---

① 王辉：《参与式发展理论视角下的民族地区精准扶贫研究——以内蒙古翁牛特旗为例》，硕士学位论文，北京化工大学，2019。
② 宋浩昆：《浅析参与性发展及在中国的实践》，《云南地理环境研究》1999 年第 S1 期。
③ 袁方成：《参与式发展：草根组织成长与农村发展的路径选择——岳东实验观察》，《社会主义研究》2006 年第 5 期。

体是积极、主动的人通过在项目实施过程中强化人的能力实现可持续的有效益的发展。其基本原则是建立伙伴关系，尊重乡土知识和群众的技术技能，重视项目过程且不仅仅看重结果，更强调在社区发展项目的决策、实施、监测过程中充分尊重目标群体和弱势群体的意见或建议，不破坏当地人的生态环境和人文环境，最大限度地缩小项目区的贫富差别、民族差别和性别差异，从而把对"他者"的关怀落到实处。[①] 该理论认为发展的过程应该是由居民民主参与的，通过群众的决策性参与和专家的辅助作用，使群众公平地拥有发展的选择权、参与决策权和受益权，并在这种以农民为主体的多方参与下来发现确认社区发展的机遇；通过合理有效的发展机制的建立，实现资源的公平合理的配置和管理，最终实现社区的可持续发展。

最早在中国引入"参与式发展理论"的学者之一是李小云，他的观点是，人们希望通过自己的参与，通过自身的能力正面影响整个项目的进行。[②] 卢锐等强调发展的焦点应该是人的发展，只有人们真正发展，这种发展才是可持续的。他们认为，参与式发展对多元化、非线性的发展道路具有积极的作用。基于参与式发展概念的规划强调了涉及发展的参与主体，是以化解矛盾与问题为导向并用行动来落实的持续发展进程。[③] 陈建平认为参与式发展的内容和要义应该有所改变来适应新时代的发展要求，在角色转换时应该要有同理心，懂得换位思考。[④] 许远旺等赞成让农民参与到农村的建设中来，但他们同时也提到，政府的相关部门要予以指导，让农村保持正确的发展轨道。[⑤] 王峰认为在参与式扶贫中，农民是参与主体，要给农民"赋权"，要形成良好的互动机制，保证扶贫的

① 周大鸣、秦红增：《参与发展：当代人类学对"他者"的关怀》，《民族研究》2003 年第 5 期。
② 李小云主编《参与式发展概论》，中国农业大学出版社，2001。
③ 卢锐、朱喜钢、马国强：《参与式发展理念在村庄规划中的应用——以浙江省海盐县沈荡镇五圣村为例》，《华中建筑》2008 年第 4 期。
④ 陈建平：《从常规式到参与式农村发展中的角色转换问题探析》，《理论研究》2006 年第 1 期。
⑤ 许远旺、卢璐：《从政府主导到参与式发展：中国农村社区建设的路径选择》，《中州学刊》2011 年第 1 期。

良好效果。① 随着时代的发展和社会的进步，人们对于贫困的定义也越来越多样化，不仅包括收入层面的贫困，还包括精神等更高级别层面的贫困，贫困的标准也在一步一步地提升，定义贫困的方式和标准也更加多样化。

2014 年以来，我国关于精准扶贫的研究发展迅速，成为学术界的热点问题。学者们对精准扶贫的研究主要是围绕精准扶贫的过程方面来进行的，也有一些学者从扶贫方式，例如金融扶贫、教育扶贫、产业扶贫等方面来进行研究，还有一些学者从非政府组织、社会工作等方面来论述精准扶贫的参与主体。打赢脱贫攻坚战后，让低收入农户能够保持胜利成果，促进广大农民共同富裕，就要不断唤醒广大农民的主体意识，激发他们的积极主动性，扎实推进乡村建设，助力乡村全面振兴，实现中华民族伟大复兴的中国梦。

三 赋权理论

赋权理论（Empowerment Theory）始创于 20 世纪 60 年代，在 80 年代后，它的研究范围逐渐从社会工作和女权主义扩展到失去权利的个人或团体。阿马蒂亚·森的观点——"贫困的本质源于权利的贫困"让赋权在真正意义上成为一种反贫困理论。阿玛蒂亚·森在其《贫困与饥荒——论权利与剥夺》一书中系统阐述了他的发现，即"一个人支配粮食的能力或他支配任何一种他希望获得或拥有东西的能力，都取决于他在社会中的所有权和使用权的权利关系"②。这一发现不仅解释了涓滴效应理论下仍然不断增多的贫困现象，并且在 20 世纪 70 年代后期迅速帮助越来越多的研究人员和国际组织开展了反贫困发展项目。联合国教科文组织社会和人文科学助理总干事皮埃尔·萨内认为"贫困并不是一个生活标准，更不是某类生

---

① 王峰：《参与式治理视野下贫困地区农民参与扶贫项目的机制研究——一种参与式发展理念的引入应用》，《中国集体经济》2018 年第 25 期。

② 阿马蒂亚·森：《贫困与饥荒——论权利与剥夺》，王宇、王文玉译，商务印书馆，2001，第 40 页。

存条件：它既是全部或部分否定人权的原因，也是其结果"①。

四　人力资本理论

亚当·斯密在《国富论》中将人们通过教育所掌握的能力归结为固定成本，并提出投资教育可以提高未来回报。尽管亚当·斯密没有更详细地研究如何衡量人力资本的价值，但他关于人力资源投资理论以及能力影响个人收入水平的研究为人力资源开发奠定了理论基础。

在 19 世纪末期，英国著名古典经济学家马歇尔指出，教育对工作质量和经济增长产生积极影响，教育投资兼有直接作用与长期作用，是最有效的投资方式。② 尽管古典经济学家并未进一步明确人力资本的概念，但这一时期的经济学家完全理解，人力资本与物质资本在经济增长过程中的地位是相同的。

美国经济学家西奥多·W. 舒尔茨（Theodore W. Schultz）在 1960 年发表了有关"人力资源投资"的演讲。他明确提出了人力资本的概念和内容，并着眼于人力资本的性质及其投资渠道。他认为，人力资本是通过对人的投资形成的，主要体现在知识、技能、经验和能力等方面。他还强调，对人力资本的投资主要体现在学校教育、在职培训、医疗保健、成人职业教育、迁徙活动上。本质上，他从宏观角度对人力资源理论体系进行了分析，为宏观人力资源理论的发展奠定了理论基础。③ 1964 年，美国经济学家加里·斯坦利·贝克尔出版了《人力资本》一书，他从微观角度上系统地解释了人力资源投资均衡的条件，为人力资源的发展做出了贡献。他认为，当人力资本的边际成本等于其未来收入时，就会达到均衡。他的研究为计算人力资源投资的收入效应和回报率提供了理论基础。④

---

① 皮埃尔·萨内：《贫困：人权斗争的新领域》，刘亚秋译，《国际社会科学杂志》（中文版）2005 年第 2 期。
② 马歇尔：《经济学原理》，刘生龙译，中国社会科学出版社，2007。
③ 杨明洪：《论西方人力资本理论的研究主线与思路》，《经济评论》2001 年第 1 期。
④ 李仲生：《美国的人力资源开发与经济发展》，《中国人力资源开发》2006 年第 2 期。

第三节　宁夏农民内生能力的构成要素

宁夏农民内生能力表现为一种综合的、系统的、动态的可行能力，是农民在自身具备一定的物质生产生活资料、经济自产资本等条件的基础上，充分利用外部有利资源而形成的，具体表现为经济收入能力、政治参与能力、文化发展能力、社会交往能力四个方面。提升农民的行动力对于推动农村经济社会的发展、实现乡村振兴具有重要作用，宁夏回族自治区政府和社会各界应多关注宁夏农民行动力的培养与发展，并为其提供支持与帮助。

一　经济收入能力

经济收入能力在宁夏低收入农户内生能力构成中占据着核心位置，经济收入能力直接决定了低收入农户在乡村振兴的大背景下如何继续创造美好生活。低收入农户通过利用自身资源和技能，参与农业生产、经营和交易活动，获得稳定的经济收入，这种能力与低收入农户的生活水平息息相关，同时反映了低收入农户在市场上的竞争力和适应能力，是提升宁夏低收入农户内生能力的基础所在。

（一）生产决策能力

在建设社会主义新农村的背景下，农民是社会主义市场经济中独立的个体，能够依靠自己的能力积极获取信息，准确判断市场供求变化，实现长远发展。其中，低收入农户的生产决策能力贯穿于农业生产经营活动的始终，是经济收入能力的核心内容。[1] 低收入农户需要根据农产品市场供求变化和农产品价格波动进行分析判断，预测价格波动，及时响应市场变化，调整生产决策，确定农产品种类和规模，然后确定最优的行动计划。

首先，低收入农户需要密切关注农产品市场的供求变化。通过了解市

---

[1] 张兆同、李静：《农民的农业生产经营决策分析——基于江苏省苏北地区的调查》，《农业经济问题》2009 年第 12 期。

场需求、消费趋势以及竞争状况，低收入农户可以更好地把握市场脉络，预测未来的市场走势。这要求他们关注农产品的生产周期、季节性需求等因素，以便在合适的时间调整生产决策，确保农产品的供应与市场需求相匹配。其次，低收入农户需要对农产品价格波动进行深入分析。价格波动能直接反映市场供求关系变化，低收入农户需要通过对价格数据进行收集、整理与分析，掌握价格波动的规律和趋势。这有助于他们在价格波动中把握机遇，规避风险，实现收益最大化。再次，在获取信息和分析市场的基础上，低收入农户需要制定具体的生产决策。这包括确定农产品的种类和规模，选择适宜的种植或养殖技术，以及制定生产和销售策略等。低收入农户需要综合考虑自身的资源条件、技术水平、市场需求以及风险承受能力等，制订出符合自身实际的最优行动计划。最后，低收入农户还需要根据市场变化及时调整生产决策。低收入农户应认识到，市场是不断变化的。因此，低收入农户需要始终保持敏锐的市场洞察力，及时发现市场变化并做出相应的调整。其中包括调整农产品结构、改变销售策略、优化生产流程等，以适应市场的需求和变化。

总之，生产决策能力是低收入农户在社会主义市场经济中立足的关键。在建设社会主义新农村的背景下，农民是农业生产的主力军，其生产决策能力的强弱直接影响农业生产的效益和新农村建设的进程。因此，低收入农户需要不断提升自己的生产决策能力，以应对市场的挑战和机遇，实现农业的长远发展。

（二）生产技术能力

低收入农户的生产技术能力是指其在农业生产过程中所具备的专业知识和技能，这些技能涵盖从选种、播种、田间管理到收获、加工的各个环节。低收入农户的生产技术能力不仅影响着农业生产的效率和质量，还直接关系到他们的经济收入和生活水平。[1] 随着现代农业的发展，农业生产对技术的依赖程度越来越高，低收入农户需要掌握先进的农业技术、了解农业机械设备的使用和维护方法，以提高农业生产效率。

---

[1] 江松颖、刘颖、金雅：《我国粮食综合生产能力影响因素及其变迁分析》，《统计与决策》2016 年第 14 期。

农民决定着农业生产的方法和形式，农业生产中最重要的要素包括生产方式、生产工具和生产技术等，这些都取决于农民的生产技术能力，他们的生产技术能力直接影响着农业生产的效率和质量，因而，提升低收入农户的生产技术能力至关重要。首先，低收入农户可以通过学习和实践，不断提高自己的生产技术能力，从而选择更加先进、高效的生产方式、工具和技术，提升农业生产的效率。其次，低收入农户与生产工具的结合程度也对农业生产有着重要影响。低收入农户熟练掌握和使用先进的生产工具的程度决定了生产工具的效能能否有效发挥，他们可以通过提升运用先进技术的能力，提高农业生产的效率。再次，低收入农户还需要不断学习和适应新的生产技术，以便更好地应对市场变化和需求升级。最后，生产技术能力不仅仅体现了低收入农户的生产效率，更是促进其内生能力发展、优化低收入农户能力结构的根本动力。通过提升生产技术能力，低收入农户可以更好地适应市场经济的需求，实现自我发展和经济能力的提升。对于贫困农民而言，提升生产技术能力尤为重要，贫困农民可以通过学习和掌握先进的农业生产技术，逐步摆脱贫困状态，实现经济上的自给自足和持续发展。

总之，提升低收入农户的生产技术能力对于推动农业现代化、增加农民收入、促进农村经济发展具有重要意义。因此，我们应该高度重视低收入农户生产技术能力的培养和提升，为农业的持续发展和低收入农户的幸福生活奠定坚实基础。

（三）经营管理能力

经营管理能力是低收入农户在现代市场经济条件下必须具备的能力，它是低收入农户分析市场、预测市场、收集信息、整合资源能力的集中体现。[①]这种能力是低收入农户在多变的市场环境下，敏锐地察觉到市场变化并做出精准判断、顺利参与市场竞争、生活富裕起来的重要保证。

首先，低收入农户需要学会进行市场分析，密切关注市场动态，准确把握农产品价格、需求、供应等关键信息，从而可以根据市场变化，迅速调整生产策略。通过对市场价值规律的深入分析，低收入农户得以准确把

---

① 邓湧、冯进展、杜艳艳：《新型职业农民经营管理能力构成与培训策略研究》，《农业经济》2015 年第 7 期。

握市场脉搏，为自身进行生产经营活动提供正确引导。其次，低收入农户需要具备一定的市场预测能力，能够根据前期市场数据和农业相关政策的变化等因素，合理判断未来市场走向。这种能力可以帮助低收入农户抓住市场机遇、提前做好准备、规避潜在风险。再次，低收入农户需要通过多种渠道收集信息，包括抖音、快手等 App，也包括地方新闻联播、报纸等，以便及时了解市场动态和最新技术。通过不断学习和积累，低收入农户可以提升自己的信息素养，为生产经营提供更加全面、准确的信息支持。最后，低收入农户要善于整合各种资源，包括土地、资金、技术、人才等，实现生产效益的最大化。通过优化资源配置，低收入农户可以降低成本、提高产量、提升品质，从而增强市场竞争力。

综上所述，在农业生产活动中，经营管理能力对于低收入农户来说至关重要。它不仅仅是低收入农户适应现代市场经济环境的必备素质，更是低收入农户实现增收致富的关键。因此，政府和社会应该加大对低收入农户经营管理能力的培训和支持力度，帮助他们提升经营管理能力，提高应对市场变化的能力，实现可持续发展。

（四）市场风险承担能力

多变的市场风险给低收入农户带来了极大的不确定性，低收入农户在生产经营过程中可能因此而遭受损失。[1] 因此，低收入农户必须具备承担相应风险的能力、采取多元化经营模式，才能有效分散和规避生产风险，在扩大生产经营效益的同时，将风险降到最低。

要提高低收入农户的市场风险承担能力，首先，需要从认知能力入手，低收入农户需要对操作风险有足够的认识，了解不同风险类型的特点以及可能带来的后果。通过学习和培训，低收入农户可以掌握更多关于风险管理的知识和技能，提高对市场动态的感知度和判断力。其次，风险工具的选择也至关重要。低收入农户应该学会利用各种风险管理工具，做出理性的判断，合理利用市场管理工具分散、化解风险，有效控制农业风险，减轻损失程度，实现收益最大化。最后，风险抵御能力的建设同样不

---

[1] 邓万春：《关于农民市场风险的一种表述——市场"规则"与"场所"的关系逻辑》，《中国农业大学学报》（社会科学版）2008 年第 3 期。

可忽视。低收入农户需要提高自身的抗风险能力，包括财务储备、生产技术提升等方面。通过积累财富、改善生产技术条件，低收入农户可以更好地应对可能出现的风险事件，确保生产经营的稳定性和可持续性。

综上所述，通过增强认知能力、合理选择风险工具以及提升风险抵御能力，低收入农户可以更好地应对市场风险挑战，实现生产经营的稳健发展。因此，政府和社会应积极帮助低收入农户更好地应对市场风险挑战，让低收入农户在多变的市场环境中保持竞争力，实现增收致富的目标。

二　政治参与能力

政治参与能力是低收入农户内生能力的重要组成部分。低收入农户的政治参与能力是指他们在政治活动中表现出的知政、参政和民主监督等方面的能力和水平。[①] 低收入农户参与政治生活的能力直接关系到推动实现乡村振兴的进程，低收入农户有序的政治参与是建设和谐稳定新农村的重要途径。

（一）知政能力

在知政方面，低收入农户需要具备一定的政治知识和意识，了解国家的基本政治制度、政策法规以及农业农村相关政策，他们通过不断增加对政治知识的了解，提高政治素养，拓宽政治视野，增强政治认同感和归属感。

低收入农户知政能力的强弱是其能否有序参与政治生活的关键因素。这种能力关乎低收入农户对政治活动的认知和理解，能直接影响他们参与政治的积极性和参与效果。事实上，低收入农户的知政能力越强，政治参与的积极性就越强。因此，知政能力的增强，有助于低收入农户提高其政治参与积极性，从而更有效地推动政策的实施。知政能力是低收入农户政治参与能力的基石，获取政策信息的能力是政治民主化的必然要求。在信息化社会，能否及时、准确地获取政策信息，直接关系到低收入农户能否有效行使自己的政治权利。低收入农户享有知情权这一基本政治权利，其

---

① 　陈松友：《和谐社会的构建与农民的制度化政治参与》，《探索》2011 年第 5 期。

实现程度依赖于低收入农户自身获取政策信息的能力。提升低收入农户对政治文化生活的了解，能够激发低收入农户参政议政积极性，使他们更加主动地参与到政治生活中。政治权利的有效行使和帮扶政策信息的获取，对于低收入农户而言，是获取帮扶资源、实现增收致富的重要前提。低收入农户通过行使自己的政治权利，可以影响政策的制定和执行，使其更符合自身的利益。同时，通过获取帮扶政策信息，低收入农户可以更好地了解政策内容，把握政策机遇，从而更有效地利用政策资源，实现自身的发展。

因此，提升低收入农户的知政能力，增强他们的政治参与意识，是推进农村政治民主化、实现乡村振兴的重要途径。政府和社会各界应加大对农民政治文化教育的投入，提高低收入农户的政治素质，激发他们的政治参与热情，共同推动农村社会的和谐稳定与发展。

（二）参政能力

参政能力是低收入农户政治参与能力的核心内容，这种能力的提升不仅仅有助于低收入农户在政治舞台上发挥更大的作用，更是推动农村政治民主化进程的关键力量。政治参与权是低收入农户表达诉求的直接途径，体现了低收入农户享有直接参与政治生活的权利。[①] 通过行使这一权利，低收入农户能够更加积极地参与到政治决策和管理中，为自己的权益发声，为农村的发展贡献力量。

在参政方面，低收入农户需要积极参与各种政治活动，如村级选举、村民会议等。通过参与这些政治活动，低收入农户可以表达自己的意愿和诉求，参与村级事务的决策和管理，维护自身合法权益。在参政过程中，低收入农户还需要不断提升自己的表达能力和组织能力，以便更加有效地参与集体行动。在帮扶工作中，低收入农户的政治参与能力同样发挥着重要作用。他们通过自下而上的方式向政府表达自己的实际需求，政府则根据这些需求进行相应的政策设计，这为政府制定科学、精准的帮扶政策提供了重要的参考，低收入农户与政府之间实现了积极的政策互动，这种互

---

① 宋海春：《现代化进程中农民政治参与问题及对策分析》，《东北师大学报》2002 年第 4 期。

动不仅有利于创新帮扶政策，减少顶层设计失误，还能确保政策更加贴近实际，更加符合低收入农户的需求，在一定程度上反映了低收入农户在政治生活中的作用和影响力。

因此，提升低收入农户的参政能力对于推动农村政治民主化进程、促进农村发展具有重要意义。政府和社会各界应该加强对低收入农户的政治教育和培训，提高他们的政治素养和参政能力，也应该为低收入农户提供更多的参政渠道和平台，让他们能够更加积极地参与到政治生活中来，为农村的发展贡献智慧与力量。

（三）民主监督能力

低收入农户的民主监督能力是其政治参与能力的重要保证，它体现了低收入农户对政治生活的积极参与和对公正、透明的政治环境的追求。民主监督是一种自下而上的非权力监督方式，为低收入农户提供了一个直接对村级组织和干部工作进行评价和反馈的渠道。

通过民主监督，低收入农户能够行使自己的监督权利，对村级组织的财务收支、项目实施等情况进行民主监督，确保帮扶资源得到合理分配和有效利用。这不仅有助于防止腐败和滥用职权现象的发生，还能提升低收入农户对帮扶工作的信任度和满意度。然而，目前我国低收入农户在民主监督方面仍面临一些问题，一部分低收入农户由于缺乏监督意识和能力，导致监督权利名存实亡，无法有效防止腐败等问题，这也是帮扶工作效率低下的一个重要原因。因此，提高低收入农户的民主监督能力显得尤为重要。在提升民主监督能力方面，低收入农户需要增强自身的法律意识和维权能力，了解相关的政策法规和维权途径。政府及社会组织也应加强对低收入农户的政治教育和培训，帮助他们更好地理解和行使自己的监督权利。此外，建立健全民主监督机制也是提升低收入农户民主监督能力的重要保障。政府应推动信息公开和透明化，为低收入农户提供更多的监督渠道和平台，并加强对监督结果的反馈和处理，确保低收入农户的监督意见得到及时、有效的回应。

通过提高低收入农户的民主监督能力，我们可以把政府权力置于人民群众视野中，督促当权者慎用权力，有效制止违法违纪行为的发生。这不仅有助于推动农村政治民主化进程，还能提升、改善帮扶工作的效率和效果，促进农村社会的和谐稳定与发展。

总之，对于低收入农户而言，提升政治参与能力对于实现自身的政治权益、推动农村发展以及加强基层民主建设都具有重要意义。[1] 提升低收入农户的政治参与能力是一个长期而复杂的过程，需要政府、社会组织和低收入农户的共同努力。

三 文化发展能力

低收入农户的文化发展能力是其内生能力建设框架的基础，它体现了低收入农户在精神文化层面的追求和创造。低收入农户是农村文化发展的主体，农村文化建设必须鼓励低收入农户积极参与文化活动。激发文化活力，是文化脱贫的重要途径。通过参与文化活动、传承民间技艺等方式，低收入农户不仅能丰富自身的精神生活，提升文化素养，还能为推动农村文化的繁荣和发展做出贡献，这有利于增强低收入农户的文化自信心。

（一）科学文化素质与能力

低收入农户的科学文化素质与能力在其文化发展能力中占据核心地位，是低收入农户在文化方面相对稳定的内在素质和能力。这种能力不仅包括低收入农户在知识层面上的积累，也包括他们运用这些知识解决实际问题、适应现代社会发展、参与文化生活的能力。[2]

首先，科学文化素质与能力体现在低收入农户的受教育水平和文化知识水平上。教育是提高低收入农户科学文化素质的重要途径。通过接受系统的教育，低收入农户可以掌握更多的基础知识和实用技能，从而提升自身的综合素质。同时，文化知识水平的高低也直接影响低收入农户对于新事物、新技术的接受程度和应用能力。其次，科学文化素质与能力还体现在低收入农户的文化生活上。随着社会的进步与科技的发展，低收入农户的文化生活也日益丰富多彩。具备较高科学文化素质的低收入农户，能够

---

[1]　侯铁虎、黄召才：《建设新农村中的农民政治参与研究》，《理论探索》2006年第2期。

[2]　孟凡东、张力、李庆利：《民族地区新农村建设中的农民素质教育问题》，《成人教育》2012年第10期。

更好地参与到各种文化活动中，享受文化带来的乐趣，同时也能够通过文化活动进一步提升自身的素质和能力。然而，当前确实存在一些低收入农户文化素质较低、科技接受度差等问题，这在一定程度上制约了帮扶工作的有序开展。因为扶贫不仅仅是物质上的帮扶，更重要的是帮助低收入农户提升自身的发展能力，其中包括科学文化素质与能力。只有低收入农户具备了这些能力，才能够更好地适应社会的发展变化，实现增收致富。因此，提升低收入农户的科学文化素质与能力对于帮扶工作具有重要意义。政府和社会各界应加大对农村教育的投入，改善农村教育条件，提高低收入农户的受教育水平。同时，通过举办各种文化活动，丰富低收入农户的文化生活，提升他们的科学文化素质与能力。

综上所述，低收入农户的科学文化素质与能力是文化发展能力的根源，也是实现低收入农户增收致富和乡村全面振兴的关键因素。政府和社会各界应重视并努力提升低收入农户的科学文化素质与能力，为农村的可持续发展提供有力支撑。

（二）文化传播能力

文化传播能力在低收入农户的文化发展能力中占据着举足轻重的地位。文化传播能力是低收入农户在自身文化素质的基础上，吸收外来文化、学习外来文化，将其与自身文化相融合的能力。这种能力不仅关乎低收入农户个人素质的提升，也对乡村文化的传承与发展，以及农村社会的整体进步具有深远的影响。

低收入农户作为文化传承的主体，其文化传播能力的高低对乡村文化的繁荣与发展具有直接影响。[1] 具备较强文化传播能力的低收入农户，能够更好地吸收外来文化的精髓，并将其与自身文化相融合，从而丰富乡村文化的内涵，提升乡村文化的品质。同时，这种能力也有助于低收入农户拓宽视野，增强创新意识，为乡村文化的创新发展提供动力源泉。然而，由于低收入农户生活环境相对封闭，与外界交流的机会有限，他们的受教育水平相对较低。这不仅限制了低收入农户的文化传播能力，也影响了他

---

① 缑博、谭英、奉公：《电视文化传播及其在新农村建设中的作用——来自全国 27 个省市区农户的调查报告》，《中国农业大学学报》（社会科学版）2006 年第 3 期。

们参与帮扶工作的积极性和成效。文化传播能力的缺失会使得低收入农户难以有效吸收和利用外来的帮扶资源，也难以将自身的文化特色与帮扶工作相结合，从而影响帮扶工作的整体效果。因此，提升低收入农户的文化传播能力对于推动帮扶工作具有重要意义。政府和社会各界应该加大对农村文化建设的投入力度，加强农村与外界的文化交流，为低收入农户提供更多的学习和交流机会。同时，还应该注重培养低收入农户的创新意识和开放思维，引导他们积极吸收外来文化，将其与自身文化相融合，推动乡村文化的繁荣发展。

综上所述，文化传播能力是低收入农户文化发展能力的动力源泉之一，也是推动乡村文化发展和提升低收入农户自身素质的关键因素。我们应该重视并努力提升低收入农户的文化传播能力，使之为农村的全面发展和帮扶工作的深入开展提供有力支撑。

（三）文化创新能力

文化创新能力是低收入农户文化发展能力的活力源泉。它是基于低收入农户的科学文化素质与能力、文化传播能力的一种延伸能力。它强调低收入农户在具备基本文化素养的基础上，能够与外界进行有效的文化交流与融合，进而推动乡村文化的创新与发展。[①] 这种能力使得低收入农户能够充分利用当地的文化特色和资源，发展具有地方特色的文化产业，实现文化资源的经济价值转化。

随着文化创新能力的提高，低收入农户能够更好地挖掘和利用自身文化资源和优势，实现帮扶方式的本土化和文化产业的发展，从而带动农村经济的增长。这种发展方式不仅有助于提升低收入农户的生活水平，还能够建立低收入农户内部的帮扶机制，实现可持续的脱贫目标。低收入农户主要分布在革命老区、民族地区、边疆地区和贫困地区，这些地区的自然环境、交通等"硬"发展条件相对较差。因此，在这些地区，文化"软实力"的发展显得尤为重要。通过提升文化创新能力，低收入农户可以发挥文化在帮扶工作中的独特作用，将文化资源转化为经济发展的动力，实现

---

① 秦红增：《农民再造与乡村发展——文化农民系列研究之一》，《广西民族研究》2005年第2期。

文化与经济的双赢。文化创新能力能够帮助低收入农户打破贫困的根源，阻断贫困的代际传递。通过发展文化产业、推广乡村文化等方式，低收入农户可以提升自身的文化自信和经济收入，实现自我价值的提升和社会地位的改变。然而，低收入农户文化素质低下是制约其文化创新能力发展的一个重要因素。由于受教育程度有限，低收入农户的文化知识较为有限，理解能力相对较弱，这可能导致他们对新变化产生抵触情绪，对内生能力的培养构成一定的障碍。因此，提升低收入农户的文化素质是发展其文化创新能力的关键。政府和社会应该加大对农村教育的投入，提高低收入农户的受教育水平，同时加强文化知识的普及和传播，帮助农民拓宽视野、增强创新意识。

综上所述，文化发展能力是低收入农户实现自我发展和摆脱贫困的重要途径。通过提升低收入农户的文化发展能力，我们可以促进乡村文化的繁荣与发展，推动农村经济的增长，实现低收入农户的全面发展和社会的共同进步。

四 社会交往能力

社会交往能力是低收入农户内生能力的重要体现，也是其参与生产实践的基本要求。这种能力的提升有助于增强低收入农户的社会适应性和凝聚力，促进农村社会的和谐稳定。低收入农户通过与他人建立良好的人际关系，能够获取信息资源，实现个人和集体的共同发展。通过交流，低收入农户可以建立和扩大与他人的联系，获取有利于发展的信息资源，并将其吸收转化为自身能力。

（一）语言表达能力

语言表达能力是在人际交往中综合运用语言的能力，其重要性不言而喻。它要求我们在交流时用词精准、语义明确、表达流畅且前后连贯。而对于低收入农户群体而言，除了血缘和地域这些传统纽带外，语言表达能力更是他们构建和维系社会关系的关键所在。

低收入农户的语言表达能力，直接影响了他们在社会中的地位以及未来发展的潜力。一个能够清晰、准确地表达自己想法和需求的低收入农户，更有可能在社交场合中脱颖而出，拓宽自己的人际网络，进而为个人的发展创造更多机会。反之，若语言表达能力不足，则可能导致低收入农户在社交中显得局促不安，难以与他人进行深入的交流，从而限制他们的社会交往范围。事实上，社会交往的范围与个体的发展水平是密切相关的。一个拥有广泛社交网络的低收入农户，往往能够接触到更多的信息、资源和机会，这对于他们的个人成长和职业发展都是极为有利的，而语言表达能力的低下，正是制约低收入农户社交范围扩大的重要因素之一。因此，我们可以说，语言表达能力在低收入农户的社会交往能力中占据着基础地位。提升低收入农户的语言表达能力，不仅仅有助于他们更好地与他人沟通交流，更能够推动他们拓宽社会交往范围，提升社会地位，进而实现个人的全面发展。

综上所述，语言表达能力对于低收入农户而言，既是构建社会关系的基石，也是提升个人发展水平的关键所在。我们应该重视并努力提升低收入农户的语言表达能力，为他们的社会交往和个人发展提供有力的支持。

（二）组织合作能力

组织合作能力是低收入农户根据共同利益组织起来的能力，是一种协调合作的能力。[①] 它要求低收入农户能够基于公平、平等、互利、互信等原则，与其他市场主体建立稳固的合作关系，共同推动农业和农村的发展。

当前，大部分低收入农户的社会交往仍然局限于血缘和地缘的范畴，呈现一种"去组织化"的倾向，这与当前城市"组织化"的明显趋势形成鲜明对比。这种"去组织化"的特征表现在低收入农户对于参与各类组织活动都缺乏主动性和积极性。他们往往满足于现有的社交圈子，缺乏拓展社交范围、建立更广泛合作关系的意识和动力，这不仅限制了低收入农户自身的发展机会，也制约了农村经济的整体发展。更为严重的是，这种缺乏组织化的状态对帮扶工作的开展产生了负面影响。帮扶工作往往需要低收入农户积极参与，通过组织化的方式形成合力，共同应对可持续脱贫问

---

① 宋燕平：《我国新型农民合作组织技术吸收能力的历史演化、理论框架和评价》，博士学位论文，中国科学技术大学，2010。

题。然而，由于低收入农户的合作能力不强，缺乏组织化的基础，帮扶工作的推进往往面临诸多困难。因此，提高低收入农户的组织合作能力成为当前提高低收入农户社会交往能力的重点。这需要我们从多个方面入手，加强低收入农户的组织化建设，培养他们的合作意识和能力。具体来说，可以通过开展各类合作培训和交流活动，帮助低收入农户了解合作的重要性和方法；同时，积极引导低收入农户参与各类合作组织，让他们在实践中学习合作、体验合作、享受合作的成果。

通过这些措施的实施，逐步改变低收入农户"去组织化"的现状，增强他们的组织合作能力，为农村经济的发展和帮扶工作的推进打下坚实的基础。

（三）社会交往范围

社会交往范围影响低收入农户进行社会交往的密度、深度和广度，加强社会网络建设显得至关重要。这既要求低收入农户继续扩大社交圈，增加社交关系网络中的节点数量，缩短节点之间的距离，增加直连节点的数量，通过改变"弱关系"与"强关系"实现"强信息"的多重交换；[①] 也要求脱贫工作充分发挥社会网络在不同组织之间的"桥梁"作用，填补"结构漏洞"，以社会扩张为手段提高农民的自身效益，让低收入农户融入开放、合作、互动的良性循环社交网络。但低收入农户拓展能力较差，日常社会交往范围难以扩大，很难有效拓展信息渠道，不利于他们增收致富。因此，社会扩张能力是低收入农户社会交往能力的驱动因素。

良好的人际关系可以为巩固拓展脱贫攻坚成果提供有效帮助，方便他们在对外交往中获得自身发展所需的资源。人际交往能力的强弱往往决定了低收入农户发展能力的强弱。由于传统生产生活方式的长期影响，低收入农户缺乏沟通能力，沟通范围狭窄，在人际关系中容易被边缘化，人际关系资本不断流失。

综上所述，宁夏低收入农户的内生能力不仅仅受到自然条件、资源禀赋和历史经济发展基础等客观因素的影响，更是一个涉及复杂内容的多维

---

① 魏春梅、盛小平：《弱关系与强关系理论及其在信息共享中的应用研究综述》，《图书馆》2014 年第 4 期。

问题。在宁夏低收入农户内生能力构成要素中，经济收入能力是核心，政治参与能力是引擎，文化发展能力是基础，社会交往能力是支撑，这四种能力密切相连、相互依赖。

自然条件和资源禀赋是宁夏农民面临的重要挑战。宁夏地处西北干旱半干旱地区，水资源短缺、生态环境脆弱，这些都限制了农业生产的发展。同时，历史形成的经济发展基础也相对薄弱，缺乏足够的产业支撑和就业机会，使得低收入农户难以通过传统农业生产以外的途径增加收入。更为关键的是宁夏低收入农户内生发展能力的缺乏，这主要体现为低收入农户的受教育水平普遍较低、缺乏必要的职业技能和创业能力、难以适应现代市场经济的需求。同时，低收入农户缺乏创新意识和市场意识，难以主动寻找和把握发展机遇。因此，要解决宁夏低收入农户的内生能力贫困问题，除了改善自然条件、优化资源配置、加强基础设施建设等外部支持外，更重要的是增强低收入农户的内生发展能力。这包括加强教育和培训，提高低收入农户的文化素质和职业技能；推广现代农业技术，提高农业生产的效率和效益；引导低收入农户转变思想观念，增强市场意识和创新意识；为低收入农户提供更多的创业、就业机会，帮助低收入农户拓宽收入来源；等等。

本章通过对宁夏低收入农户内生能力的概念界定、理论基础和构成要素分析，发现宁夏低收入农户的内生能力贫困既受到客观因素的制约，也受到自身能力的限制。换句话说，宁夏低收入农户内生能力贫困的本质是能力不足，是一种能力性贫困。要解决这个问题，需要综合施策，既要改善外部环境，也要增强低收入农户的内生发展能力。

第二章

宁夏农民内生能力的概况分析

在深入理解和准确把握宁夏低收入农户内生能力相关理论问题的基础上，我们有必要对当前宁夏低收入农户的内生能力状况进行清晰、全面的认识。本章结合宁夏基本发展情况及当前脱贫攻坚成果概况，对宁夏低收入农户内生能力贫困表现进行深刻阐述，并多角度分析其内在特性。

第一节　宁夏基本情况概述

宁夏回族自治区位于中国西北内陆地区，东邻陕西省，西北接内蒙古自治区，南连甘肃省，总面积为 6.64 万平方公里；下辖 5 个地级市，共 9 个市辖区、2 个县级市、11 个县。根据第七次全国人口普查结果，全区常住人口为 720.27 万人，其中居住在乡村的人口为 252.4 万人，占 35.04%。2020 年，全区居民人均可支配收入 25735 元，其中农村居民人均可支配收入 13889 元，比 2019 年增长 8.0%；全区居民人均消费支出 17506 元，其中农村居民人均消费支出 11724 元，比 2019 年增长 2.3%。①

宁夏自然资源较为丰富。自然资源是助力乡村振兴的重要资源，是农村产业发展、项目建设的重要"营养"，直接影响着农民的经济收入水平和生活水平，是增强农村经济活力和动力的重要力量，对于推进乡村振兴和农民全面发展具有不可或缺的重要性。宁夏在土地资源、水资源、矿产

---

① 宁夏回族自治区统计局、国家统计局宁夏调查总队编《2021 宁夏统计年鉴》，中国统计出版社，2021。

资源、畜牧业资源和轻工业资源等方面有其独特的发展优势，也面临着不可避免的资源利用瓶颈。

一　土地资源

土地作为人类赖以生存和发展的物质基础，是产业发展、城镇建设以及生态保护的重要载体和平台。[①] 宁夏处于中国西部的黄河上游，有着丰富的土地资源和独特的地理优势，耕地、林地、草地等土地类型构成了宁夏土地的主要组成部分。耕地占宁夏辖区总面积的 1/5 左右，以旱地为主，主要分布在北部的黄河冲积平原区和南部的黄土高原地区，是宁夏农业生产的重要基础，为农民提供了种植各类农作物的场所。林地和草地为宁夏的生态环境保护和畜牧业发展提供了有力支撑。由于气候原因，宁夏水资源匮乏，耕地的水分补给主要靠雨水和扬水灌溉，这也使得宁夏出现了大量宜农荒地。

农村土地事关农民群众切身利益，牵一发而动全身。如何让农村和农民沉睡的"死资产"变成增收致富的"活资本"，是农村土地改革的关键，也是培育低收入农户内生能力的重要因素。[②] 近年来，宁夏聚焦用地保障、村庄规划、乡村土地整理和生态修复等重点工作，靶向发力，充分释放自然资源政策红利，激发农村资源要素活力，助推宁夏乡村全面振兴样板区建设。在乡村产业发展用地保障方面，宁夏不断完善乡村振兴用地政策，规范引导并支持保障乡村产业发展、基础设施建设、人居环境整治、公共服务改善等用地需求，2023 年共批准各类乡村基础设施项目新增建设用地86 宗，批准各类乡村振兴产业项目新增建设用地 60 宗。宁夏积极争取跨省域补充耕地国家统筹资金支持，重点用于乡村土地整理和生态修复，并指导相关市、县（区）谋划实施农业用地整理、建设用地整理和生态修复等项目，优化乡村环境，为农民提供了更好的生产生活条件，不仅有助于提升当地农民的生态环境保护意识，也通过改善土地质量，为农民发展乡

---

① 杨蓉、刘亚楠、杨惠娟：《宁夏移民安置区土地承载力评价与乡村振兴路径选择——以闽宁镇为例》，《宁夏工程技术》2023 年第 1 期。

② 张瑛：《宁夏：闲置低效的土地资源"活"了》，人民网，2022 年 8 月 22 日，http://nx.people.com.cn/n2/2022/0822/c192482-40090638.html。

村产业提供了基础。此外，宁夏注重土地资源的整合和优化配置。通过深化土地权改革，推动土地流转和规模经营，宁夏有效地盘活了土地资源，提高了土地利用效率，为农业产业转型升级和乡村振兴贡献了重要力量。同时，宁夏还积极探索农村集体经营性建设用地入市试点，为农民提供了更多的土地增值收益。① 这些改革措施激发了农民利用土地资源的积极性，为提升他们的内生发展能力提供了强大动力。

二　水资源

宁夏位于黄河上游地区，地处黄土高原与内蒙古高原的过渡地带，地势南高北低，呈阶梯状下降，整体分为北部引黄灌区、中部干旱区和南部山区，② 总体属于干旱半干旱气候，大陆性气候特征明显，冬季受西北季风影响大，年平均降水量不足300毫米，而宁夏日照和太阳辐射十分充足，蒸发量是降水量的4倍，干旱少雨是宁夏的基本区情。在这种气候条件下，宁夏水资源十分匮乏，是全国水资源最匮乏的省区之一。时空分布不均、年内变化幅度大是宁夏水资源尤为突出的特点。虽然宁夏有母亲河——黄河的流经，径流量达300亿立方米，但可利用的水量仅占8%左右。宁夏水资源总量和可利用量受到黄河水情、气候变化和人类活动等多重因素的影响，水资源在地区的分布上也存在差异，绝大部分地区在引黄灌溉，部分干旱高原丘陵区极度缺水，水资源供需矛盾突出。宁夏大部分地区大气降水匮乏，地下水埋藏较深，且地下水源极少，水质较差，多苦水，实际灌溉利用价值低。"天下黄河富宁夏"一句道出了黄河水资源给宁夏人民带来的福气，农民农业生产的有利条件主要来自黄河。

对此，宁夏进一步推进"先行先试"，以现代化灌区建设为抓手，通过体制机制创新和水利工程提质，探索创新现代化生态灌区"投、建、管、服"一体化新模式，将节约用水贯穿于经济社会发展和生态文明建设的全过程，助力现代化灌区建设让黄河水不断"增值"，实现水资源向

---

① 马翠萍：《农村集体经营性建设用地入市收益分配的实践探索与制度优化》，《改革》2022年第10期。

② 尹昊：《基于卷积神经网络的遥感图像分割方法研究》，硕士学位论文，山东农业大学，2021。

"水资产"的转变。宁夏通过优化水利基础设施、完善水资源管理机制，激活了乡村振兴"水动力"。黄河水的利用有效缓解了宁夏地区缺水的问题，促进了农业生产和农村发展，为实现巩固拓展脱贫攻坚成果同乡村振兴有效衔接做出了重大贡献。可以确定的是，在乡村振兴视域下，利用好黄河水，不仅有助于当地农民的收入增长和生活改善，还能够推动农民积极参与乡村振兴工作，使其更加主动地参与到乡村建设和发展中，为乡村的繁荣贡献自己的力量。展望未来，黄河水的利用将继续为宁夏地区的乡村振兴发挥重要作用。通过进一步优化水资源配置、提高水资源利用效率、加强生态保护与修复等方式，宁夏将实现水资源的可持续利用和乡村经济的可持续发展，走上共同富裕之路。

三 矿产资源

宁夏因地层发育较齐全，地质构造复杂，岩浆活动微弱，矿产种类以能源矿产和非金属矿产为主，金属矿产较少。在能源矿产方面，宁夏的煤炭资源优势尤为突出，煤炭种类丰富，拥有 12 类煤炭品种，质量良好且分布广泛，含煤地层分布面积约占全区总面积的 1/3，大型矿区、中型矿区和小型矿区均有分布。宁夏的煤炭资源集中于东部，主要分布在贺兰山北段和宁东地区。两大煤炭产区之中，贺兰山北段主要开采的是焦性煤、无烟煤和贫煤，其中煤质上乘的就是无烟煤，也被称为"太西煤"，是煤炭家族中一颗璀璨耀眼的明星，因其"三低六高"的特性在国内享有盛名；宁东地区主要开采的是焦性煤、低变质烟煤、无烟煤和贫煤。宁夏主要矿区以煤层群居多，煤层的厚度较大，且埋藏较浅，无论是水文地质条件的情况还是地质构造的情况，都十分简单，对实现机械化开采有利。[1] 截至 2021 年底，宁夏已探明煤炭资源量超过 340 亿吨。宁夏煤炭储量和产量均居全国第八位，是我国重点产煤省区之一，煤炭不仅是宁夏主要的能源，也是宁夏工业经济发展和安全稳定运行的支柱之一，[2] 为宁夏的经济发展

---

[1] 刘鹏宇：《宁夏煤炭资源现状及其保障程度预测研究》，《知识经济》2019 年第 1 期。

[2] 《积极支持宁夏加快煤矿先进产能建设》，国家能源局西北监管局网站，2024 年 2 月 28 日，https://xbj.nea.gov.cn/dtyw/hyxx/202402/t20240229_257330.html。

提供了得天独厚的优势。此外,宁夏的石油和天然气也有相当储量,主要分布在灵武、盐池地区。凭借丰富的石油和天然气资源,宁夏已成为我国油气生产基地的重要组成部分。

宁夏在科学规划和合理开发矿产资源方面下了大功夫。通过深入调研和细致规划,宁夏有效实现了矿产资源的可持续利用,并推动了相关产业链的发展。这些产业链不仅为农民提供了大量的就业机会,增加了他们的收入来源,也提升了农民的生活质量,在激发他们的积极性和创造力的同时,也带动了农村经济的快速增长,推动了宁夏农村经济的繁荣。宁夏还注重引进先进技术和设备,提升矿产资源的开采和加工水平,推动矿业的转型升级,提高产品的附加值和市场竞争力。这些矿产资源的高效开发有力地支撑了宁夏工业经济的稳步发展,为乡村基础设施建设提供了资金支持,提升了农村基础设施的现代化水平,加强了农村交通、水利、电力等基础设施建设,提高了农村生产生活的便利性和舒适度,完善了农村教育、医疗、文化等公共服务体系,提高了农民的生活品质和幸福感,为当地农民带来了实实在在的利益,改善了农民的生产生活条件,也为乡村振兴事业注入了新的活力,提升了乡村的整体发展水平,为全区经济发展和社会稳定贡献了重要力量。

四 畜牧业资源

畜牧业作为宁夏农民生活与生产的重要方式,在农业农村现代化进程中展现出勃勃生机。宁夏发展畜牧业的条件比较优越,资源禀赋优势突出。宁夏地处中温带季风气候区,日照充足、温度适宜,水资源丰富、环境清洁,发展畜牧业具有得天独厚的自然资源和气候优势。宁夏青贮玉米、紫花苜蓿、一年生禾草等优质饲草资源丰富、品质优良,主产区粮改饲实现了全覆盖。此外,宁夏拥有天然草场和大面积宜牧荒山荒坡,主要分布在南部黄土高原丘陵区和中部风沙干旱区,适宜放牧和饲养畜禽,为畜牧业的发展提供了广阔空间。这些草场是黄河中游上段的重要水源涵养地与生态保护屏障,分布广泛,面积广阔,而且植被丰富,饲草种类繁多,为牛羊等草食性动物提供了充足优质的饲料来源,为发展畜牧业提供了有利条件,对保障畜牧业可持续发展具有重要意义。

宁夏畜牧业发展历史悠久，已经形成了一定的产业基础，成为农业经济增长的主要动力。宁夏的畜牧业生产在全国占比也比较大，以肉牛和滩羊为主的特色养殖业，是宁夏实施乡村振兴战略和"四大提升行动"的重要抓手，[①] 与脱贫地区群众增收紧密相关。宁夏将畜牧业作为重点特色产业之一，高度重视畜牧业的发展，出台了一系列政策措施，包括财政补贴、税收优惠、技术支持等，为畜牧业的发展提供了有力的政策保障。在肉牛和滩羊产业基数快速增长的同时，宁夏面向养殖场、家庭牧场等畜牧业主体大力推广标准化创建和社会化服务，为产业壮大提供支撑，并着手探索企业和农户的合作机制，逐步推动形成利益共同体，避免企业和农户各行其是。这样不仅能够提升产业发展的质量，还能让肉牛和滩羊产业从政府支持向企业带动转变，推动企业与养殖户实现互利共赢，真正激发低收入农户发展产业的积极性。

值得一提的是，"盐池滩羊""泾源黄牛肉"是宁夏肉食品的地域品牌，以其纯正品质和独特风味，赢得了广大消费者的喜爱，得到了市场的广泛认可。"盐池滩羊"已成为我国高端羊肉的代表品牌。地域品牌的崛起，不仅提升了宁夏畜牧业品牌的知名度，也促进了相关产业链的发展，包括饲料加工、肉制品加工、物流销售等。同时，地域品牌的打造还推动了宁夏畜牧业的标准化、规模化、品牌化进程，进一步提高了产业的竞争力和可持续发展能力，推动宁夏肉牛和滩羊产业走向高质量发展之路，加速向富民产业蜕变。畜牧业的发展不仅为当地农民带来了可观的经济收益，也促进了农村基础设施的建设和公共服务体系的完善，为乡村振兴提供了有力的支撑。由此可见，在宁夏这片土地上，畜牧业具有很大的发展优势，它不仅是农民增收的重要途径，也是推动乡村经济多元化发展的重要力量，在宁夏乡村振兴的征程中扮演着举足轻重的角色。

五 轻工业资源

宁夏也具有发展轻工业的条件，如可以利用宁夏的农副土特产和原料发展轻工业。"软黄金"是人们对宁夏羊绒的美称，这一美誉源于羊绒的

---

① 张碧迁：《灵武市打造滩羊高质量全产业链》，《银川日报》2022年4月13日。

珍贵特性和其在宁夏地区产业中的重要地位。羊绒，以其柔软、保暖、轻盈的特点，被视为高档奢侈服装面料，成为世界时装潮流的风向标。宁夏地处羊绒主产区，原料丰富。特别是灵武市，其山羊绒质地柔软、色泽洁白、手感滑腻、弹性良好、绒体纤细，深受消费者喜爱。[①] 宁夏还位于世界三大优质山羊绒原料基地的交会处，使得羊绒产业具备得天独厚的原料基础。宁夏羊绒产业实现了从初加工向精深加工、初级产品向高端产品、贴牌产品向自主品牌、松散型经营向产业集群的转变，[②] 形成了集羊绒分梳、绒条、纺纱、制衫、面料于一体的完整产业链。这种产业链的构建有助于降低中间产品的运输费用，加强企业间人员与信息的交流，增强企业创新能力，并共享基础设施，节约生产成本。随着宁夏羊绒产业的不断发展，该地区的羊绒加工企业也在技术水平和企业规模上实现了显著提升和扩大。宁夏羊绒产业以灵武羊绒产业园区、同心羊绒产业园区、宁夏生态纺织产业示范园区为依托，形成了特色明显、优势互补、布局合理的羊绒产业集群，有效发挥了集聚优势。[③] 宁夏羊绒产业在技术创新和研发方面也取得了较大进展。一些领先企业建立了工程技术研究中心，开展新技术、新工艺、新产品的开发，推动了羊绒产业的科技进步。宁夏的羊绒加工企业不仅完成了工业总产值的大幅增长，而且还成功培育出了一批具有自主知识产权的知名品牌，如"圣雪绒""爵派尔"等，这些品牌的产品热销国内外，进一步增强了宁夏羊绒产业的市场竞争力。羊绒产业已成为宁夏地区的重要支柱产业之一，对当地经济发展、就业岗位创造和税收贡献显著，有力地推动了地区经济的繁荣。

"世界枸杞在中国，中国枸杞在宁夏，宁夏枸杞甲天下。"宁夏枸杞的品质优良，得益于其独特的地理环境和气候条件。宁夏枸杞在色泽、口感、营养成分等方面都表现出色，成为市场上的热销产品。宁夏利用这一优势，大力发展枸杞深加工产业，将枸杞制成各种食品、保健品、药品等，满足不同消费者的需求。通过引进先进技术和设备，结合传统工艺，宁夏不断创新

---

① 艾莉等：《宁夏羊绒产业竞争力分析》，《农业科学研究》2009 年第 2 期。

② 梁龙：《品牌崛起提升我国羊绒话语权》，《中国纺织》2015 年第 10 期。

③ 易芳、徐国营：《羊绒，宁夏新名片——访宁夏轻纺工业局局长龙飞》，《中国纺织》2012 年第 8 期。

枸杞产品，不断提升产品品质。例如，一些企业研发出了枸杞饮料、枸杞酒、枸杞胶囊等新型产品，这些产品不仅保留了枸杞的营养成分，还方便携带和食用，深受消费者喜爱。宁夏以枸杞为主发展的轻工业还带动了相关产业的发展。例如，枸杞种植带动了农业的发展，枸杞深加工带动了食品、保健品等产业的发展，形成了一个完整的产业链。[①] 这不仅促进了产业间的协同发展，也提升了整个地区的产业竞争力。枸杞产业的发展，不仅推动了当地经济的增长，也为农民提供了更多的就业机会，促进了乡村振兴。

贺兰山东麓地区地处酿酒葡萄生产的"黄金地带"，凭借得天独厚的自然条件，成为酿造高品质葡萄酒的理想之地。该地区日照充足，昼夜温差大，有利于葡萄积累糖分和保持酸度平衡，能产出优质的酿酒葡萄。同时，贺兰山的砂质土壤透气性好、富含矿物质，对葡萄的生长也有很大的帮助。宁夏贺兰山东麓地区种植的葡萄品种丰富，包括赤霞珠、黑皮诺、梅洛等，这些品种适应性强，能够充分利用当地的气候和土壤条件，产出高品质的葡萄，为产业的持续发展和壮大提供坚实的基础。葡萄酒产业作为一个劳动密集型产业，为当地农民提供了大量的就业机会。从葡萄种植、采摘到葡萄酒的生产、销售，每个环节都需要大量的劳动力参与。这不仅解决了农村剩余劳动力的问题，还提高了农民的收入水平，进一步推动了乡村振兴的进程。贺兰山东麓葡萄酒产业在发展过程中，积极挖掘和传承当地的葡萄酒文化，形成了独特的品牌特色。这不仅提升了葡萄酒产品的附加值，还增强了乡村的文化软实力。通过举办葡萄酒文化节、葡萄酒品鉴会等活动，宁夏吸引了更多的游客前来参观体验，进一步推动了乡村旅游业的发展。贺兰山东麓葡萄酒产业凭借其独特的地理优势和政府的有力支持，已经成为宁夏轻工业的重要支柱，并在国际市场上展现出强大的竞争力和品牌影响力，成为宁夏轻工业的一张亮丽名片。

宁夏立足于资源优势和地理优势，发展了有地域特色的轻工业，通过探索特色化乡村振兴路径，推动了农村经济的繁荣，为乡村振兴提供了强大的经济支撑。

---

① 李建国等：《试论宁夏枸杞经济的作用与产业化发展对策》，《宁夏农林科技》2003年第2期。

第二节　宁夏脱贫攻坚成果概况

2020 年 6 月，习近平总书记在宁夏考察时作出重要指示，提出宁夏要坚决打赢脱贫攻坚战，对标"两不愁三保障"，瞄准突出问题和薄弱环节，一鼓作气、尽锐出战，确保如期实现脱贫目标。[①] 这为宁夏做好"三农"工作和实施乡村振兴战略指明了前进的方向，提供了根本遵循。在新时代发展要求下，按照"十四五"规划，巩固拓展脱贫攻坚成果，全面推进乡村振兴战略实施，已然成为宁夏"三农"工作的重心所在。

因此，站在这样一个新的历史起点上，在宁夏这片广阔的大地上，宁夏回族自治区高质量打赢脱贫攻坚战，历史性地解决了 80.3 万建档立卡贫困人口的绝对贫困问题。[②] 宁夏回族自治区党委、政府坚持将巩固拓展脱贫攻坚成果、开展乡村振兴工作放在首位，坚决守住了不发生规模性返贫的底线，致力于增强脱贫地区和脱贫群众内生发展能力，从而扎实推进了巩固拓展脱贫攻坚成果再上新的台阶，全面解决了区域绝对贫困问题，显著提升了脱贫人口民生质量，并有效增强了脱贫群众的主体意识。

一　区域绝对贫困问题全面解决

促进区域协调发展，始终是各国政府行政管理、公共管理与治理、空间治理的一个重要内容。[③] 在我国步入现代化建设的新阶段之后，缩小区域经济发展差距不仅是我国发展的战略目标，也是我国经济持续健康发展的途径和动力。2020 年底，随着贫困县的全部摘帽，我国顺利打赢脱贫攻坚战。同样，2020 年 11 月 16 日，宁夏最后一个贫困县西吉县的脱贫摘帽，标志着宁夏区域性、整体性贫困问题基本得到解决，宁夏的扶贫事业

①　《习近平在宁夏考察时强调 决胜全面建成小康社会决战脱贫攻坚 继续建设经济繁荣民族团结环境优美人民富裕的美丽新宁夏》，新华网，2020 年 6 月 10 日，https：//www. xinhua-net. com/politics/2020-06/10/c_1126097391. htm。

②　汪晨、万广华、吴万宗：《中国减贫战略转型及其面临的挑战》，《中国工业经济》2020 年第 1 期。

③　樊杰、周侃、伍健雄：《中国相对贫困地区可持续发展问题典型研究与政策前瞻》，《中国科学院院刊》2020 年第 10 期。

将转向以解决相对贫困问题为主。① 正如习近平总书记在全国脱贫攻坚总结表彰大会上的讲话中强调的："脱贫摘帽不是终点，而是新生活、新奋斗的起点。"② 在社会主义现代化建设的新征程中，在历史性地告别绝对贫困之后，我国现阶段主要的历史任务是保持主要帮扶政策的总体稳定，推进巩固拓展脱贫攻坚成果与乡村振兴实现有效衔接。

（一）区域绝对贫困实现消除

宁夏主要分为北部引黄灌区、中部干旱区、南部山区。贫困问题一直制约着宁夏的社会经济发展。宁夏的中部干旱区和南部山区合称为中南部地区，属于国家级连片特困区，主要有原州区、西吉县、隆德县、泾源县、彭阳县、海原县、同心县、盐池县、红寺堡区等9个国家级扶贫开发重点地区，这里也是宁夏实施脱贫攻坚的主要地方。③ 自改革开放以来，宁夏始终高度重视扶贫脱贫的长期工作，扶贫开发实现了从输血式、救济式扶贫向造血式、开发式扶贫转变，从分散帮扶、普惠扶持向精准扶贫、精准脱贫转变，按照"两不愁三保障"的工作标准，形成了党政主导、全区上下合力的局面。现阶段，宁夏经过不懈的努力与奋斗，80.3万建档立卡贫困人口全部脱贫、9个贫困县全部摘帽、1100个贫困村全部出列，全面解决了区域性绝对贫困的问题，使贫困群众告别了绝对贫困的长期现状，改善了他们的生活条件，也为推进乡村振兴战略奠定了良好的基础。

随着脱贫攻坚实施，贫困地区农民人均可支配收入的增加助力我国脱贫攻坚战迈出了关键步伐。宁夏引黄灌区农村经济快速发展，引黄灌区与中南部贫困地区农民可支配收入比从2000年的2.68∶1降至2017年的1.52∶1，收入差距均呈现相对缩小的趋势。2020年，宁夏回族自治区全体居民人均可支配收入25735元。如图2-1所示，宁夏农村居民人均可支配收入由2011年的5931元增长至2020年的13889元。如图2-2所示，

---

① 姚媛、朱瑞：《脱贫摘帽不是终点，而是新生活、新奋斗的起点》，《农民日报》2021年3月7日。

② 习近平：《在全国脱贫攻坚总结表彰大会上的讲话》，人民出版社，2021，第20页。

③ 万君、张琦：《区域发展视角下我国连片特困地区精准扶贫及脱贫的思考》，《中国农业大学学报》（社会科学版）2016年第5期。

2013~2020 年，有 80.3 万建档立卡贫困人口实现脱贫。贫困地区农村居民人均可支配收入增速连续多年高于宁夏全区平均水平，农村居民家庭用于食品支出的比重也在不断下降，人均消费水平有了较大的提高，贫困人口的整体生活水平明显提升。宁夏贫困人口收入提高使贫困人口全部脱贫，这种历史性创举同样也意味着宁夏实现了从深度贫困地区到消除绝对贫困的根本性转变，现已进步性地过渡至巩固拓展脱贫攻坚成果衔接乡村振兴发展的新阶段，坚持农业农村优先发展、夯实农业发展基础、实施乡村建设行动，已成为当前宁夏地区全面推进乡村振兴战略实施的重要任务。

图 2-1　2011~2020 年宁夏农村居民人均可支配收入情况

资料来源：宁夏回族自治区统计局。

图 2-2　2011~2020 年宁夏贫困人口数量情况

资料来源：宁夏回族自治区统计局。

（二）相对贫困问题有待解决

解决温饱问题、消除绝对贫困通常是在一定时期内可以实现的目标，但解决相对贫困问题则具有长期性、艰巨性及复杂性。[①] 结合相对贫困的这三大特征，按照我国实现第二个百年奋斗目标、全面建成社会主义现代化强国的战略安排，相对贫困地区也需要与全国一致同步实现现代化目标：到 2035 年全国基本实现社会主义现代化之际，在绝对贫困人口的返贫风险彻底消除的基础上，实现相对贫困人口规模和相对贫困地区范围均缩减至 2020 年的 50% 以上；到 2050 年，相对贫困人口规模比 2035 年再缩减50% 以上，区域尺度的相对贫困地区将全面消除。[②] 为此，2022 年，宁夏通过适度拓宽"返贫"监测范围、对所有农村人口常态化开展"四查四补"、对重点人群和特殊群体实行"八必访"、对风险户实行"一键预警"等一系列措施，积极健全常态化的监测和帮扶机制。

2020 年底，我国顺利打赢脱贫攻坚战，扶贫工作的重心也由解决绝对贫困的问题转向了解决相对贫困的问题，研究解决宁夏农村相对贫困问题是下一步扶贫工作的难点。有效解决相对贫困的问题，不仅对巩固拓展脱贫攻坚成果同乡村振兴有效衔接具有重要的现实意义，也对建设民族团结、经济繁荣、环境优美、人民富裕的美丽新宁夏产生深远的影响。实际上，相对贫困的问题不仅是经济问题，从整体来看也是社会历史性问题。相对贫困人口虽然可以摆脱生存问题，但是他们的生活水平相对于社会平均水平仍然较低，因此在减贫的过程中，不能只是解决低收入群众在经济收入方面的问题，还要解决这类群体的精神贫困、能力贫困等多维贫困的问题，要注重"扶贫""扶志""扶智"等有机结合。[③] 因此，宁夏农村相对贫困群体所面临的主要问题如下。第一，扶贫政策不完善。由于精准扶贫政策主要面向建档立卡户，当地其他易返贫的相对贫困群体得不到更好的政策照抚，再加上相对贫困群体收入来源十分有限，家庭贫困状况不能

---

① 叶兴庆、殷浩栋：《从消除绝对贫困到缓解相对贫困：中国减贫历程与 2020 年后的减贫战略》，《改革》2019 年第 12 期。

② 樊杰、周侃、伍健雄：《中国相对贫困地区可持续发展问题典型研究与政策前瞻》，《中国科学院院刊》2020 年第 10 期。

③ 张蓓：《以扶志、扶智推进精准扶贫的内生动力与实践路径》，《改革》2017 年第 12 期。

得到有效缓解，宁夏地区返贫趋势愈加明显，易返贫群体规模愈加扩大。第二，城乡公共服务分配不均。宁夏城乡公共服务分配不均也会造成城乡生活水平继续呈现不平衡发展的态势，再加之农村财政供给不足，农民自我发展能力低、发展基础薄弱、发展机会缺乏，容易成为相对贫困群体。第三，贫困群体收入稳定性差。从 2.65 万边缘易致贫人口和 1.49 万脱贫不稳定人口数量可以看出①，宁夏脱贫人口返贫风险较大。他们自身在受教育水平、就业能力方面的短板使其收入存在不稳定性，再加之灾情等突发因素影响，实现稳定增收还面临较大挑战。相对贫困问题是有待解决的长期性任务，这对于促进农民增收、解决区域经济发展问题和全面推进社会主义现代化建设有重大的现实意义。

二 脱贫人口民生质量显著提高

民生问题主要体现在教育、医疗卫生、收入分配、社会保障、住房等方面，而有效解决贫困人口的民生问题则是巩固拓展脱贫攻坚成果的主要内容。宁夏在精准扶贫相关政策落实的背景下，愈加关注农民的生存生活问题。在全面提高脱贫人口民生质量工作任务的推动下，宁夏民生改善工作取得了明显的成效。在教育方面，宁夏实现了教育资源的显著优化，体现在宁夏贫困地区义务教育巩固率和义务教育兑现率的提升；在医疗卫生方面，宁夏紧紧围绕实现贫困人口基本医疗普遍保障，以问题为导向，突出重难点，全面完成了全区脱贫攻坚"健康扶贫"的任务；在收入分配方面，宁夏农民的收入不断跨上新的台阶，人均可支配收入保持增长态势，政府落实和完善了农业的各类补贴政策，有效增加了农民补贴性收入；在社会保障方面，宁夏针对不同低收入人群采取精准化的社会救助，形成了更加完善的最低生活保障制度；在住房方面，宁夏开展了农村危房改造行动，逐步建立起农村低收入人口住房安全保障长效机制。以上这些具体的做法真正地考虑到了低收入农户最关心、最直接、最现实的利益问题，使低收入农户能够切身感受到老有所养、幼有所教、贫有所依、难有所助、鳏寡孤独废疾者皆有所养的美好生活愿景。

---

① 国家统计局住户调查办公室编《2020 中国农村贫困监测报告》，中国统计出版社，2020。

（一）乡村教育不断发展

习近平同志指出："教育是民族振兴、社会进步的重要基石，是功在当代、利在千秋的德政工程，对提高人民综合素质、促进人的全面发展、增强中华民族创新创造活力、实现中华民族伟大复兴具有决定性意义。"① 乡村振兴必须振兴乡村教育，乡村教育的发展是整体教育发展的基础，也是发展过程中最薄弱的地方。发展教育是解决民生问题的关键，而发展乡村教育是乡村振兴的内在要求和现实需要。教育发展过程中，乡村与城市的教育资源配置存在较大差异，国家优质的教育资源往往无法有效流向乡村，而乡村教学质量关系着国家整体教育的质量和水平。乡村教育资源的不足，与我国一半以上学龄儿童在乡村就读的现状之间是存在一定矛盾的，同时，这与我国人才培养的需求也是不相适应的。② 因此，在乡村振兴战略的实施下，乡村教育经过国家政策的大力支持和地方政府的积极扶持，软硬件正在逐步完善，乡村教育的发展境况正在不断改善。

虽然宁夏乡村教育发展依然面临着很多新难题，遇到了很多新挑战，但是在脱贫攻坚战的胜利和乡村振兴的接续实施下，宁夏乡村教育正在不断地实现教育公平、大面积改善教育环境、全面提高教育质量，③ 向全面提高义务教育质量的新阶段推进，全面致力于让乡村孩子共享公平的、有质量的教育。在教师队伍建设方面，宁夏不断完善乡村教师队伍建设以提升教育教学的质量。例如，宁夏地方教育管理部门不断提高乡村教师工资待遇和福利、改善乡村教师教学环境，并提供多元的职业发展途径，鼓励乡村教师积极参与在职进修、交流沟通与合作教学等教学提升机会，积极回应并解决乡村教师在职业发展中遇到的难题与困惑。同时，国家针对乡村教育改善工作还提供了多项支持性政策，比如"特岗教师"计划、"免费师范生定向就业"政策、"大学生志愿服务西部"行动、"三支一扶"项目等，在一定程度上缓解了宁夏乡村教师队伍建设不足的现状。在教育

---

① 习近平：《论党的青年工作》，中央文献出版社，2022，第 180 页。
② 王嘉毅、封清云、张金：《教育与精准扶贫精准脱贫》，《教育研究》2016 年第 7 期。
③ 郭志仪、逯进：《教育、人力资本积累与外溢对西北地区经济增长影响的实证分析》，《中国人口科学》2006 年第 2 期。

服务公平方面，宁夏不断推动城乡教育一体化发展，旨在实现城乡教育资源的"共享"。[①] 除此以外，宁夏回族自治区教育厅还实行城乡联动教学计划，将相对欠发达的宁夏南部山区九县区与银川等地优质教育资源捆绑结对，并线上、线下开展规模化城乡教育融合互动。这一做法意在充分利用城市优质资源，通过建立大学区制、集团化办学、城乡一体化办学等协同发展机制，提高乡村学校、薄弱学校的教学质量，促进教育公平，重点解决乡村优质教育资源匮乏、人才紧缺等问题，并以此探索推进优质教育扩面延伸、加快城乡学校协同发展的新模式。

（二）就业扶贫逐渐落实

党的十八大以来，以习近平同志为核心的党中央实施就业优先战略。2020 年 6 月习近平总书记在宁夏考察时，明确提出宁夏应"优先稳就业保民生"。[②] 率先解决好就业问题，有利于促进宁夏政治稳定、经济发展和民族团结。在脱贫攻坚进程中，有效解决就业问题不仅仅为贫困农民走致富之路提供有力的支持，更为农民迈向美好生活注入新的活力。就业扶贫是扶贫工作的重中之重，近年来，宁夏不断创新扶贫工作机制，多渠道开发拓展众多就业机会和就业岗位，全面落实岗位培训、社保以及交通等补贴工作，推动就业扶贫工作的深入开展，进而激发农户脱贫的内生动力。[③]

宁夏对不同人群采取了不同的就业帮扶方式。例如，对在就业方面遇到困难的建档立卡贫困户和患有残疾无法工作的贫困户进行兜底保障，对缺少文化知识和技能的贫困户开展多种培训和讲座进行对口帮扶，对拥有高学历但未就业、难就业的低收入农户家庭制定了相关的就业项目政策等。宁夏各地方同样出台了相应的就业优惠政策规定，抓"六稳"、促

---

① 陈达云、扈文英：《教育精准扶贫与新时代民族地区教育发展——学习习近平关于教育扶贫重要论述的思考》，《中南民族大学学报》（人文社会科学版）2021 年第 2 期。

② 《习近平在宁夏考察时强调 决胜全面建成小康社会决战脱贫攻坚 继续建设经济繁荣民族团结环境优美人民富裕的美丽新宁夏》，新华网，2020 年 6 月 10 日，https://www.xinhua-net.com/politics/2020-06/10/c_1126097391.htm。

③ 朱方明、李敬：《习近平新时代反贫困思想的核心主题——"能力扶贫"和"机会扶贫"》，《上海经济研究》2019 年第 3 期。

"六保"，将稳就业放在首要位置，确保社会大局的稳定，从税收优惠到担保贷款与补贴、从丰富就业补贴到开拓公益性扶贫岗位、从职业培训到就业技术指导，致力于通过系统化帮扶政策和多样化帮扶方式，从根本上保障低收入农户稳就业、促增收。例如，2017 年 12 月，《宁夏回族自治区深度贫困地区脱贫攻坚实施方案》要求实施技能培训、"雨露计划"、农村致富带头人和贫困残疾人培训等，确保贫困家庭劳动力掌握 1~2 门就业技能、2~3 项实用技术。采取"阶梯晋级式"培训方式，鼓励支持在贫困村建立扶贫车间、开展岗位技能实训，促进就地就近就业。2020 年 5 月，《关于进一步用好公益性岗位发挥就业保障作用的通知》要求全国各地方根据就业援助对象特点和需求，设计服务路径和援助举措，实施分类帮扶，针对性开展技能培训，积极推荐企业吸纳，帮助灵活就业，扶持自主创业，落实好税费减免、社会保险补贴、职业培训补贴等政策。对仍然难以通过市场渠道实现就业的，通过扩大公益性岗位予以安置。2022 年 9月，福建、宁夏两省区在银川召开"闽宁协作"第二十六次联席会议，针对产业合作、资源互补、劳务对接、人才交流签订了闽宁协作"十四五"框架协议，福建实施协作项目 297 个，转移劳务就业 3.77 万人。

除此以外，宁夏回族自治区政府还不断加大就业帮扶力度，密切关注脱贫人口、边缘易致贫人口的就业状况和区内外用工需求，加大岗位归集发布和劳务对接力度，对成规模、成批次、目的地集中的返岗和转移的脱贫人口、边缘易致贫人口，不断强化相关组织管理，开展了"点对点"和"一站式"的集中输送。而针对自治区内外有创业意愿并具有一定创业条件的人员，宁夏在持续落实好税费减免、资金补贴、场地安排、创业担保贷款及贴息等政策，给予创业个人更多创业补贴的同时，继续扩大创业担保贷款的对象范围，鼓励返宁能人创业，加强对创业孵化园的管理，落实创业孵化园的奖补政策，提高奖补标准，并吸纳更多劳动力进入创业园就业创业。①

---

① 林万龙等：《全面深化改革背景下中国特色社会扶贫政策的创新》，《经济纵横》2016 年第 6 期。

（三）农民收入不断增加

要"坚持把增加农民收入作为农村工作的中心任务，千方百计拓宽增收渠道"[1]。这说明，做好促进农村低收入人口增收工作，对于推进新时代"三农"工作和全面推进乡村振兴具有重要意义。低收入农户的增收问题是影响农民增收的突出短板，加之我国低收入农户与高收入农户人均可支配收入的绝对差距不断扩大，农村低收入人口增收放缓的问题再次凸显，如不尽早采取有效措施遏制这种现象的恶化和蔓延，不仅会影响全体人民走向共同富裕和全面建设社会主义现代化国家的进程，甚至有可能形成规模性返贫，特别是整村整乡返贫现象。这与全面推进乡村振兴的底线要求相悖，更会影响农民农村共同富裕的进程。

为此，经过全区共同努力，在巩固拓展脱贫攻坚成果同乡村振兴有效衔接的发展战略下，宁夏不断破解"三农"发展难题、优化经济结构、转换增长动力，多管齐下取得突破。第一，宁夏因地制宜发展富民乡村产业，切实加强对中小企业、民营企业发展的政策支持和预期引导，推动建设高标准市场体系落实落地。宁夏以多种方式来引导产业链增值收益，稳步提高家庭经营性收入，创新财政支农方式，落实直接补贴、贷款贴息等强农惠民政策。宁夏深化农村集体产权制度改革，有效增加各族群众财产性收入，实施"创建工作+脱贫攻坚"行动，先后命名脱贫攻坚领域创建示范单位 93 个，9 个贫困县中有 6 个成功创建全国民族团结进步示范县，以发展促增收。第二，区内产业扶贫模式取得显著成效，从"输血式"扶贫转向"造血式"扶贫，把产业发展作为贫困地区"拔穷根、开富源"的根本之策和长久之计。经过多年的扶贫开发，宁夏形成了枸杞、葡萄酒、奶产品、肉牛和滩羊等九大重点发展产业，打造了一批有特色、有市场、效益好的示范性产业。宁夏回族自治区内 80% 以上的贫困村培育了支柱性产业，使得产业扶贫逐渐成为支持以及稳定宁夏贫困地区脱贫致富的最主要的动力源泉。[2]"十三五"期间，宁夏全力攻坚深度贫困，开展了系列后

---

① 《十七大以来重要文献选编》（下），中央文献出版社，2013，第 708 页。
② 王国庆、李梦玲、刘初脱：《宁夏"脱贫摘帽"后产业可持续发展研究》，《农业经济》2020 年第 5 期。

续举措，稳就业促增收，脱贫户人均可支配收入明显提升，闽宁对口扶贫协作模式取得优异成绩。

（四）社会保障接续助力

中共中央、国务院"按照兜底线、织密网、建机制的要求，全面建成覆盖全民、城乡统筹、权责清晰、保障适度、可持续的多层次社会保障体系"[①]。其中，农村社会保障体系的健全是农民共享社会发展的重要体现，是新时代农村民生建设的基本要求，因此，国家着重完善农村社会保障制度，让农民共享社会的发展成果。

为此，宁夏通过机关单位定点帮扶深入贫困地区制定发展规划，落实扶持政策。共有 9 家中央单位、483 家区内企业、161 家社会组织参与脱贫攻坚，实现了贫困户家家都有帮扶责任人。各帮扶单位根据各地产业结构特点，发挥自身优势，大力扶持增收项目，提升贫困群众自我发展能力，变单项"输血"措施为提升"造血"功能。[②] 在基础设施方面，要加强对深度贫困地区的倾斜支持和技术帮扶，采取多种措施保障贫困人口基本住房安全；加快深度贫困地区、改水任务较重地区和边境地区农村饮水工程建设，保障贫困人口喝上放心水。宁夏聚焦 170 个深度贫困区，改善了中南部地区城乡饮水安全及配套工程，全面建成了一大批饮水工程，提升了综合服务网点等公共服务设施，完善了深度贫困地区的农村路网布局，优先实施了通乡连村道路建设，实现了有条件的贫困村实现村组道路硬化的全覆盖。在公共服务方面，2019 年 11 月，《自治区人民政府关于进一步完善城乡居民基本医疗保险自治区级统筹制度的意见》（宁政规发〔2019〕4号）指出，必须进一步完善参保征缴制度，个人缴费标准为 280 元，自治区财政对特殊困难群体给予每人每年 90 元大额医疗保险的补助，对农村建档立卡贫困人口、低保对象定额补助 250 元。宁夏加强了统筹协调和资源整合，提高了医疗保障水平和服务能力，开展了便民住院服务，有效提升

---

① 《中共中央 国务院印发〈乡村振兴战略规划（2018—2022 年）〉》，共产党员网，2018 年 9 月 27 日，https://www.12371.cn/2018/09/27/ARTI1538000221034483.shtml。

② 贾海薇：《中国的贫困治理：运行机理与内核动力——基于"闽宁模式"的思考》，《治理研究》2018 年第 6 期。

了大病保障水平，并且建成了农村残疾人扶贫基地，建立了"单老双老"监护制度，在自治区政府购买用于扶贫的公益性岗位中设置了养老服务岗位。在投入保障方面，2021 年 9 月，银川市农业农村局颁布的《关于进一步做好脱贫人口小额信贷工作的通知》指明，必须切实满足脱贫人口信贷需求。据此，宁夏在具体实践操作当中，结合本地实际，根据扶贫资产的资金来源、资产类型、受益范围，因地制宜、分类指导，建立起了多形式、多层次的管理模式。

（五）健康扶贫成效显著

健康对于每个人、每个家庭都至关重要，对于贫困户而言，身体健康更是决定家庭经济收入的基础，而疾病则直接影响着贫困家庭的脱贫步伐。健康扶贫是在我国全面实施精准扶贫大背景下，于 2015 年由国家卫计委提出，是我国扶贫工作中的一个全新概念。2020 年，我国如期完成新时代脱贫攻坚目标任务，健康扶贫功不可没。2020 年后，我国扶贫重心转向相对贫困治理。因此，健康不仅是个人全面发展的必然要求，也是民族昌盛和国家富强的重要标志，更是巩固拓展脱贫攻坚成果进而实现乡村振兴的重要手段和内在环节。[1] 根据习近平总书记关于"三农"工作的重要论述，新时代要全面深化农村医疗卫生体制的改革，着力构建起覆盖所有农民的基本医疗卫生制度，提倡全国医保一体化，打破医疗报销的行政障碍，做到农村基本公共卫生服务的均等化和便捷化，全面满足农民对医疗服务的需求，从而进一步保障农民的生命健康安全。[2]

对此，宁夏回族自治区按照国家脱贫攻坚决策部署，围绕实现贫困人口基本医疗保障的目标，全面推进健康扶贫工作，取得了明显的效果。例如 2017 年 7 月，宁夏回族自治区人民政府办公厅下发了《关于推进健康扶贫若干政策的意见》，提出针对因病致贫、因病返贫的贫困患者实行健康扶贫综合保障政策，系统建立起了"一免一降四提高一兜底"，全方位多角度针对贫困人口需求特点的综合医疗保障系统。2020 年 1~11 月，区内

---

[1] 张仲芳：《精准扶贫政策背景下医疗保障反贫困研究》，《探索》2017 年第 2 期。
[2] 吴强等：《连片特困地区的医疗扶贫绩效评价体系研究》，《中国卫生经济》2019 年第 8 期。

贫困患者住院 47551 人次，医疗费用总额 4.54 亿元，其中个人自付 3693.44 万元，个人自付次均费用 776.7 元，占总费用的 8.14%。[①] 一方面，宁夏进一步加强乡镇卫生院、村卫生室队伍建设，稳定和巩固基层医疗卫生服务网底，持续做好贫困人口基本医疗卫生服务。另一方面，各服务部门及时了解掌握贫困人口的健康状况，有针对性地开展健康教育和健康促进活动，着力加强贫困地区乡村人居环境整治和公共卫生服务体系建设。除此以外，自治区还按照中央的要求，将健康扶贫工作纳入"十四五"卫生健康事业发展规划，统筹安排，统筹推进。一是继续落实抓贫困县健康扶贫工作制度，深入脱贫攻坚一线，紧盯脱贫攻坚重点、难点问题，进一步压紧压实各级责任，推动各项政策和工作部署有效落实，落实"四个不摘"，保持现有的政策总体稳定；二是将健康扶贫工作与乡村振兴紧密衔接，深化医药卫生体制改革，促进人口均衡发展与健康老龄化、加强人才队伍建设、补齐短板弱项，持续推进健康扶贫工作；三是推进县域"互联网+医疗健康"，进一步下沉优质医疗资源，让广大群众在家门口享受到更高水平的服务。提供家庭医生签约服务，开展健康管理，促进健康服务，让老百姓少得病、不得病。[②]

三 脱贫群众主体意识明显增强

处于科学技术和经济高速发展的现代化社会，对于宁夏地区农业、农村、农民的发展来说，既是难题，也是机遇。农民是乡村的主人，是乡村振兴和乡村文化建设的主力军，发挥他们的主人翁意识、激发他们的主观能动性，让他们自愿主动地参与到村务的每一环节，并加入乡村文化建设，对于乡村发展必不可少。其中，脱贫户同所有农民一样，都是乡村振兴、建设社会主义现代化新农村的主体。乘坐脱贫攻坚的项目快车，在宁夏回族自治区人民政府的顶层设计和社区的项目帮扶之下，当地农民逐渐

① 宁夏回族自治区统计局、国家统计局宁夏调查总队编《2020 宁夏统计年鉴》，"统计年鉴下载站"网站，https://www.zgtjnj.org/navibooklist-n3020013210-1.html，最后访问日期：2023 年 8 月 21 日。

② 汪辉平、王增涛、马鹏程：《农村地区因病致贫情况分析与思考——基于西部 9 省市 1214个因病致贫户的调查数据》，《经济学家》2016 年第 10 期。

转变自身落后的思想观念，不断提升自身的学习能力，增强了作为主人翁的意识，激发了自觉参与乡村文化建设的积极性，有效减少了返贫致贫的风险。[①]

（一）教育引导激发农民主体地位

党的全面领导和政府主导，多元主体投入和坚持农民的主体地位是中国乡村振兴的重要特色。能否形成一个统一的整体，农民的主体性是否得到有效的体现，取决于基层党组织的带头作用能否发挥。脱贫群众主体意识的增强来自党组织在带头的过程中所进行的教育引导，加强教育不仅仅可以提高脱贫群众的综合素质，更为重要的是，这关乎提高其在农村建设中的认识水平和能力水平的问题。教育引导所主要采取的手段就是对脱贫群众的教育培训，培训内容和形式多样。习近平总书记提出："我国现代化是人口规模巨大的现代化，是全体人民共同富裕的现代化，是物质文明和精神文明相协调的现代化，是人与自然和谐共生的现代化，是走和平发展道路的现代化。"[②] 实现现代化就是实现人的现代化。同理，农村现代化首先需要培养现代化的农民。因此，对于低收入群众的培训不应仅仅局限于技术提高和收入提升方面，还要开阔他们的视野，满足精神层面的需求，提高农民的整体素质。提升农民的文化自信是提升农民能力的新思路，因此，宁夏为摆脱贫困现状，在全面建成小康社会之时、在提升脱贫最终成效的关键问题之上，始终将贫困户作为脱贫致富受益的重要主体，将肯定、加强群众主体意识作为摆脱贫困的重要动力。脱贫攻坚之际，对贫困群众进行教育培训，一方面可以引进互联网技术和新媒体技术，增加新型职业农民等有关乡村振兴的课程；另一方面就是在群众接受新知识和新技术的同时，培训内容不自觉地触及群众的主体意识，使其在精神文化、思想认识方面得到明显的提升，形成人人参与、形式多样的全社会齐心协力脱贫攻坚的局面。具体而言，宁夏部分地区开始建立实践活动中心，加强农民在思想和道德方面的学习和认识，培养农民持续增收致富的

① 黄承伟：《新时代十年伟大变革的最生动实践——兼论脱贫攻坚的里程碑意义》，《南京农业大学学报》（社会科学版）2022 年第 6 期。

② 《习近平著作选读》（第 2 卷），人民出版社，2023，第 401 页。

自力更生和艰苦奋斗的精神思想；各县区政府通过多种形式来加大涉农政策的宣传教育力度，帮助农民深入了解涉农政策文件，鼓励农民积极交流学习心得，提升农民建设家乡的自信心。在促进乡村振兴战略实施的工作行动中，宁夏扎实地做好了巩固拓展脱贫攻坚成果政策的宣传引导，脱贫责任主体将不断提高脱贫质量作为脱贫攻坚工作的核心，贫困户的思想不断地转向，从"要我脱贫"到"我要脱贫"，在一定意义上促使责任主体和贫困群众思想观念发生了转变。

（二）产业发展增强农民自主自觉

党的十八大之后的六年，得益于精准扶贫模式的大力推广，我国农村贫困人口从 2012 年底的 9899 万人减少到 2018 年底的 1660 万人，累计减少贫困人口 8239 万人；西部民族八省区贫困人口从 2012 年底的 3121 万人下降到 2018 年底的 603 万人。2018 年，落实脱贫富民 36 条，年度脱贫任务如期完成，50 个深度贫困村脱贫出列，盐池县实现高质量脱贫退出，隆德、彭阳、泾源 3 县基本具备脱贫摘帽条件。深化闽宁扶贫协作，打好产业、就业、金融、教育、健康扶贫等政策组合拳，投入财政扶贫资金109.2 亿元，扶贫小额贷款覆盖率达 85%，贫困地区农民收入增幅高于全区农民 2 个百分点。[1] 数字就是最好的民生成绩单，这充分表明民族地区脱贫取得了不菲的成绩、创造了积极成果。基于国家这一主攻政策方向指引，宁夏低收入农户内生发展能力不断得到提升，特别是产业发展的显著成效极大地增强了宁夏低收入农户的自主自觉意识。以宁夏固原市西吉县硝河乡新庄村为例，作为一个下辖 10 个自然组、耕地 12860 亩的回族聚居村，共计有 184 户 894 人建档立卡贫困户。回首 2016 年的起步时期，该村瞄准目标，选择最适应当地自然环境、符合实际状况的种植产业，把草畜产业作为脱贫致富的支柱性产业进行发展。因户施策规划"造血"产业，对贫困对象第一时间进行甄别，从技术方面进行引导，在资金保障、管理服务等方面给予强大的扶持举措，推进当地农业朝着现代化、科技化的方

---

① 咸辉：《2019 年宁夏回族自治区政府工作报告——2019 年 1 月 27 日在宁夏回族自治区第十二届人民代表大会第二次会议上》，宁夏回族自治区人民政府网站，2019 年 2 月 3 日，https://www.nx.gov.cn/zzsl/zfgzbg/201902/t20190203_1275662.html。

向发展，扶强扶优农业龙头企业。至 2020 年上半年，该村种植青贮玉米8625 亩，苜蓿、高粱等饲草作物 1065 亩；建设艾草基地 300 亩。粮饲比由原来的 9∶1 转变到现在的 1∶9；养牛户达到 293 户，牛存栏 2366 头，户均养殖 8 头；养羊户 178 户，羊存栏 2689 只；累计新建标准化牛棚 220座，青贮池 279 座，青贮饲草 3 万多立方米。草畜产业收入占农民人均纯收入的 64.2%。这有效激发了贫困户参与性与能动性，从扶贫对象的选择到扶持再到跟踪，在尊重贫困农户自身意愿的基础之上，采取了一系列自下而上的参与式、互动式、自主式扶贫举措。新庄村就是在整乡脱贫的趋势下实现民族地区"造血式"脱贫的成功典型案例。除此以外，当地政府还通过完善村庄基础设施，为产业发展打造硬件动能。着眼于群众基本生活和发展需要，新庄村从坚持"软硬"基础设施一起抓、两手硬做起，不断增强群众的幸福感、获得感。针对基础设施薄弱等问题，新庄村近年来完成村道硬化 22.19 公里，客车实现通行全覆盖，道路亮化工程完成，与此同时，水电网全覆盖，党建、文化体育、标准化卫生室等基层场所全部具备，促使各类服务都到达老百姓的身边。截至 2020 年，该村完成脱贫177 户 877 人，贫困发生率从原来的 25.8% 下降到 0.44%，脱贫效果显著，有效带动了农民主动自觉参与脱贫工作。

（三）文化建设调动农民积极参与

文化是乡村振兴之魂，为巩固拓展脱贫攻坚成果同乡村振兴有效衔接凝心聚力，要实现乡村全面振兴就必须先振兴乡村文化。[1] 而农民作为乡村的主人，是乡村文化建设的主力军，要发展乡村文化，就必须先发挥好农民的主体作用。当前，宁夏已经顺利完成了脱贫攻坚任务，有效提升了农民思想道德素质和文化涵养，增强了农民的文化自信，培育了宁夏地区全面发展的新型农民，这是宁夏发展的现实所需，也是社会主要矛盾变化的必然要求，更是实现宁夏乡村全面振兴的必由之路。[2] 为此，以实现脱贫攻坚为重要契机，在充分结合区情、民需、民愿的基础上，宁夏党委及

---

[1] 王嘉毅、封清云、张金：《教育与精准扶贫精准脱贫》，《教育研究》2016 年第 7 期。
[2] 刘慧、叶尔肯·吾扎提：《中国西部地区生态扶贫策略研究》，《中国人口·资源与环境》2013 年第 10 期。

政府将巩固拓展脱贫攻坚成果同乡村振兴有效衔接，为宁夏乡村振兴设立了 5 年过渡期和 2025 年、2035 年总体目标，推进以"八大工程"为实践指南的宁夏美丽乡村建设。宁夏美丽乡村建设以党的十六届五中全会提出的美丽乡村任务为蓝本，将国家层面的美丽乡村建设落地作为符合宁夏回族自治区区情的可行性方案，以政策规划引领为根本，以农房改造和完善基础配套设施为保障，以环境整治和生态建设为举措，以服务提升和文明创建为追求，建成了美丽小城镇 147 个和美丽村庄 809 个，打造了特色鲜明的美丽乡村。有不少地区也开展了美丽乡村的文化建设行动，很好地提高了群众的主体意识，巩固了农村思想宣传阵地。宁夏通过形式多样、内容丰富、多层次、多角度、多媒体的宣传，坚持从文化角度培养群众在乡村建设中的主体意识和自觉，同时也健全了乡村治理体系，培养了良好家风、淳朴民风、文明乡风。现如今，宁夏多个地区实施文化惠民工程，文化建设愈加完善，全面开展文化惠民"四送六进""文化进万家""三下乡"文艺演出和社火巡游展演等文化惠民活动，同时积极开展非遗文化旅游艺术节、农民丰收旅游节等。宁夏农民艺人也如雨后春笋般涌现，如在宁夏固原市原州区有 100 多个文化大院、近百个民间自发的演出团队，村民们前往文化大院读书习字，学习文化知识的自觉性、主动性愈发强烈。除此以外，部分乡镇还通过美丽乡村文明创建工程示范村、文明村镇等评选活动，有效提升了广大农民群众建设新家园的积极性和热情度。可见现在农民的生活和之前的生活相比，各项文娱活动的增加，使得宁夏当地农民的精神文化活动大大丰富，全区公共文化服务正在由"政府主导"向多元化、社会化转变，农民参与乡村文化建设的积极性不断增强。

（四）农民乡村治理的有效权利和参与增加

我国历史上是一个传统的农业社会，自秦朝统一六国以来，一直存在城乡二元结构模式，而且这一状况在短期内也难有根本性转变。在助力乡村完成脱贫攻坚的背景下，加强和创新社会治理的重点必然在基层，关键和难点也必然在基层。因此，农村基层治理情况对脱贫攻坚工作开展及对国家、社会和地区发展进步的影响非常大，对党的执政基础、执政能力、执政形象、执政公信力等具有决定性作用，是巩固拓展脱贫攻坚成果、推动国家治理转型、实现国家治理体系和治理能力现代化的重中之重。在宁夏，贫困地区的治理优化方式主要分为两类，一是易地搬迁，采用互嵌式移民方式；二是就地脱贫，增加农民有效治理权利和参与程度。首先，中央扶贫开发工作会议和纲要规划要求在经济发展落后、生活条件差的宁夏、内蒙古、贵州等省区搬迁贫困人口。在实施过程中，宁夏主要经历了两个阶段，即吊庄移民阶段和生态移民阶段，移民安置方法分为集中安置和"插花"安置。[①] 随着移民安置工作的开展，宁夏平罗县和贺兰县在生态移民的过程中，将盘活进城农民闲置资产与移民搬迁安置有机结合，巧妙地利用自治区生态移民安置资金，完成了移民的安置与转移。这一方式打破了地域、传统、观念的限制，以迁入地现成的社会生产方式和经济模式来消除移民与迁入地在经济上的差异化，并由此引导了乡村的政治、民族、宗教关系的变化。这种变化契合我国民族关系多元一体的历史格局，对培育民族共性、减少民族差异、增强基层治理参与度有着积极的推进作用，是我国社会主义新时代培育新型社区关系，构建社会主义和谐社会的有益途径。其次，同样为巩固拓展脱贫攻坚成果同乡村振兴有效衔接，宁夏固原市在全市推进乡村文明实践积分制，探索建立起以政府引领、社会参与、村民自治为手段，集思想引领、道德教化、行为规范于一体的积分制度，提升了基层组织的凝聚力和乡村治理的创新水平。[②] 固原市位于宁夏回族自治区南部六盘山区，辖1个区、4个县，总面积10541.4平方公里。过去存在村级组织号召力弱、环境脏乱差、社会治安隐患多等问题，特别是在脱贫攻坚进程中，农村群众出现"等靠要"思想、自主发展意识不强、内生动力不足等问题和不孝老敬老、邻里不和、婚嫁丧娶大操大办等不良风气或陈规陋习，影响了乡村有效治理。为此，固原市探索试点以户为单位，将村民生产、生活和生态环境保护行为量化积分，再用积分兑换所需生活用品，激励村民崇尚文明行为，提高文明程度，形成了群众参与度高、运行效果好的乡村治理新模式。

---

① 刘学敏：《西北地区生态移民的效果与问题探讨》，《中国农村经济》2002年第4期。

② 白南生、卢迈：《中国农村扶贫开发移民：方法和经验》，《管理世界》2000年第3期。

（五）农民乡村振兴的成果享有和能力提升

党的二十大报告指出，实现高质量发展是中国式现代化的本质要求之一。[①] 习近平总书记特别强调，推进高质量发展是"十四五"乃至更长时期我国经济社会发展的主题。[②] 高质量发展的关键就在于巩固拓展脱贫攻坚成果，坚决守住不发生规模性返贫的底线。宁夏实现这一目标的关键区域仍然在原集中连片特困区，宁夏南部山区则是其中的关键区域。为此，宁夏回族自治区作为全国脱贫攻坚主战场之一，自党的十八大以来，在党中央的领导下，区域性整体贫困全面解决，产业发展稳步提升，贫困人口生活状况得到明显改善，为下一步巩固拓展脱贫攻坚成果同乡村振兴有效衔接提供了有利条件。按照宁夏回族自治区第十三次党代会要求，党和国家方针政策为巩固拓展脱贫攻坚成果同乡村振兴有效衔接作出总体部署，深入实施乡村振兴战略，聚焦"守底线、抓发展、促振兴"。其中宁夏回族自治区共有 5 个国家乡村振兴重点帮扶县，位于固原市的西吉县是贫困县区之一，全县共有贫困村 238 个，占宁夏贫困村总数的 1/5，贫困人口占固原市的近 40%。截至 2019 年底，全县还有 1575 户 4340 人尚未脱贫，但在党中央精准扶贫、精准脱贫政策指引下，西吉县兴隆镇、吉强镇等通过探索发展特色种养产业，因地制宜地形成自己的特色产业链，不仅提高了农民自身收入，而且促进了地方经济发展。西吉县关庄村在政府金融政策的大力支持下，壮大村级集体经济，采取"党支部+合作社+农户+基地"的新模式，不断使得"资源变资产、资金变股金、村民变股民"切实落地。2020 年底，西吉县综合贫困发生率为零，实现脱贫摘帽，为下一步助力乡村振兴打下坚实的物质基础。2022 年 7 月，国家乡村振兴局调研组来宁夏回族自治区调研巩固拓展脱贫攻坚成果同乡村振兴有效衔接工作，并指出要继续推动脱贫人口增收，把推动脱贫地区帮扶产业发展作为重中之重，促进产业壮大、群众增收。党和国家的政策支持与高度重视为防止

---

① 习近平：《高举中国特色社会主义伟大旗帜 为全面建设社会主义现代化国家而团结奋斗——在中国共产党第二十次全国代表大会上的报告》，人民出版社，2022，第 23 页。
② 习近平：《论把握新发展阶段、贯彻新发展理念、构建新发展格局》，中央文献出版社，2021，第 533 页。

宁夏地区返贫、复贫，加快推进当地乡村振兴提供重要指引。随后，吴忠市红寺堡区新庄集乡通过合理布局种养殖业，发展特色优势产业，老百姓收入逐年增长。盐池县通过发展滩羊产业走出了一条自己的路，实现了率先脱贫。平罗县红崖子乡坚持以龙头企业为依托，以产业园区为支撑，种植马铃薯、菌菇等农产品，带动周边地区农民参与种植，依靠产业发展实现增产增收。特色产业的发展壮大使贫困县纷纷脱贫摘帽，百姓增产增收、生活水平日益提高，集体享有乡村振兴的丰硕成果。

第三节　宁夏农民内生能力概况

习近平总书记指出："全面实现小康，少数民族一个都不能少，一个都不能掉队。"[1] 为助推民族地区攻克贫困堡垒、打赢脱贫攻坚战，宁夏地区采取了多项过硬的政策举措，聚焦于宁夏民族地区脱贫攻坚的重点、难点。内生能力作为一种实现"新质生产力"的重要因素，是人自我发展、实现自身价值的能力，是依赖于自身力量获取所需资源的驾驭性力量，是人内在力量的发挥，是一种内生性的发展能力。内生能力系统由经济收入能力、政治参与能力、文化发展能力、社会交往能力共同组成和耦合发展。对于民族地区低收入农户群体巩固拓展脱贫攻坚成果而言，提升内生能力是指以提高易返贫的低收入农户群体生活质量为宗旨，以巩固当地现有脱贫成果为依赖路径，发掘地方的内部潜力，并运用低收入农户群体自身的力量有效获取、合理利用各类社会资源形成内生发展动力，以提升可持续脱贫致富的潜在发展能力。这一能力的发掘和提升，对于宁夏低收入农户群体巩固拓展脱贫攻坚成果、有效实现全面脱贫持续发展具有重要意义，也是实现农户持续发展的根本方法，直接影响脱贫基础的稳固性和持续性。因此，本节首先要对宁夏低收入农户内生能力做出正确的认识，对宁夏低收入农户内生能力做出全面的分析和判断。

首先，本节将从功能性视角出发，对宁夏低收入农户内生能力进行层次划分。依据上文所述的相关基础理论研究，结合宁夏地区具体情况，现

---

[1] 《习近平关于尊重和保障人权论述摘编》，中央文献出版社，2021，第118页。

将内生能力分类探讨，区分为基本能力、能力环境和能力提升机制三个要素，相应的能力性贫困表现为基本能力不充足、能力环境不完善和提升机制不健全这三个方面。一是宁夏低收入农户群体基本能力不充足分析。其中包含农村贫困家庭人口的年龄、性别、智力、身体素质、知识水平、技术技能、思想观念、家庭结构等因素，以及其他会对家庭劳动力所从事的职业和岗位、对劳动生产效率等产生直接影响的相关要素，造成家庭基本能力不充足的先天性缺陷等，决定家庭收入水平的基础性因素等。二是宁夏低收入农户群体所处能力环境不完善分析。其中包括农村贫困家庭所处的地理区位、自然条件、资源禀赋、源自外部的各类支持要素，家庭劳动力和其他生产要素之间的配合情况，对劳动力基本能力的提升具有重大约束的部分要素，以及制约贫困农民提升自身发展能力的内在强烈愿望的其他要素。三是宁夏低收入农户群体能力提升机制不健全分析。其中包括扶贫开发工作中存在的众多问题，改善能力环境的各项措施无法精准落实到最需要帮助的对象身上等，例如长期居住在危房中的贫困农民由于无法垫付盖房费用而难以申请危房改造项目、迫切需要资金扶持的农民由于缺乏担保而难以取得贷款、贫困退出机制不完善导致对贫困脆弱家庭的帮扶不够等。

其次，本节也从上述表现当中总结出宁夏低收入农户内生能力贫困的内在特性，分别为累积性、滞后性以及传承性。

一 宁夏低收入农户内生能力贫困的表现

低收入农户内生能力贫困的具体表现，不仅包括自然资源不足、环境条件恶劣、地理位置不佳等自然层面的原因，也包括人地矛盾凸显、金融支持脆弱、技术研发推广滞后等要素层面的原因，同时和社会保障不完善、惠农政策执行不力、农村基层干部职责缺失等体制和政策层面的原因密切相关。[①] 但是，通过对不同区域经济发展的实践观察，可以发现许多自然条件恶劣、经济资源匮乏的地区，经济发展和人们的生活也可以达到

---

① 徐月宾、刘凤芹、张秀兰：《中国农村反贫困政策的反思——从社会救助向社会保护转变》，《中国社会科学》2007 年第 3 期。

较高的水平。这说明低收入农户内生能力的关键在于贫困家庭和贫困农户本身。[1] 实地调研表明，家庭层面和个人层面的内生能力贫困主要表现在以下几个方面：重大疾病、慢性病和残障所导致的因病致贫；高额持续的教育支出，包括学杂费、生活开支和陪读、就业的隐性成本所导致的因教致贫；建筑、采掘、冶金和制造等行业劳动事故以及农业机械操作不当所导致的因意外事故致贫；社会保障缺失背景下供养失能老人所导致的因孝致贫；结婚彩礼逐年攀升、贫贫结合和贫弱结合的婚姻所导致的因婚致贫；安贫守旧、不思进取、健康意识淡薄所导致的因思想观念致贫；好吃懒做、游手好闲、"等靠要"思想严重所导致的因懒致贫；等等。

那么，我们可以尝试勾勒出一个典型贫困农民的一生。由于自然条件恶劣、经济基础薄弱，贫困山区的农民在其短暂而又漫长的一生中，自出生开始就背上了沉重的生活枷锁。年幼时，对世界充满好奇的他渴求知识，父母也深切地知道"知识改变命运"的道理，整个家庭在他身上寄予了热切希望，自他背起书包走向学校的那一刻起，这个普通的贫困家庭就把希望寄托在了他的身上。村里的学校仅有两名教师，他在母亲的陪伴下到县里念书，小学和初中基本不收学费，但食宿费用和母亲的误工费数额不小。进入高中后，学杂费用变得有些难以承受，为城乡学生统一高考而构建的知识体系也让他难以适从。在努力"跳出农门"的那一跃中，他失败了，怀着几年来让整个家庭陷入贫困的愧疚回到了土地上。青年时，他夜夜难眠，绞尽脑汁地思考如何带领全家人脱贫致富，土地上种植了几十年的玉米和小麦不可能有大的变化，不如在养殖上下下功夫。他记得村子里有几户人家通过政策性小额贷款修建了羊棚和牛棚，一大清早就急急忙忙赶去农村信用社打听，其他条件都符合，但是需要找一个拿财政工资的人当担保人，这一条让他全然没了主意。他放弃了创业的道路，借钱去职业技术学校学了电焊。后来，和父亲一样，农忙时在自己家里帮忙，农闲时四处打工，凭借着一门过硬的技术，家里的条件有了一点好转，微薄的积蓄在偿清债务后甚至可以负担起姊妹的学费。壮年时，他想，是时候成

---

① 尹志超、郭沛瑶：《精准扶贫政策效果评估——家庭消费视角下的实证研究》，《管理世界》2021 年第 4 期。

家了，几十万元的彩礼钱，新盖了两间砖房，购置了几台大型家电，这些钱是全家人东拼西凑才凑齐的，他一直还债到了孩子走向校园的那一年。那时操劳了一辈子的父母已经体弱多病，虽然有医保的支撑，但各种花费还是再一次掏空了家里的所有积蓄。年迈时，他的膝下儿孙满堂，也许有孩子抓住了高考的机会离开土地，也许有孩子创业成功发家致富，整个家庭过上了盼望已久的好日子，但也许没有。在他的一生中，贫困的噩梦仍然一次又一次席卷而来，乃至延续到后代……

虽然不能将贫困农民的一生一言以蔽之，但这种情况并不是特例，而是贫困农民群体所正在经历的生活缩影，基本能力不充足、能力环境不完善、能力提升机制不健全所导致的贫困，贯穿了他的一生。实际上，精准扶贫的本质，就是要针对不同贫困区域内不同贫困农户在不同生活阶段的实际状况，以能力建设为主线，因户施策、因时施策、因事施策，通过精确帮扶和精确管理，构建科学化、常态化、长效性的可持续性反贫困机制。内生能力贫困的不同方面在实际经济运行中往往是从不同层面表现出来的，因此，通过观察贫困地区和贫困家庭的实际情况，可知内生能力贫困主要表现在家庭、自然、要素和制度等几个层面。其中，基本能力不充足主要表现在家庭层面和要素层面，能力环境不完善主要表现在自然层面和制度层面，而能力提升机制不健全则主要表现在农民基本能力和能力环境相互交织、相互作用的各个方面。

（一）基本能力不充足

从哲学层面讲，能力基于主体的生理条件和心理素质，是人们在社会实践过程中得以形成和发展，并在主体和客体的功能性关系中表现出的完成某种活动的综合条件。这些条件构成了一个包括知识、技能、体能、潜能、情感、道德等要素的复杂系统，具有内生、多元、成长和再生等特性。[①] 在农村贫困治理视域下，基本能力是指农民为脱贫增收所具备的一切自身条件，包括年龄、性别、思想观念、生活习惯、健康状况、受教育水平、技术技能等方面。其中年龄、性别等属于先天因素，无法或者难以

---

① 韩峥：《脆弱性与农村贫困》，《农业经济问题》2004 年第 10 期。

通过后天的努力而改变；思想观念和生活习惯虽然可以改变，但是改变周期长、难度较高，也可以视为难以改变的因素；而健康状况、受教育水平、技术技能等可以通过医疗、接受学校教育或职业技能培训而加以改变。①

1. 文化程度低下，分析能力欠缺

大多数农户文化程度不高，对于自身的发展缺乏长远的考虑，这是农村人口生活水平普遍不高的原因之一。由于文化程度不高，知识获取能力有限，农户在农作物种植以及家禽家畜养殖时，主要依靠的是前人的经验总结或自己长期以来的生活感悟，缺乏综合性、科学性。在农作物种植方面，不同作物搭配种植的量难以把握，往往无法达到最优搭配。在家禽家畜养殖方面，农户往往抓不到机遇，饲养某种家禽家畜赶不上或错过了价格高峰期的情况时有发生。除此以外，当某种农作物在某一时期行情看涨时，农户大多会囤积这种作物，持观望态度，以便等到价格更高的时候再出售。这种做法的结果往往是错过了最佳出售期，价格下跌，有些农户不得已只能以下跌后的价格出售；有些农户也会选择将作物搁置，来年继续等待机遇。

2. 互助意识薄弱，集体思维不强

近年来，农村发展速度加快，部分农户有了农用车、私家车并安装了宽带互联网等，生活状况明显得到改善。然而，也有一部分农户由于身体条件差以及资金不足等各种原因，生活水平仍维持在温饱状态，日常生活面临极大的不便和困扰。请求他人帮助终究不是解决问题的办法，因为在有物质条件的农户当中，部分人基于各种原因不愿意，或者虽然愿意但是无法及时给予帮助，导致低收入农户的困难无法得到合理解决，不利于农户之间相互协作，对农村的整体发展产生了阻碍作用。

3. 发展动力不足，自身信念不强

农户经济状况不容乐观的另外一个重要原因是农户自身发展动力不足。首先，部分农户对自己缺乏信心，主要是从事农业生产所带来的经济

① 王介勇、陈玉福、严茂超：《我国精准扶贫政策及其创新路径研究》，《中国科学院院刊》2016 年第 3 期。

效益与农户的预期之间存在差异。例如，在机械化尚未普及的农村地区，从事农业生产主要消耗的是人力，农户一年的辛勤劳动所带来的收入总是不尽如人意，这便导致一些农户信心不足。其次，个别农户因为自身的惰性，对生活水平追求不高，安于现状，再加上长期以来生活在农村，对外面世界的发展变化了解不到位，思维不够开阔，缺乏上进心，总是将自己现在的生活与过去的生活进行纵向对比，小富即安。最后，农户自身发展动力不足与其家庭成员结构也有一定联系。通常情况下，在以传统农耕方式为主的农村地区，农户家庭成员中具有劳动力的成员占总成员的比重大，则有益于发展。而对于家庭缺乏劳动力的农户来说，发展不具备条件，其动力自然也就不足了。此外，部分脱贫户总是被动地接受政府提供的帮扶措施，缺乏积极性和主观能动性，未能正确意识到自己是创造富裕生活的行动主体和第一责任人，将希望寄托于外部干预措施而忽略内生发展动力的培养。

4. 主体意识薄弱，自我发展不足

脱贫主体意识是脱贫户提升其自我发展能力的基础。主体意识是个体自我发展意识的一个重要部分，表现为生活和工作中的积极性、主动性、能动性和创新性。在实践层面，主要体现为脱贫户具有依靠自身能力去防止再次陷入贫困、过上美好生活的意愿，在缺乏外部力量的状态下有能力发挥主观能动性和创新性去追求生活富裕，将自己作为创造自己美好生活的责任人并付诸行动。现实表明，部分脱贫户认为提供就业机会、社区建设及治理是相关部门的工作，一方面表示自己没有生活来源、难以维持平日生活开销；另一方面又不愿意主动外出务工，将生计问题抛给政府及相关部门，对政府提供的公益岗等公共福利依赖性强，"等靠要"思想严重，缺乏主体意识。这些错误思想在认知层面具体表现为依赖思想严重、主体意识缺乏等，造成了"精神贫困"。脱贫户自我发展意识不足还体现为因惰性思想和受教育水平低而导致的行动主体认知错位、自我评价偏低、主观能动性不强等。部分脱贫户习惯于依靠外界满足其基本物质需求，面对经济文化迅速发展的现代社会，缺乏自主意识和面对困难奋发图强的勇气。[①]

---

① 林闽钢、张瑞利：《农村贫困家庭代际传递研究——基于 CHNS 数据的分析》，《农业技术经济》2012 年第 1 期。

5. 健康意识淡薄，自我保护不足

健康扶贫作为"十三五"时期精准扶贫的一项举措，定期免费体检、家庭签约医生等政策帮扶项目在脱贫攻坚战中为提高贫困户身体健康素质发挥了重要作用，为踏上共同富裕新征程奠定了坚实的基础。但刚摆脱贫困的群众具有相对较高陷入健康贫困的可能性，如何保障脱贫户身体健康、防止因病返贫现象出现仍备受党和政府的重视。特别是部分脱贫户由于不良的生活习惯或长期从事过劳活动而不及时休息，身体有恙，无法继续投身于致富之路。这说明，脱贫户的健康意识（个人对自身健康状况认知的心理反应以及对健康信息的重视度和接受程度）依然较为淡薄，对自身疾病与健康缺乏科学的认知，没有养成良好的生活习惯，以至于出现"小病拖成大病，大病拖成重病"的情况，缺乏抵御未知疾病风险的意识和能力，因病返贫现象常有出现。

6. 参与意识薄弱，畏学心理严重

脱贫户的参与意识、参与意愿会直接影响乡村振兴产业发展，进而影响脱贫成果的稳固。因此，激发脱贫户积极参与社区产业振兴、文化振兴、人才振兴和组织振兴具有十分重要的意义。然而，在认知层面，部分脱贫户却出现了"出钱才去、有利才学"的消极参与情绪和"水平不够，难以学懂"的畏学心理，拒绝继续学习新的技术、技能、技巧，以旁观者态度对待社区、村委会开展的一系列经济社会文化活动，其参与意识较为薄弱。在行动层面，部分脱贫户在脱贫攻坚实践中的主动性不足，"干部干，群众看"是帮扶工作中脱贫户社会参与能力不足的典型表现。在配合层面，特别是谈及是否会参与社区公共事务时，部分脱贫户表示这些事务应该是社区、物业及村委会的工作，缺乏社会参与意识，并且不愿意参与社区提供的一些培训与就业机会，认为培训并没有用，工作薪资太低。也有部分脱贫户表示虽然愿意参与社区公共事务，也愿意参与社区提供的一些培训与就业机会，但其身患疾病，加之文化程度低，无法抓住培训与就业机会。

7. 发展能力较差，学习能力不强

脱贫户的基本发展能力主要以家庭总人口数、劳动力人数（包括半劳动力)、家庭病人数、家庭残疾人数、家庭老人数和家庭学生数等指标来衡量。所以在实际状况当中,缺乏劳动力、上学子女数量多、疾病是导致部分脱贫户面临返贫风险的主要因素。因此,上学的子女、超过规定年龄的老人、残疾人和患重大疾病者等社会弱势群体,因其所拥有的个人资源和社会资源不足,不仅不能作为家庭劳动力人口,也不能为家庭带来收入。同时,良好的学习能力也是重要因素之一。脱贫户的学习能力主要以户主的文化程度、每年主动参加技能培训的次数以及家庭每年购买书籍费用(不包括子女书本费)来衡量。对于健康的脱贫户来说,他们之间的收入差异在很大程度上取决于受教育程度。而在查阅相关资料以及实地走访过程中发现,宁夏农户家庭每年用于购买农业及其相关知识方面的书籍费用均不超过 50 元。总体来看,脱贫户的受教育程度较低,参加技能培训的积极性不强,学习能力较差。

8. 信息处理能力较差,社交能力较弱

一般来说,知识贫乏者实际上也是信息贫乏者、财富贫乏者。脱贫户的信息处理能力主要体现在其信息意识及信息使用能力两个方面:在信息意识方面,走访情况显示大部分脱贫户使用智能手机、计算机、电视机等现代工具的主要目的是娱乐,使用这些工具来收集农业信息、用工需求信息的脱贫户少之又少;在信息使用方面,脱贫户学习使用现代信息工具存在困难。而在社交表现中,首先,由于部分村民对低保或公益岗位分配的民主评议环节不认可,他们认为部分贫困户在评审过程中有不正当的行为,因而对这部分脱贫户的认可度较低,且部分脱贫户"等靠要"的懒惰思想与政府资源的无偿性也会影响脱贫户的风评,导致村民不愿与其交往。其次,受"穷不走亲,富不还乡"思想的影响,一些贫困户"自尊"意识较强,不愿意主动与邻里来往,怕被人"看不起",长此以往,即使是一时陷入贫困状态,贫困家庭成员特别是成年成员的人际交流范围也将越来越窄。

9. 其他特殊个体原因

特殊个体原因具有偶发性和个体性,部分个体由于各类特殊原因和状况,而生活被迫陷入贫困状态,这一部分的个体差异问题存在于任何社会系统中，例如疾病、家庭缺乏劳动力、家庭突然变故等一些特殊情况。而这些特殊情况导致的贫困问题无论是在农村地区，还是在城镇，都会存在。特殊贫困的形成机制是各种偶发的、特殊的困难。家庭结构方面，如单亲家庭、残疾人家庭、重疾患者家庭、无养老金保障的家庭等，这些类型的家庭往往承受着较重的家庭经济负担，容易陷入贫困状态；个人因素方面，如孤儿、孤寡老人、重症患者、残疾人、受教育程度低的人员，这部分群体和个人面临着无工作收入或者收入极低，或者无依无靠的困境，他们通常属于贫困群体。

（二）能力环境不完善

低收入农户内生能力环境是指，农民在脱贫增收过程中所处的外部环境。良好的外部环境应该有助于有追求的农民提高自身能力，其中包括社会环境、自然环境、文化环境、经济环境、制度环境和技术环境等，具体表现为自然条件、地理位置、宗教信仰、文化传统、经济基础、市场供求关系、农业机械化水平，以及政府提供的有助于提高农民发展能力的文化教育、医疗卫生、社会保障、就业培训、扶贫开发、创业支持、金融支持等服务。其中，自然条件、文化传统、经济基础等不能或难以在短时间内改变，但政府为农民提升发展能力所提供的就业培训、支民项目等则可以通过改变制度和生产要素的供给加以完善。形成良好的能力环境有助于期望提升自身素质的农民提高基本发展能力，并充分发挥其应有的作用。

1. 生活条件艰苦，谋生技能缺乏

就调研情况而言，大多数农户生存主要依靠的是农业生产或者外出务工收入。在从事农业生产方面，宁夏南部偏远山村地区的大多数农户受地理条件、资金问题等因素的限制，采用的依然是比较原始的工作方式，不仅劳动效率低下，而且需要大量消耗劳动者的体力，所获得的收入也十分有限。在外出务工者当中，仅有一小部分人是通过自己掌握的修理修配等方面的技能来谋生，并且获得了比较高的收入；大多数人从事的依然是建筑、采摘等以体力劳动为主的行业，缺乏能够创造更多价值的谋生技能，只能通过高强度的体力劳动来换取微薄的报酬。

2. 社会培育不足，资源供给有限

提升脱贫户自我发展能力离不开社会组织的全面参与。就宁夏当地来说，虽然在各地方的培育之下孵化出了一定数量的社会文化类、培训类组织，但主要服务对象是老年人、妇女和儿童，社会组织的类型较为单一，且可服务的对象群体有限。除了社会组织缺乏，宁夏回族自治区内的社区有效资源同样有限。社区有效资源主要是指社区中那些能够帮助脱贫户提升自我发展能力的资源，包括劳动技能培训机会、成人教育机会、就业岗位、文化资源（图书室、农家书屋、阅读室）等各种形式的资源。[①] 在论及当地社区现有资源时，虽然大部分社区已经配备有图书室、健身房、舞蹈室、老年活动中心等，但大多处于初步发展状态，社区资源不能够满足所有群体的需求。青壮年的就业是其生存的基础，而老年人的就业大多是其精神满足的需要，在社区资源有限的情况下，优先满足青壮年群体的就业与发展需要，是维持社区稳定与发展的关键。现有的公共设施资源主要是针对老年人、儿童和妇女，而针对青壮年群体的就业培训机会、成人教育机会与文化知识水平提升的资源较少，相比之下有效资源供给存在不足。

3. 自然环境恶劣，生存空间有限

自然地理条件和生态属性制约着人们的收入和生活水平。同时，生态环境状况也与人们的生产生活密切相关，从事传统农业的农民对自然资源和生态环境有着很大程度的依赖，资源和环境制约着农民的收入和生活水平。[②] 比如土地荒漠化、生态环境破坏地区，即使人们辛勤耕种，受地理条件限制也常常难以自足。再加上人口的持续增加，对生态环境过度开发利用超过自然生态承载力，持续破坏生态环境，导致水土流失、土地荒漠化和盐碱化、地下水位下降等，生态环境不断恶化，进一步削弱了环境基础，致使贫困人口产生。因此，在自然条件较为恶劣的地区，人们无论是生产还是生活都受制于自然条件，这些生活在恶劣地理生态环境中的人们，其生活具有很强的脆弱性，极易致贫。特别是在宁夏回族自治区内集

---

① 林万龙：《乡村社区公共产品的制度外筹资：历史、现状及改革》，《中国农村经济》2002年第7期。

② 黄国庆、刘钇、时朋飞：《民族地区脱贫户返贫风险评估与预警机制构建》，《华中农业大学学报》（社会科学版）2021年第4期。

中连片的特困地区，几乎涵盖了高原、荒漠、山地等生态资源匮乏、自然条件恶劣的地区，这些区域的地理条件复杂，是宁夏地区脱贫攻坚的主战场。

4. 历史原因致贫，地区发展受制

历史原因主要是指旧的落后的社会形态和文化长期积淀，在相当程度上仍然支配着劳动者的观念和意识，并在社会生产不断发展的过程中表现出顽强的抗拒效应。在落后的地区，通过教育来促进文化科学知识传播、推动生产力发展常常难以达到预期效果，正是由于历史长期沉淀的固化思维和生活方式，贫困群众通常会形成"越穷越不重视教育，越不重视教育越穷"的恶性循环。比如宁夏部分地区存在重男轻女现象，导致很多女孩到了入学年龄但是不能上学，只能在家参与劳作，有的甚至会早早就被父母嫁为人妻。还有一些地区居民不愿走出去，只是固守在自己的"一亩三分地"，不愿接受新知识、新技术，长期安于现状。当然，随着贫困治理的深入，社会经济的持续发展，历史贫困带来的致贫影响将会不断减退。

5. 地区发展不均，社会支持有限

生态环境恶化会导致人的生存环境恶化，致使人陷入贫困状态，从而产生贫困人口。同样，在推动社会经济快速转型、快速发展的过程中，不同的区域之间、不同的社会群体之间都存在发展机会不均衡的现象。相比较而言，发展机会较多的区域和群体比发展机会较少的区域和群体能够得到更快的发展，从而导致获得较少发展机会的区域和群体陷入相对欠发展的生存状态。并且，现有的社会经济环境一旦发生变迁，易贫困人口也将难以获得有效的社会支持，不易得到有效生产和生活资源，这亦会影响人的生活状况，造成贫困人口的产生与增加。[①] 相对贫困问题的产生与发展机会配置不均衡密切相关，发展机会不均衡导致发展不均衡，那么要解决相对贫困问题，就需要在提高社会经济发展水平的过程当中，注重给不同群体、不同区域、不同阶层的人提供同等的发展机会，这样才能避免因发展不均衡而产生贫困问题。比如改革开放以来，我国东部、中部、西部三

---

① 李棉管、岳经纶：《相对贫困与治理的长效机制：从理论到政策》，《社会学研究》2020年第6期。

个经济区域带之间就产生了发展不平衡，导致三个区域之间的经济发展水平差距迅速扩大，也导致了生活在东部、中部、西部这三个区域的居民收入水平呈现不平衡状态，这也成为我国中西部地区贫困人口相对东部地区而言呈现比重高、数量大、程度深三大特征的原因。

6. 资源储备短缺，环境恶化加剧

资源储备短缺、环境恶化既不利于人类居住，也不利于农业生产，这既是宁夏贫困地区发展落后的重要原因，又是一些贫困人口在脱贫以后又大面积返贫的根源。众所周知，资源环境是农业生产最基本的物质条件，也是农村经济可持续发展的基本保证，如果一个地区资源环境恶化，那农民将是首当其冲的受害者。这些生态环境脆弱地区的生产活动以农业生产为主，然而这些地区一般位于过渡地带，气候异常，地形各异，不适宜发展时令性较强的种植业。因此生态环境的破坏会严重影响农业生产，进一步导致这些地区经济上的贫困。资源环境对贫困的影响实质上是农业资源环境恶化对农村经济的破坏作用，一方面导致农业资源总量减少，如土地沙化、水土流失导致土地资源减少；另一方面造成农业资源质量下降，如土壤板结、盐渍化导致耕地肥力下降。这两方面的共同作用对农业生产造成巨大的影响。因为农业生产主要"靠天吃饭"，受到自然条件限制的地区，资源环境恶化往往导致土地更加贫瘠、水资源日益短缺，农业生产力下降，同时抵御灾害的能力减弱，严重影响该地区粮食产量，这就使得贫困地区粮食自给发生困难，难以保证基本的生活需要，从而造成经济上的贫困。因此，资源储备短缺、环境恶化的地区极易发生贫困。再加上当地农民不合理的耕作方式，西北民族地区农业生态环境日益恶化。最终，由于自然因素和人为的毁林开荒、过量放牧等因素，植被破坏严重，森林的消耗量大于生产量，从根本上破坏生态环境，致使土壤侵蚀、水土流失严重，土地沙漠化，草原退化面积大的局面，农业生态环境问题日趋严重，旱灾、滑坡、泥石流等生态灾害频发。

（三）提升机制不健全

如果说"基本能力"是影响农民脱贫致富的内生因素，"能力环境"是影响农民脱贫致富的外生因素，那么，只有内外因素共同发挥作用，农民才能真正实现脱贫致富的目标。通俗来讲，一个不具备基本的受教育水平和过硬的职业技能的农民，并不会仅仅因为国家大力支持教育事业、开展职业技能培训就使自身基本能力加以提升。政府出台的有助于提升发展能力的相关政策必须通过客观的实践活动，转化为主体自身的本领，才能帮助贫困农民提高发展能力，并利用其基本能力实现脱贫增收。显然，贫困农民能否实现脱贫增收，不仅仅依赖于其所具备的"基本能力"和所处的"能力环境"，更依赖于"基本能力"和"能力环境"两者之间的功能性关系，亦即"能力提升机制"。在实际的经济运行中，"能力提升机制"主要表现为如何构建一个良好的能力环境，使政府出台的脱贫增收政策精准落实到主体身上、落实到主体提升发展能力的具体经济活动中。

1. 社会经济结构性贫困

所谓结构性因素，是指与社会结构和经济结构相连的因素。结构性贫困指由于社会经济结构性要素而导致的贫困。我国贫困人群和贫困问题主要集中在农村地区，而民族地区贫困发生率远高于全国，贫困程度也较深，这与社会经济结构性因素的影响有着密切关系。处于城镇化、现代化、市场化背景之下的贫困地区农民，在农业生产方面仍然以传统生产为主，很难获得理想的市场机会，很少能够享受到来自城镇发展的成果。并且，宁夏当地的传统农业经受不起自然灾害和市场波动的冲击，这也使得贫困地区的低收入农户被迫陷入贫困境地。因此，农村结构性贫困的形成机制，集中体现为传统小农生产在市场经济大势中的劣势地位和脆弱性。

2. 就业和收入分配贫困

收入差距引发的贫困问题，主要体现在行业之间的分配存在差距，以及分配要素发生变化这两个方面。行业间的分配差距包括工资收入和工资外收入两个方面。比如从事金融保险等行业的人员，这些行业的从业者不仅工资收入较高，其工资外收入也偏高；部分就职于股份制企业和涉外单位的员工则能够享受到单位提供的高工资待遇。相对而言，从事农、林、牧、渔、水利等行业的员工，出于行业性质原因，收入相比前两者明显偏低，低收入低回报会使得在这些行业工作的部分职工和家庭成员容易沦为低收入阶层，也会使得他们的生活状态较易陷入相对贫困。此外，作为新分配要素的财产所有权、资本或技术等进入分配领域，更易扩大不同行业居民之间的收入差距，甚至会导致一部分劳动者在就业竞争中失败，从而被迫失业。对于这部分人而言，他们的生活由此丧失了收入来源，不得不面临生活困境，步入贫困。① 因此，国家在制定贫困治理相关的政策时，要能够顾及这部分城镇贫困人口的变化，并且制定相关政策的同时也要配合国家大政方针，把就业政策、国家政策等都纳入贫困治理的对策当中。

3. 扶贫资金投入较单一

扶贫资金是反贫困的基础，没有资金，反贫困工作就成了无源之水。宁夏民族地区的扶贫资金投入机制主要是政府主导型。这种投入机制虽然更多地注重社会效益，强调公平，但政府过度主导扶贫资源配置，就会忽视市场机制的作用。一方面，政府的资金供给能力相对有限，难以满足社会对扶贫资金的需求；另一方面，过度依赖行政力量扶贫，就会忽略体制外各种社会力量对反贫困的贡献，最终导致扶贫资金来源单一。毕竟国家财政扶贫资金投入量小且分散，并且地方投入不足。因此，过度依赖中央投入在短时间内很难从根本上改变贫困现状，这就需要建立多元化反贫困投资机制。

4. 项目资金监管力度弱

首先，扶贫资金分散，难以形成合力。财政扶贫资金管理机构包含财政局、扶贫办、发改委、民委、农发行等单位，由于财政扶贫资金管理涉及的部门多，而且部门之间缺乏有效的沟通与协调，普遍存在各自为政的现象，遇到棘手问题时，又相互推诿，这直接导致扶贫项目资金管理上的分散和混乱，统一的监管体系难以建立，无法形成合力，直接影响扶贫效果。② 其次，在项目计划的实施过程中，由于缺乏必要的监督，大量的扶贫资金偏离目标群体。贫困地区的干部为了出业绩，大搞不切实际的"面子工程"，浪费扶贫资源，贫困户受益较少，导致资金效益下降。更严重的是，大量的扶贫资金非但没有解决当地的贫困问题，反而成为腐败滋生的土壤。例如，部分地区的财政部门有时会将扶贫资金用于维持行政事业

---

① 姚先国、张海峰：《教育、人力资本与地区经济差异》，《经济研究》2008 年第 5 期。
② 范和生：《返贫预警机制构建探究》，《中国特色社会主义研究》2018 年第 1 期。

费开支和人员工资、弥补行政经费、建造办公楼等，甚至将发展资金和以工代赈资金投入经济实体进行营利性活动。

5. 扶贫对象瞄准有偏差

贫困人口应当是反贫困工作重点扶持的对象，但是反贫困资金瞄准机制在实践中往往存在一定偏差，出现了"扶富不扶贫""扶强不扶弱"等怪现象。由于每个地区的人口分布不均衡，再加上各方面因素的影响，贫困人口不仅仅分布在国家评定的国家级贫困县，许多没有列入贫困县的地区也有很多生活比较困难的群众。但是由于国家政策和规定等的限制，大多数扶助贫困的措施在国家级贫困县优先实施，那些没有处在贫困县而生活困难的贫困人口容易被忽略。再加上在一些国家级的贫困县，由于各地区之间的发展程度不同，很多人已经摆脱了贫困，生活水平达到了相对优越的地步，却仍然会享受到国家的贫困补助政策。[①] 另外，由于扶贫贷款申请、审批过程中管理不严，在实施过程中可能会出现大量的非贫困人口（高能力者、高收入者）隐瞒自己的收入，挤入贫困的队伍，使真正处在贫困状态中的贫困人口难以成为脱贫攻坚的直接受益者，降低了扶贫工作的有效性。

二 宁夏低收入农户内生能力贫困的内在特性

宁夏地区的原深度贫困地区具有一定的特殊性：一方面，由于面临特殊的自然地理条件和极端的资源约束，原深度贫困人群的行为模式和原深度贫困地区的发展路径与其他地区存在差异，且深度贫困地区的内生性发展是世界贫困治理领域的难题；另一方面，由于基础条件差、脱贫时间晚，原深度贫困地区是返贫风险最高、政策依赖性最强的地区。党的二十大报告在谈到巩固拓展脱贫攻坚成果时重点强调，要"增强脱贫地区和脱贫群众内生发展动力"[②]。实现原深度贫困地区的内生发展，使之从"受扶者"变为乡村振兴战略中的"参与者"和"贡献者"，这一转变直接关系

---

① 朱梦冰、李实：《精准扶贫重在精准识别贫困人口——农村低保政策的瞄准效果分析》，《中国社会科学》2017 年第 9 期。

② 习近平：《高举中国特色社会主义伟大旗帜　为全面建设社会主义现代化国家而团结奋斗——在中国共产党第二十次全国代表大会上的报告》，人民出版社，2022，第 31 页。

到巩固拓展脱贫攻坚成果同乡村振兴有效衔接，更是涉及全面建成社会主义现代化强国的重大议题。[①] 因此，结合马克思恩格斯反贫困理论和习近平总书记关于巩固拓展脱贫攻坚成果的重要论述，贫困群众的"内生能力"一词区别于其他形式的能力发展，内生能力贫困具有累积性、滞后性和传承性等内在的独特性质。[②]

（一）内生能力贫困具有累积性

贫困的累积性。由于贫困具有再生产的特性，处于贫困状态的个人、群体以及地区往往会不断产生新的贫困，并长期处于"贫困陷阱"之中。从本质上讲，"贫困陷阱"是贫困主体能力缺乏所导致的状态锁定。由于贫困，贫困主体无法接受良好的教育，导致贫困人口的素质难以得到提升；由于贫困，贫困主体难以进行物质资本投入，丧失了许多增加收入脱贫致富的机会；由于贫困，贫困主体自我限制活动范围，游离于主流社会之外；由于贫困，贫困主体精神颓废、情绪低落，日益被社会边缘化。综合来说，这种累积性来源于个体由于贫困而诱发的一种所谓的"心理贫困"，具体表现为一种强烈的个体宿命感、无助感和自卑感。贫困的个体很可能会逐步地丧失脱贫的内生动力，在家庭中形成一种贫困的文化氛围。为了持续适应这种环境和家庭，个体也随之生出一种内生动力不足的价值观、思维方式和生活习惯。因此，内生能力的贫困让贫困群体陷入了深度贫困和周期贫困的死循环。并且，越是贫困的个体，越是会陷入自我怀疑，越是会在受到挫折时感受到自己的努力所带来的收益微乎其微，期望和现实的差距被进一步拉开。再加上由此带来的社会排斥、自我污名、耻辱感和不被尊重感，更会降低贫困人口的自我效能。最终，这种挫败感不断累积，内生能力愈加贫困，可能会导致贫困者产生无助，变得习惯、麻木，彻底丧失脱贫的内生动力。[③]

（二）内生能力贫困具有滞后性

贫困的滞后性。贫困家庭在生活乃至生存压力的促使下，寻求各种能

---

① 王静、王志章、杨志红：《中国共产党反贫困的实践探索、经验总结与当代价值研究》，《中国软科学》2022 年第 5 期。
② 杜利娜：《马克思的贫困理论及当代启示》，《马克思主义研究》2018 年第 8 期。
③ 傅安国等：《脱贫内生动力机制的质性探究》，《心理学报》2020 年第 1 期。

够增加收入的工作和机会。但由于技术技能等能力因素方面存在的限制，他们不具有选择劳动岗位、劳动时间和劳动保护条件等的更大空间，只能从事基于重体力付出的"脏、累、苦、粗"等工作。这类工作，或者说这种增加收入的途径和方式，不是以能力提升为前提，而通常以损害劳动力身体健康为代价，同时也不同程度地存在缺乏劳动保护的风险。在劳动力身强力壮的时候，外出务工确实能够在一段时间内显著增加家庭收入，使家庭成员短暂地摆脱贫困。但是，当外出务工者年老体衰，无法胜任重体力劳动时，就只能重新回到家里，成为易返贫群体。而长期重体力劳动所累积的身体方面的疾病，将不断侵扰其后半生，家庭也由此可能会再次陷入贫困状态。因此，农村因病返贫的概率高，同这种贫困的滞后性之间存在密切的联系。除了"心有余而力不足"的情况以外，农民作为分散的个体小生产者，其中部分还会受到小农意识的影响，目光短浅，追求较低，只要达到了旱涝保收、吃饱喝足、略有结余的目标，就会产生富有的感觉，往往要等结余耗尽，出现新的危机感，才能迫使他们再次投入劳动或提高劳动效率。[①] 这种滞后性还表现为，改革开放后，市场经济的发展富裕了很多具备经营素质的一般群众，经商者、个体经营户随处可见，其中"小打小闹"者居多，但受到虚荣心理影响，经商者们聚集交流时道出的往往是商业买卖光鲜的益处，对背后的艰辛鲜有细谈，最后只会吸引更多的人参与恶性竞争，对本就难以形成的规模效益造成进一步挤压。

（三）内生能力贫困的传承性

贫困的传承性。贫困具有代际传承的特性，贫困以及导致贫困的条件和因素，由于家庭内部的闭锁，会由上辈传递给下辈，使下辈重复上辈的贫困境遇。贫困的代际传承与文化、习俗、环境、政策以及经济结构等因素密切相关，但本质上也是个体内生能力缺乏的必然结果。贫困家庭通常由于家庭教育缺乏、学校教育有限、经济境遇穷困、社会资源缺乏、参与意识薄弱等因素，加之贫困家庭成员之间的相互依赖和信任关系，使年轻一代从年老的一代那里继承其价值观、态度和习俗，进而形成一种特殊的

---

① 王延中、宁亚芳：《新时代民族地区决胜全面小康社会的进展、问题及对策——基于2013～2016 年民族地区经济社会发展问卷调查的分析》，《管理世界》2018 年第 1 期。

"贫困文化"。① 而那些依赖社会资助和福利的贫困家庭中，由于长期接受福利救济，有的家庭成员价值观已经发生改变，能力提升意识淡薄，"等靠要"的思想不但停留于年老一代，同时也可能侵入年轻一代的头脑。特别是贫困家庭父母受教育水平低、缺乏经济资源，不利于他们鼓励和帮助自己的孩子接受适当的教育，难以做出正确的引导，从而阻碍后代人力资本的发展。② 同时，由于贫困家庭社会网络资源的匮乏，年轻一代在成长过程中缺乏接近优质社会经济资源的机会，导致能力提升和发展机会缺乏，从而陷入继续重复年老一代贫困的境遇中。例如，子女年幼时遭遇的不幸，如父母离异或一方或双方死亡、收监等，给子女造成严重的心理阴影，加之农村普遍存在的对心理问题的淡漠和偏见，使得子女产生自卑、孤僻、怯懦、逆反等负面性格，在读书—就业—成家—立业的基本成长历程中，缺乏应对挫折和解决问题的能力，最终形成了漫无目的的生活节奏和生活状态。同时，在"逆反"心理作用下，有些贫困家庭年轻人对当地村委会或政府具有排斥心理，引导其发展愈加困难，可能会使他们得出"打工成不了大功"的自我"论断"，长期等待政府另建新房、资金援助，拒绝帮扶人探访，帮扶难度极大。除此以外，一旦遇到意外情况，该类家庭所依靠的单一经济来源极易被切断，使得内生能力的贫困传递至下一代。

---

① 檀学文：《走向共同富裕的解决相对贫困思路研究》，《中国农村经济》2020年第6期。
② 豆书龙、叶敬忠：《乡村振兴与脱贫攻坚的有机衔接及其机制构建》，《改革》2019年第1期。

第三章

宁夏农民内生能力提升的框架构建

第一节　基本要求

党的十九届六中全会通过的《中共中央关于党的百年奋斗重大成就和历史经验的决议》指出，党的十八大以来，党始终把解决好"三农"问题作为全党工作重中之重，实施乡村振兴战略，加快推进农业农村现代化。实施乡村振兴战略，培育宁夏农民内生能力，必须发挥农民的主体作用，调动农民的积极性、主动性、创造性，把维护农民根本利益、促进农民共同富裕作为出发点和落脚点，促进农民持续增收，不断提升农民的获得感、幸福感、安全感。正如习近平总书记所深刻指出，"三农"问题的核心是农民问题，农民问题的核心是增进利益和保障权益问题；就是要把切实提高农民素质、实现人的全面发展，作为"三农"工作的根本出发点和落脚点，实现好、维护好、发展好农民的物质利益和民主权利，不断增强农民群众的自我发展能力。[①]

发挥农民的主体作用，要站在人民立场来解决农民问题。人民主体思想是马克思主义人民观的重要组成内容。党的十九大报告指出："人民是历史的创造者，是决定党和国家前途命运的根本力量。必须坚持人民主体地位，坚持立党为公、执政为民，践行全心全意为人民服务的根本宗旨，把党的群众路线贯彻到治国理政全部活动之中，把人民对美好生活的向往

[①]　习近平：《之江新语》，浙江出版联合集团、浙江人民出版社，2007，第102页。

作为奋斗目标，依靠人民创造历史伟业。"① 脱贫攻坚取得的重大历史成就足以证明人民才是真正的英雄。广大农民是农业生产和农村进步的参与者和推动者，解决农民问题，须站在农民立场上，这就需要坚持以农民为主体的思想。在全面推进乡村振兴的伟大实践中，培育农民内生发展能力，使广大人民群众自力更生，创造自己的美好幸福生活，必须坚持广大农民的主体地位，把农民的积极性、主动性和创造性调动起来。

发挥农民的主体作用，要发挥农民主人翁精神。马克思主义唯物史观指出人民群众是社会实践的主体，是物质财富和精神财富的创造者，是社会进步的根本力量。发展是为了人民，发展需要依靠人民，更需要发挥人民的主人翁精神。在全面建成小康社会的过程中，流传着这样一句话，"小康不小康，关键看老乡"。在推进乡村振兴中有着同样的道理，振兴不振兴，关键看乡亲。全面实施乡村振兴战略，离不开广大农民，需要这千千万万的乡亲。让农民群众投身到这项伟大的事业中，是对农民主体地位的最高尊重，这样才能促进农业全面升级、农村全面进步、农民全面发展，推进农业农村现代化。全面实施乡村振兴，要充分尊重广大农民意愿，调动广大农民的积极性、主动性、创造性，培育农民内生发展能力，把他们对美好生活的向往转化为推动乡村振兴的动力。因此，要在培育内生发展能力中坚持农民主体地位，把农民放在第一位。只有这样，才能激发农民的主体积极性，使之产生内生动力，真正成为乡村振兴的主体，去创造真正属于他们自己的生活。农民是乡村振兴的参与者、受益者、推动者，乡村振兴工作必须坚持农民主体地位，发挥他们的首创精神，不断解放和发展农村社会生产力，激发农村发展活力。如果农民没有积极性，没有内生动力，乡村就难以振兴。因此，培育农民内生发展能力必然要求把农民放在第一位，站在田间地头倾听农民心声，让广大唱主角的农民群众真正自信起来。

一　坚持以内生能力培养为重点

培育农民内生能力要紧握能力这条主线。1998 年获得诺贝尔经济学奖

---

① 习近平：《决胜全面建成小康社会　夺取新时代中国特色社会主义伟大胜利——在中国共产党第十九次全国代表大会上的报告》，人民出版社，2017，第 21 页。

的印度籍经济学家阿马蒂亚·森在他的著作《以自由看待发展》中全面而系统地提出了以可行能力剥夺来看待贫困的观点。这种可行能力是指一个人所拥有的、享受自己有理由珍视的那种生活的实质自由，他认为可以以这一标准来评判个人是否处于贫困的境地。[①]《老子》中提出"授人以鱼，不如授人以渔"，"授人以渔"也就是给农民传授生产生活的技能，增强农民自我发展能力。当他们掌握了一定的技能后，创造幸福生活就更容易一些。农民内生能力培育基于农民自身的自主发展能力，它是推动农村发展最基本的依靠力量，是农村发展的主要推动力。在乡村振兴视域下，农民内生能力建设至关重要。农民内生能力建设是一个大工程，是乡村振兴战略中极其重要的内容。农民内生能力是农民创造美好生活的内因。与此相对应的是，借助外来力量帮扶、支援或其他方式的介入是农民创造美好生活的外因。只有内生发展能力发挥真正的作用，才能较快地推动农村发展，推进全面实施乡村振兴战略。

总体来说，农民的内生能力总体不强，原因主要有以下几个方面：一是农民收入较低；二是农村产业发展水平较低，农村产业以种植业、养殖业为主；三是随着城市化发展，农村剩余劳动力转入城镇；四是大多农民文化教育水平相对较低，自主发展能力欠缺。为了全面推进乡村振兴战略的实施，内生发展能力是农民自我"造血"的根本能力，需要把农民内生能力建设作为重点建设内容。

农民内生能力是一种自主向上的力量，是一种由内而外的力量，这种"能力"一旦"内生"，力量无穷。乡村振兴是继脱贫攻坚后又一场持久战，打赢这场仗关键在于农民，激发广大农民群众的内在活力，注重提高他们的自我发展能力。"枪头不动，累折枪杆"，如果农民缺少发展能力，外在力量再强大，也难以全面实施乡村振兴战略。因此，乡村振兴必须由内而外地"扶"，先解决"能力穷"，再解决"口袋穷"，让广大农民有能力树立起创造美好幸福生活的自信。

马克思主义唯物辩证法告诉我们，内因是根据，外因是条件，外因通

---

① 阿马蒂亚·森：《以自由看待发展》，任赜、于真译，中国人民大学出版社，2002，第30页。

过内因起作用。广大农民是乡村振兴的实践主体，更是实施乡村振兴战略的推动力。回望脱贫攻坚取得的重大历史成就，激发农民内生动力是一条重要的经验。"授人以鱼，不如授人以渔"，"千金在手，不如一技傍身"，可见"造血式"能力建设的重要性。只有把农民的内生能力作为建设重点，才能提高他们的自我发展能力，才能增强他们创造美好生活的内生动力。农民内生能力建设好比母鸡孵小鸡，外力的作用终究有限，小鸡破壳归根到底还要依靠内生动力。

培育农民内生能力是实施乡村振兴的重要举措，既具有现实意义，又具有长远意义。在乡村振兴战略的指导下，把农民内生能力的培育作为重点建设内容，强化和提升农民自我发展能力，使内生动力和外部帮扶有机结合，逐步依靠自身能力走上致富路。

二 坚持以农民协作为支撑

坚持农民协作是新时代培育农民内生能力的最佳选择。农民协作是推动农村协调发展、共同发展的重要方式，是实现先富带动后富、最终实现共同富裕的重要举措。农民作为独立的个体很难应对各种风险与挑战；农民协作起来形成"组织"，就可以增强自身发展能力。因此，增强农民内生能力要以农民协作为支撑。

一根筷子容易折断，一把筷子就很难折断。"筷子理论"应用在"农民内生能力"上，就是说，一家一户能力有限，难以扛住风险；分散的千家万户协作起来才能形成合力，实现共同富裕的目的。当下农民生产生活中，其协作精神未能得到充分发挥，生产活动中互帮互助、邻里协作的意识逐步弱化，这必然会影响农业农村现代化建设，影响乡村振兴的全面实施。农民之间互助合作，能够形成一个有机整体，这是培育农民内生能力的重要途径，实现"1+1>2"的效果。农民能够依靠整体的力量，使得脱贫攻坚成果效益更加持续。

实现巩固拓展脱贫攻坚成果同乡村振兴有效衔接，关键是要形成持续反贫困和促进发展的有效机制，重点落到培育农民自我发展能力上，以促成区域共同发展。激发内生动力是培育自我发展能力的根本，农民协作是实现共同发展的关键环节，农民之间观念互通、技术互学、思路互动，通过协作共同发展，进而推动农民自我能力的发展。培育农民内生能力要把农民协作作为支撑点，互学互鉴、优势互补，促成互利共赢。

三　坚持以巩固拓展脱贫攻坚成果为检验标准

习近平总书记在决战决胜脱贫攻坚座谈会上指出，要"接续推进全面脱贫与乡村振兴有效衔接"①。习近平总书记的讲话为巩固拓展脱贫攻坚成果、促进乡村振兴指明了方向。在脱贫攻坚取得显著成效之后，全面推进乡村振兴成为"三农"工作的核心任务，这标志着一次历史性的转变，并为乡村振兴的全面推进奠定了坚实基础，为开创乡村振兴新局面铺平了道路。

如何推动巩固拓展脱贫攻坚成果同乡村振兴有效衔接是当下亟须解决的难题。在今后较长时期内，脱贫乡村人口致贫、返贫的主要原因依然是经济发展滞后、脱贫人口内生发展动力不足，这就决定了脱贫攻坚和乡村振兴的基本目标依然是防止返贫。由于自然资源的匮乏，叠加自然灾害、重大疾病等多重不利因素，众多农民家庭在脱贫之后仍面临难以稳固脱贫的困境，重归贫困的现象屡见不鲜。即便这些农民在收入提高上有所突破，倘若他们的自我发展能力低下，就极易再次陷入贫困的境地，脱贫攻坚的成果显得异常脆弱。

乡村要发展、要振兴，关键在农民。脱贫攻坚是乡村振兴的根基，乡村振兴是脱贫攻坚的接续和升华。要做好脱贫攻坚与乡村振兴的统筹衔接和协同推进，必须以培育农民内生能力来巩固拓展脱贫攻坚成果，推动乡村全面发展。也就是说，培育农民内生能力是巩固拓展脱贫攻坚成果的必由之路，农民内生能力是实现巩固拓展脱贫攻坚成果同乡村振兴有效衔接的重点。习近平总书记指出："江山就是人民，人民就是江山。"② 在巩固拓展脱贫攻坚成果中，坚持人民至上，为人民服务，为人民谋幸福，把广大人民群众的根本利益放在第一位，就是要把培育低收

---

① 习近平：《在决战决胜脱贫攻坚座谈会上的讲话》，人民出版社，2020，第 12 页。
② 《习近平谈治国理政》（第 4 卷），外文出版社，2022，第 63 页。

入农户内生能力作为实现巩固拓展脱贫攻坚成果同乡村振兴有效衔接的关键。

内生发展是防止返贫、稳定脱贫、实现乡村振兴的根本保证。只有农民充分发挥自身能力，才能推进巩固拓展脱贫攻坚成果同乡村振兴有效衔接，推动乡村可持续发展。站在巩固拓展脱贫攻坚成果和推进乡村振兴的历史交汇点，培育农民内生能力成为"三农"工作的重中之重，要坚持以巩固拓展脱贫攻坚成果作为衡量农民内生能力培育的检验标准。只有巩固拓展脱贫攻坚成果，才能夯实农村发展的基础，进一步培育农民内生能力，更好促进内生发展，全面实施乡村振兴。只有不断增强农民内生能力，不断巩固拓展脱贫攻坚成果，才能防止返贫，实现与乡村振兴的有效衔接。

"胜非其难也，持之者其难也。"做好巩固拓展脱贫攻坚成果同乡村振兴有效衔接，要增强农民内生能力，让脱贫攻坚成果更加稳固，效益更加持续。同时，要做好农民内生能力培育这篇大文章，也必须在巩固拓展脱贫攻坚成果基础之上，让农民过上更加美好的生活。

第二节　框架要素

在深入推进乡村振兴战略的背景下，培育农民的内生发展能力显得尤为关键。而要实现这一目标，我们需要对低收入农户的内生能力建设驱动机制进行更为详尽的解析。农民的内生发展能力不是一个抽象的概念，它涵盖了农民自身的能力提升、资源的有效利用以及持续的发展意识等多个层面。因此，解析农民内生能力建设的驱动机制，需要从多个维度入手。我们按照外部条件、内部条件将其划分为牵引力和内在力两部分。

一　外部条件：牵引力

区域经济发展趋势、交通、水电、通信基础设施、教育、科技、医疗卫生、社会保障、扶贫资金、金融特惠、产业扶持、社会帮扶优惠政策等外部条件构成农民内生能力发展的外在牵引力。这些外部条件的不断完善和优化，将为农民内生能力的发展提供更加坚实的保障和更加广阔的舞台。

（一）区域经济发展趋势

经济发展是个永恒的话题，大到国家、小到家庭都离不开经济的发展。区域经济是根据自然区域、自然经济联系和文化传统的需要而形成的经济联盟。[①] 一般来说，区域经济发展会激发农民内生能力，而区域经济发展也离不开农民的贡献。二者是相辅相成、相互推进的。因此，要将区域经济发展与农民内生能力培育有机结合。

区域经济发展激发农民内生发展能力。当区域经济快速发展时，就需要吸纳更多的劳动力，就业市场的需求就会大幅增加，这会让广大农民群众内在发展能力得到有效的激发，将进一步推动整个区域经济的发展，最终形成良好的社会和经济循环，使得区域性的经济与农民都能够得到长期的发展。具体来说，随着区域经济的快速发展，新的产业和企业不断涌现，为农民提供更多的就业机会，这些机会不仅包括传统的农业领域，还包括制造业、服务业等多元化的行业。就业机会的增加和就业结构的改善，使得农民能够获得更高的收入，收入的增加不仅提高了农民的生活水平，还为他们提供了更多的发展机会和选择。而为了适应这些新的就业机会和市场需求，农民需要不断学习和提升自己的技能，区域经济的发展为农民提供了更多的教育培训机会，帮助他们提高就业竞争力。在自主创业方面，区域经济的发展也为农民提供了更多的创业机会，一些有创业意愿和能力的农民可以利用自己的资源和优势，创办自己的企业，实现个人价值和社会价值的双重提升。与此同时，农民内生发展能力的提升使得他们更愿意参与到区域经济的发展中来，这不仅增加了劳动力供给的数量，还提高了劳动力的质量，为区域经济的发展提供了有力支撑，还有助于提升他们的生活质量和社会地位，增强他们的归属感和幸福感，促进社会的稳定和谐，为区域经济的发展提供良好的社会环境。

面向未来，全面实施乡村振兴战略就要把握区域经济发展趋势。对于经济发展相对落后的西北部地区来说，农民内生发展能力不足，要对此

---

① 戴丹红：《浅析人力资源开发与区域经济发展》，《商讯》2021 年第 34 期。

做出重点培育和激发，就要把区域经济发展作为培育农民内生发展能力的引擎。推动区域经济健康发展，抓住经济发展趋势，让经济发展成为"火车头"释放出巨大牵引力，就能为培育农民内生能力注入更加强大的动力。

（二）公共服务供给能力

基本公共服务供给是新时代我国实现全体人民共同富裕的重要内容，对于实现农业农村现代化和全面推进乡村振兴，推动改革发展成果更多更公平惠及全体人民具有重要深远的现实意义。党的十九届六中全会在总结党的百年奋斗重大成就和历史经验时明确："人民对美好生活的向往就是我们的奋斗目标，增进民生福祉是我们坚持立党为公、执政为民的本质要求，让老百姓过上好日子是我们一切工作的出发点和落脚点，补齐民生保障短板、解决好人民群众急难愁盼问题是社会建设的紧迫任务。"① 改革开放以后，伴随着党和政府一系列惠农政策的出台和落地，我国农村居民享有的基本公共服务水平有了显著提升。但是应该看到，当前城乡居民在基本公共服务供给方面仍不均衡。新时代我国社会主要矛盾是人民日益增长的美好生活需要和不平衡不充分的发展之间的矛盾，社会主要矛盾的变化反映在公共服务供给方面，就是其需求与供给两个方面发生了变化，公共服务供给的改革要回应这一独特的经济社会变革。因此，整合和促进公共资源在城乡之间公平而合理地配置，补齐农村基本公共服务短板，满足人民日益增长的美好生活需要，既是激发农民内生能力的重要举措，也是实现共同富裕的关键环节。②

公共服务供给能力对于农民内生能力培育的影响是多方面的。例如，在教育资源方面，随着政府加大对农村教育事业的投入，基础教育和高等教育机构开始进入农村地区，农村居民接受优质教育的机会大大增加，这不仅提高了农村居民的受教育水平，也为他们创造了更多发展机会，从而

---

① 《中共中央关于党的百年奋斗重大成就和历史经验的决议》，《人民日报》2021年11月17日。
② 余丽生、宋莹莹、楼蕾：《共同富裕视角下缩小城乡差距的公共服务体系研究》，《经济研究参考》2022年第7期。

增强了他们的内生能力。在社会资本方面，在公共服务供给的过程中，农民通过参与社区活动、公共项目等方式，加强了与他人的联系和合作，积累了社会资本，这些社会资本对于农民获取资源、信息和机会至关重要，有助于提升他们的内生能力。此外，推进基本公共服务均等化有助于缩小城乡差距，让农民享受到同城市居民同等的公共服务，加之公共服务供给模式的创新，以引入市场机制、鼓励社会组织和企业参与等方式，进一步提升公共服务的效率和质量，可以为农民提供更加多元化、高质量的公共服务。这对于提升农民生活质量、生产水平具有十分重要的积极作用，进而为农民内生能力培育提供更加有利的外部环境。

党的十九届五中全会明确提出把"基本公共服务实现均等化"和"人民生活更加美好，人的全面发展、全体人民共同富裕取得更为明显的实质性进展"作为 2035 年基本实现社会主义现代化远景目标。造福农民，就是不断使农民享有更多发展成果。基本公共服务应当满足农民不同层面的需求，实现功能衔接互补，解决好人民群众最关心最直接最现实的利益问题。当农民最急缺的公共服务得到一定的满足之后，他们才能有更多的能力去创造美好生活，才能不断激发农民的内生能力。

（三）公共基础设施

乡村振兴，各项基础设施建设必须成为"开路先锋"。基础设施的建设对于农民发展潜力的释放具有直接影响。这些基础设施不仅仅是保障农民基本生活需求的基石，更是农民实现生存权和发展权的重要支撑。农业农村基础设施的完善程度，直接关系到农民内生能力的培育和提升情况。

基础设施对现代农业发展和促进农民可持续发展的制约主要体现在以下两个方面。首先，落后的基础设施对人口流动形成了障碍，使农民与外界的沟通隔绝，导致自给自足、封闭沟通的传统生计模式长期固化。[1] 落后的基础设施如同一条无形的锁链，对人口流动形成了严重的障碍。在缺乏完善交通网络的农村地区，农民往往被限制在有限的地理空间内，难以跨越山川河流的阻隔，与外界的联系变得极为困难。这种隔绝的状态不仅

---

① 刘金新：《脱贫脆弱户可持续生计研究》，博士学位论文，中共中央党校，2018。

仅限制了农民的出行自由，更使得他们无法及时获取市场信息、了解外部世界的发展动态。在这种环境下，农民往往只能依赖传统的生计模式，依靠有限的土地资源和自身劳动力来维持生计。他们过着自给自足的生活，与外界的交流和合作变得少之又少。这种封闭的状态，导致农民的思想观念和生活方式长期固化，难以适应现代社会的发展需求。其次，落后的基础设施对农业深加工和非农产业发展的影响，实际上比对传统农业的制约更为显著。在传统农业模式下，农民虽然也受限于基础设施的不完善，但往往能够凭借自身的努力和有限的资源维持生计。然而，当农业逐渐转向深加工，以及农村试图发展非农产业时，落后的基础设施会导致高交易成本，使农产品更难买卖。信息不足导致的对市场需求、供应和价格反应缓慢等问题，便成为无法逾越的鸿沟。基础设施的改善不仅为农民内生能力提升、农民致富提供了支撑，也为农村地区的可持续发展奠定了坚实的基础。通过加强农村基础设施建设，可以改善农村的生产生活条件，提高农民的生活质量，增强农村的吸引力。同时，基础设施的完善还有助于保护农村生态环境，实现经济、社会和环境的协调发展。这种可持续发展的模式不仅能够为农民带来更多的福祉，也能够为农村地区的长远发展打下坚实的基础。

因此，基础设施的改善打破了农村地区的封闭性，有利于农民更好地应对市场变化，更准确地把握发展机会，从而为农民内生能力提升、农民致富以及农村地区的可持续发展奠定了坚实的基础。

（四）优惠政策扶持力度

由于自然条件的限制、历史遗留问题、不利的地理位置以及农民自身的某些局限，农民在生存与发展上面临着诸多挑战，导致他们的发展基础显得相对薄弱。在这种情境下，如果没有得到政府和社会给予的优惠政策的有力扶持，农民很难确保自身发展的可持续性。在脱贫攻坚战略实施过程中，"精准扶贫成果"作为检验扶贫措施是否科学的标准，要求既要精准定位贫困户，又要大力扶持贫困户，力求稳定脱贫。在扶贫结束后的一段时间内，国家依然明确原有的扶持政策将保持不变，要求缓冲期间扶持水平不会降低，"扶上马还要送一程"。扶持政策不仅能够帮助农民克服当前的困难，还能为他们提供必要的资源和机会，促进他们逐步走向自我发展的良性循环，从而为农民的未来打下坚实的基础。

优惠政策对于农民内生能力发展的重要性不容忽视。税收优惠政策，如"两减免、三补贴"等，直接减轻了农民的税收负担，使农民有更多的资金投入农业生产、技术创新和教育培训中。产业扶持政策可以引导农民从传统的农业生产向从事现代农业、农产品加工业、乡村旅游等多元化产业发展，有助于增强农村经济的韧性和可持续性。财政补贴政策可以引导各种社会资源向农村地区流动，促进资源的优化配置，释放农村地区的经济发展潜力，等等。这些优惠政策能够为农民内生能力的提升创造更加有利的环境和条件。

但是，农民的劳动力状况和生活生产资源状况确实在短时期内难以改变，过度依赖优惠政策会助长"等靠要"的发展思想，从短期看，会导致养懒的社会风气抬头；从长远看，会从根本上制约农民内生能力的养成。农民一旦失去优惠政策支持，则会很快返贫，影响脱贫攻坚成果、影响农村社会稳定，不利于乡村振兴战略的全面推进。因此，在培育农民内生能力的过程中，我们必须审慎而精准地把握优惠政策扶持的力度，既不能过度依赖政策导致农民内生动力不足，也不能因政策扶持不足而限制农民的发展潜力。需要根据农民的实际需求和当地的发展状况，科学制定并精准实施优惠政策，把外界的支持和农民内生能力提升的行动自觉结合起来，确保农民能够在政策的支持下，实现农民内生能力提升和生存发展转型。只有恰到好处的优惠政策扶持，才能够激发农民的积极性，促进他们自我发展、自我提升，从而逐步摆脱贫困，实现可持续的生计改善和生活质量提升。

二　内部条件：内在力

内在力指的是农民与生俱来的劳动能力。家庭可用资源和农民主观发展意愿是培育农民内生能力和有效利用外部资源的基础和前提。发展意愿是培育农民内生能力的前提。没有发展的意愿，自然就不可能培养农民的内生能力。没有内在的动力，只有外部的扶持，无论多大力度的扶持，农民不愿意"飞",都不能从根本上解决问题。①

（一）医疗保健意识

2016 年 8 月 19 日，习近平总书记在全国卫生与健康大会上指出"没有全民健康，就没有全面小康"②，在脱贫攻坚人民战争中，健康扶贫政策的落实使近 1000 万因病致贫、因病返贫的贫困户成功脱贫，保障贫困人口的健康发展对解决绝对贫困人群的贫困问题发挥决定性作用。早在 1917 年，毛泽东同志在《体育之研究》一文中提出"体不坚实，则见兵而畏之，何有于命中，何有于致远"③，强调了国民体质强健的重要性。人民健康是提高人民生活质量和自我发展能力的基础性要素，对家庭可持续生计、社会和谐发展都具有十分重要的意义。

诺贝尔经济学奖获得者阿马蒂亚·森认为贫困是"可行能力"的缺失，他将免受饥饿、消除营养不良、避免疾病等要素纳入人可以实现各种功能性活动的自由中，在可行能力贫困理论的指导下，联合国开发计划署等国际机构认同健康作为多维度贫困的衡量指标。美国经济学家西奥多·W. 舒尔茨开创了人力资本理论，提出人力资本的提高可以有效提升个人的经济收入并促进人的全面发展，健康是人力资本储备的重要内容，健康投资是人力资本投资的重要方式之一。从健康经济学来看，健康是人们进行社会经济活动的根底，健康水平的提升可以提高个人的劳动生产能力，从而给家庭生活、社会财富带来积极影响。

在国内的相关研究中，关于健康与个人、家庭经济收入和发展能力的关联研究成果十分丰富，特别是精准扶贫政策实施以来，健康扶贫的相关讨论非常热烈。左停等构建农村"贫困-疾病"恶性循环链，提出健康保障链可以阻断贫困循环。④ 文琦等通过对宁夏彭阳县的多维贫困空间异质

---

① 黄开腾：《国外社会组织扶贫：历史演变、实践经验及其政策启示》，《贵州师范大学学报》（社会科学版）2021 年第 1 期。

② 《习近平谈治国理政》（第 2 卷），外文出版社，2017，第 370 页。

③ 《毛泽东年谱（一八九三——一九四九）》（修订本，上卷），中央文献出版社，2013，第 25 页。

④ 左停、徐小言：《农村"贫困-疾病"恶性循环与精准扶贫中链式健康保障体系建设》，《西南民族大学学报》（人文社科版）2017 年第 1 期。

性研究测算，得出健康是主要致贫维度的结论。① 刘子宁等通过实证研究证明医疗保险对健康状况差的群体有更为显著的减贫效果。② 李长亮认为长期慢性病等健康因素是造成脱贫户返贫的重要因素。③ 脱贫攻坚战取得胜利后，关于农民主体能力、发展能力的相关研究日益丰富。杨奕通过实地调研结果，提出农民自身观念制约是造成农村体育贫困及阻碍健康生活的主观因素。④ 白描等认为健康及信息素养不足是我国农民全面发展的制约因素。⑤ 王三秀等明确提出农民健康主体能力塑造对农村健康福利效能优化具有重要作用。⑥

可见，良好的医疗保健意识是保证身体健康的前提，这种意识能够引导我们重视身体健康，并主动投入必要的医疗资源。⑦ 这不仅是对自己健康的负责，也是为家庭的安全和健康筑起一道坚实的防线。农民作为辛勤的劳动者，健康的身体是他们能够持续劳作、创造经济价值的基石。只有保持身体健康，农民才能有足够的体力和精力来保障家庭的生活来源。因此，农民的医疗保健意识直接关系到他们的身体状况，也直接影响其内生能力的释放。

具体来看，医疗保健意识的缺乏确实对农民的健康和生计产生了深远的影响。首先，缺乏这种意识直接导致农民容易忽视身体的异常信号，增加患病的风险。一旦农民患上疾病，特别是那些影响劳动能力的疾病，就会导致劳动力的流失，直接影响家庭收入状况。劳动力的减少不仅意味着家庭收入的减少，还可能进一步增加农民的经济支出，用于医疗费用和其

---

① 文琦等：《黄土高原村域多维贫困空间异质性研究——以宁夏彭阳县为例》，《地理学报》2018 年第 10 期。

② 刘子宁等：《医疗保险、健康异质性与精准脱贫——基于贫困脆弱性的分析》，《金融研究》2019 年第 5 期。

③ 李长亮：《深度贫困地区贫困人口返贫因素研究》，《西北民族研究》2019 年第 3 期。

④ 杨奕：《健康中国背景下农村体育贫困的破解路径研究》，《云南行政学院学报》2020 年第 3 期。

⑤ 白描、苑鹏：《现代化进程中我国农民全面发展的制约因素与推进路径》，《改革》2021 年第 12 期。

⑥ 王三秀、卢晓：《健康中国背景下农村健康福利效能优化：目标、困境及破解——农民健康主体能力塑造视角》，《宁夏社会科学》2022 年第 2 期。

⑦ 阿斯兰·艾合买提：《民族地区城乡居民医疗保险与医疗服务条件的研究》，《营销界》2019 年第 29 期。

他与疾病相关的开支。这种双重打击对于本已脆弱的农村经济来说无疑是雪上加霜。其次，患病的农民，尤其是慢性病患者，常常因为长期的疾病困扰而面临心理压力。他们可能感到被社会边缘化，失去往日的自信和活力。这种心理状态不仅影响他们的生活质量，还可能进一步削弱他们的内生动力，使得他们更加难以摆脱疾病的困扰，实现自我提升和发展。

反之，良好的医疗保健意识确实对农民的健康和生活质量产生了积极的影响。当农民具备了这种意识，他们会更加关注自身的健康状况，从而保持一个健康的身体状态。健康的身体是农民进行劳动和创造美好生活的基石，它赋予了农民充沛的精力和体力去耕种土地、养殖家畜、参与各种农业活动，从而保障了家庭的经济收入和生活来源。同时，良好的医疗保健意识也让农民能够更好地预防和治疗疾病，减少因病导致的劳动力流失和经济负担。这不仅能解决农民的后顾之忧，还让他们有更多的精力和时间投入生产生活中。他们可以更加专注于农业生产，提高产量和质量，实现更好的经济效益。

可见，医疗保健意识是激发和增强农民内在发展动力的关键要素。良好的医疗保健意识能够减少农民因病导致的劳动力流失和返贫风险，从而有更多的精力和时间投入生产生活中，使其在面对疾病和健康问题时更加从容和自信，并建立起正确的健康观念和生活方式，最终促使农民内生发展能力的释放和发挥。

（二）生活生产资源

马克思主义认为现存生产条件下，"各个人必须占有现有的生产力总和"，才能使劳动者维持生存并实现自主活动。"这种占有首先受所要占有的对象的制约，即受发展成为一定总和并且只有在普遍交往的范围里才存在的生产力的制约。""对生产工具一定总和的占有，也就是个人本身的才能的一定总和的发挥。"① 马克思将人与人之间的交往关系以及人对生产工具的占有作为劳动者自主活动的条件。此外，马克思认为"劳动能力的价值首先归结为维持劳动能力，也就是说，维持工人作为工人的生活所必需

---

① 《马克思恩格斯文集》（第1卷），人民出版社，2009，第580~581页。

的生活资料的价值"①。工人劳动能力的持续，必须以劳动者能够得到足够的生活资料以维持自我生活，并且可以抚养后代直至后代可以作为工人生活为止，同时，工人要改变天然能力以发挥出完成一定劳动的能力，必须为受教育和学习付出费用，这也是提高劳动能力的方式。可以看出，生产工具、生产资料以及交往能力等，都是劳动者提高劳动能力的重要因素。

根据社会学奠基人之一马克斯·韦伯关于社会分层和社会阶层的理论，贫困人口的生活方式是由其生活行动和生活机会共同构成的。受此影响下的"多维贫困"研究趋势中，1989 年欧共体在《向贫困开战的共同体特别行动计划的中期报告》中提出，"贫困应该被理解为个人、家庭和人的群体的资源（物质的、文化的和社会的）如此有限，以致他们被排除在他们所在的成员国的可以接受的最低限度的生活方式之外"②；1986 年联合国在《发展权利宣言》中提出，"每个人和所有各国人民均有权参与、促进并享受经济、社会、文化和政治发展，在这种发展中，所有人权和基本自由都能获得充分实现"；在"阶层地位""贫困文化"等理论中，都表现出了改变贫困家庭的生活方式要树立系统大于部分之和的整体性观念。③

可见，贫困不是单一的经济概念，能力的发展要立足于扩大贫困人口享有的资源和权利。在关于国内农村人口发展能力的相关研究成果中，生活生产资源是重要维度之一。李刘艳等对 30 个省级面板数据实证检验得出，提高农业机械化水平，有利于现代农业的发展。④ 苏剑峰等基于中国家庭追踪调查数据，认为社会网络对于农户家庭相对贫困脆弱性具有重要影响，促进劳动力迁移是增强农户家庭社会网络的重要方式。⑤ 秦芳等

① 《马克思恩格斯全集》（第 32 卷），人民出版社，1998，第 47 页。
② P. Townsend, *Poverty in the United Kingdom* (London: Penguin Books, 1979), p. 31.
③ 唐钧：《后小康时代的相对贫困与贫困家庭生活方式》，《党政研究》2021 年第 3 期。
④ 李刘艳、杨阳：《乡村振兴进程中农业劳动力转移对粮食生产的影响——基于 30 个省级面板数据的实证检验》，《河南师范大学学报》（哲学社会科学版）2022 年第 2 期。
⑤ 苏剑峰、聂荣：《社会网络对农村家庭相对贫困脆弱性的影响》，《华南农业大学学报》（社会科学版）2022 年第 2 期。

认为数字经济对不同农村家庭的人力资本、物质资本和社会关系差异具有较强的包容性，发展农村电商为农户收入带来显著增长。① 此外，关于高铁开通②、信贷供给③、教育发展④、互联网发展⑤等不同方面对于农户发展的积极影响研究成果也十分丰富。

生活资源和生产资源是指维持农民生计的资源，包括自然资源和物质资源。自然资源是农民生产生活资料的直接来源，包括土地、水、生物资源等。有些资源是可再生的，而有些则不是。物质资源是指农民通过改造自然资源而获得的基础设施和生产工具，包括农民自身的物质资源和公共的物质资源，例如房屋、拖拉机等固定生产工具等农民自身的物质资源，以及交通工具、通信水利设施、医疗健康等公共的物质资源。就宁夏农民能力提升而言，其内生能力更加强调以物质资源作为生活生产资源的主要方面，也就是说，公共物质资源是影响农民内生发展能力的最重要因素，也是贫困农民发挥自身物质资源作用的前提。

（三）政治参与意愿

农民参与沟通是指农民通过一定的沟通媒介和平台、合法的渠道表达自己意愿，政治参与是其重要渠道之一。在我国长期的革命、建设和改革的历程中，具有中国特色、时代特色的公民政治参与思想和实践不断发展，从革命事业中不断发展完善的群众路线思想，到新中国成立后人民代表大会制度、中国人民政治协商会议制度、群众信访工作制度等的落实和实施，中国共产党将人民当家作主作为社会主义民主的实质，十分重视公民政治参与对于发展社会主义民主政治的重要意义。

---

① 秦芳、王剑程、胥芹：《数字经济如何促进农户增收？——来自农村电商发展的证据》，《经济学》（季刊）2022 年第 2 期。
② 吴嘉贤、刘修岩：《高铁开通与中国农村减贫——来自遥感数据的证据》，《世界经济文汇》2022 年第 1 期。
③ 王轶、刘蕾、武青远：《正规信贷供给方式与农村地区共同富裕》，《金融经济学研究》2022 年第 1 期。
④ 贾玮、黄春杰、孙百才：《教育能够缓解农村相对贫困吗？——基于农村家庭多维相对贫困的测量和实证分析》，《教育与经济》2021 年第 5 期。
⑤ 潘选明、张炜、陈汐菡：《互联网使用与农村劳动力流动：影响机制与经验证据》，《农村经济》2022 年第 2 期。

当代西方公民政治参与理论具有鲜明的资产阶级意识形态性，现代自由主义认为任何人不能以任何理由侵犯公民的基本政治参与权利，在国家与公民政治权利和义务的平衡下强调公民基本政治权利的优先性；社群主义理论认为应当引导社群成员加强对社会和集体普遍利益共同体的归属与认同，因此公民的政治参与要在积极参与社会公共事务管理基础上提升对社群的认同感和归属感；政治社会化理论通过倡导以现代政治文明培育公民政治参与的理性行为与心理，从而使社会成员实现"自然人"向"政治人"的转变。资产阶级意识形态下的公民政治参与理论受到西方政治形态影响，但对加强我国公民政治参与实践具有一定的参考意义。

公民政治参与能力的高低是国家治理体系和治理能力现代化的重要表现，对于我国这样一个农业大国而言，农民政治参与度的提升反映着社会主义政治文明的根本内涵。事实上，政治参与不仅仅是一种权利的表现，更是一种争取资源和利益的方式，是反映自身诉求、争取资源分配的重要手段，是决定农民内生能力的因素之一。刘同君认为维护农民政治民主权利是对农民权利进行倾斜性保护的重要方式[1]；许汉泽认为在易地扶贫搬迁的后续安置中要重视解决贫困户的政治参与脱嵌现象以巩固拓展脱贫攻坚成果[2]；李小红等认为在后脱贫时代，要加强农村治理体系建设、强化村民内部政治参与，从有效治理层面推动乡村振兴。[3] 国内学者聚焦于巩固拓展脱贫攻坚成果同乡村振兴有效衔接，将农民政治参与作为提升农民反贫困能力、提高乡村治理水平的重要指标。

无论是巩固拓展脱贫攻坚成果，还是全面推进乡村振兴战略，归根结底在于顺应广大农民对美好生活的向往，满足他们对更高生活质量的追求，要始终把农民放在最高位置，这是党和国家以人民为中心的根本政治立场所决定的。美好生活不会从天而降，只有让农民成为主要参与者，充分尊重农民意愿，使农民在政治参与过程中拥有更强的获得感、幸福感、

---

① 刘同君：《论农民权利倾斜性保护的价值目标》，《法学》2022 年第 2 期。
② 许汉泽：《"后扶贫时代"易地扶贫搬迁的实践困境及政策优化——以秦巴山区 Y 镇扶贫搬迁安置社区为例》，《华东理工大学学报》（社会科学版）2021 年第 2 期。
③ 李小红、段雪辉：《后脱贫时代脱贫村有效治理的实现路径研究》，《云南民族大学学报》（哲学社会科学版）2020 年第 1 期。

安全感，关注他们的需求和关切，才能真正为他们提供更好的生产生活环境和发展机会，确保他们的利益得到最大程度的保障，让他们能够享受到乡村发展的红利，推动社会公平正义的实现。只有让农民充分有序参与，才能确保农民合法利益和民主权利不受侵犯，并且有效引导农民更好地理解、拥护党和国家政策，这样才能让农民从内心深处产生自我发展的力量，激发农民的积极性、主动性和创造性，使他们更加自觉地投入乡村振兴的实践中去，提升自身技能和素质，实现个人价值和社会价值的双重提升，共同推动乡村振兴。

此外，沟通其实是一个信息的交换过程，是一个不断获取、加工和利用信息的过程，[①] 参与沟通使得农民与社会资源的拥有者有了交流和互动的平台，通过平台实现有效的沟通和交流。农民是一个特定的群体，在推进新措施、新技术中他们的沟通意愿就显得尤为重要。特别是在优化社会资源配置过程中，农民的沟通是一种良性的互动，带有自我的调节性，有利于让农民更加准确地了解乡村发展的需求和瓶颈，有利于表达自己的核心利益诉求并得到及时有效的反馈，进而引导政府、企业、社会组织等各方力量更加精准地投入资源，实现资源的优化配置和高效利用。同时，农民的参与沟通还有助于增强社会凝聚力。农民与政府、企业、社会组织等各方在沟通交流的过程中能够建立起更加紧密的联系和合作关系，形成推动乡村发展的合力。这有助于增强农民对乡村发展的认同感和归属感，提升乡村社会的凝聚力和向心力，为乡村振兴创造良好的社会环境。而这些农民参与过程，最终会转化为推动宁夏农民内生发展的核心力量。[②]

（四）改变现状意愿

马克思强调要从实践基础上的主观方面来理解"人"，"哲学家们只是用不同的方式解释世界，问题在于改变世界"[③]，明确人的主观力量是在实践中形成和发展的主观能动性。毛泽东在继承马克思主义实践观点的基础

---

① 王景玉：《试论政治沟通》，《南都学坛》2006 年第 2 期。
② 张行发、徐虹、张妍：《从脱贫攻坚到乡村振兴：新内生发展理论视角——以贵州省 Y 县为案例》，《当代经济管理》2021 年第 10 期。
③ 《马克思恩格斯选集》（第 1 卷），人民出版社，2012，第 136 页。

上，将主观与客观相统一，强调要从客观规律出发，发挥人的主观力量以实现实践的目标。在领导中国革命期间，他明确提出"'自觉的能动性'，是人之所以区别于物的特点。一切根据和符合客观事实的思想是正确的思想，一切根据于正确思想的做或行动是正确的行动。我们必须发扬这样的思想和行动，必须发扬这种自觉的能动性"①，号召全党从革命实际出发，将主观能动性付诸正确认识世界和改造世界的自觉行动。

从西方理论来看，20世纪50年代后人类学出现了个体行动范式的研究倾向，弗雷德里克·巴特的互动理论是其中的著名代表，通过对帕坦人和富尔人的研究，他提出人在权力体系、制度规范、传统习俗中具有很大的个人能动性。② 20世纪80年代提出的自我决定理论表明了人具有积极向上、自我完善的本质与倾向，同时，也强调了外部环境对人的自我整合具有积极和消极两个方面的影响。③ 哈佛大学克里斯汀·科尔斯戈德认为，人的意识结构导致人需要在规范性理念基础上获得能动性，从而以行动的方式表达因果，他将人的能动性获得建立在规范性概念之上。④ 即使对外在环境、条件作用的评估有所差异，西方理论界也对人的能动性作用普遍给予了肯定，这与现代西方人本主义思潮的广泛影响有关。

在关于农村人口减贫增收以及农村建设的研究中，很多学者对人的主体性能力进行了论证分析。于莎等在内生发展理论视角下，提出农民主观学习意愿不强是培育新型职业农民的难点之一。⑤ 张文明对上海市郊9个村展开实证分析，认为扩大农民经济自主权可以有效提升农民个体化发展。⑥

---

① 《毛泽东选集》（第2卷），人民出版社，1991，第477页。
② 罗伯特·莱顿：《他者的眼光——人类学理论导论》（修订版），罗攀、苏敏译，华夏出版社，2005，第98页。
③ N. Ntoumanis, "A Prospective Study of Participation in Optional School Physical Education Using a Self-Determination Theory Framework", *Journal of Educational Psychology*, 97.3（2005）: 444-453.
④ C. M. Korsgaard, *Self-Constitution: Agency, Identity, and Integrity*（Oxford: Oxford University Press, 2009）, p. 18.
⑤ 于莎、赵义情：《空心村治理下新型职业农民培育研究——基于内生发展理论》，《中国职业技术教育》2018年第26期。
⑥ 张文明：《内生发展：自主性对农村家庭收入的影响——基于上海市郊9个村的实证研究》，《人民论坛·学术前沿》2019年第10期。

江剑平等认同以增强农村内生发展能力为核心的乡村振兴逻辑，他在提出发挥农民主体作用之外，还提出了农民首创精神的重要性。[1] 张行发等在贵州进行了脱贫攻坚和乡村振兴有效衔接的相关调研，认为动员农民积极参与地方优势产业可以提高农民内生发展活力，强化农民主体地位。[2] 赵朋飞对欠发达民族地区农村家庭创业和返贫风险进行了研究，提出了以好学能力、吃苦耐劳、受教育水平等为代表因素的心智能力指标。[3]

主体性是农民内生发展研究中的一个重要关键词，结合主体能动性的相关理论回顾可以看出，提高农民内生能力离不开农民自觉的意识和主动的态度，只有具有建立符合客观规律基础上的正确思想，具有"积极向上、自我完善"的倾向，才能将农民可持续发展的主体性作用有效发挥出来。也就是说，农民只有在思想和精神层面"脱贫"，才能实现全面发展。农民要有摆脱贫困的意识，内心深处真正认识到摆脱贫困的重要性，拥有改变贫穷现状的意愿，才有利于他们的内生能力的培育，他们才会更加积极主动地投入脱贫致富的行动中去。这种内在的驱动力，比任何外部援助都更加持久和有效。

改变现状意愿的现实表现是自主创业意愿和获得非农就业意愿，具体表现为发展现代农业、科学种植、特色农产品加工、电子商务平台销售、现代服务业等的意愿。学习的意愿是不断接受新事物的意愿，是实现改变现状意愿的重要途径。愿意学习包括愿意学习并不断更新现有技术，以提升自己的农业生产水平；愿意积极学习其他国家的先进生产经验，以适应现代农业发展的需要；愿意了解国家最新政策；愿意积极定期与相关部门沟通；愿意随时了解最新的政策和措施变化，以便及时调整自己的生产经营策略，把握发展机遇。

---

① 江剑平、葛晨晓、朱雪纯：《新时代以增强农村内生发展能力为核心的乡村振兴逻辑》，《财经科学》2020 年第 9 期。

② 张行发、徐虹、张妍：《从脱贫攻坚到乡村振兴：新内生发展理论视角——以贵州省 Y 县为案例》，《当代经济管理》2021 年第 10 期。

③ 赵朋飞：《心智能力、区位环境对欠发达民族地区农户内生发展的影响效应研究——基于家庭创业与返贫风险的双重视角分析》，《农业经济与管理》2022 年第 2 期。

第三节　形成机制

农民内生能力的培养，就是在保证农民基本健康生存能力的基础上，引导农民主动接受再教育和职业技能培训，提高农民依靠新知识、新技能持续获取收入的能力，帮助他们发展一定程度的自我创造、自我创新和自我调节能力。机制是一种运行规则和原则，是一种特定环境与系统要素实现的特定固定功能之间相互联系、相互作用的工作模式。低收入农户内生能力是无限潜在的，实现能力提升同样离不开多种要素之间的互动作用。

一　政府主导

乡村振兴是中国农村发展的重要战略，农民的内生能力是实现乡村全面振兴的关键因素。政府在乡村振兴中扮演着规划者、组织者、支持者和引导者的角色，基于长期的发展规划推进农业农村支持政策的完善，促进乡村经济、社会、文化等多方面的全面发展，在提升低收入农户内生能力中发挥着主导作用。

（一）提升农村教育和培训水平

乡村振兴战略是全面提升农村地区发展水平的国家战略。政府在乡村振兴中的作用举足轻重，乡村振兴需要政府的引领、服务、推动和监督。[1]低收入农户是农村社会的弱势群体，他们的生活条件和发展机会相对有限，在生产生活中面临更多的挑战。因此，通过政府的引导和支持，培育低收入农户内生能力，是实现乡村振兴战略目标的关键一环。

政府在政策制定、资源配置和公共服务提供方面发挥主导作用。具体来说，通过政府主导，提升农村教育和培训水平，可以帮助低收入农户提升自身素质，增强自我发展能力，培育低收入农户内生能力，从而逐步缩小与富裕群体的差距，逐步实现共同富裕。政府培育低收入农户内生能力，不仅仅要关注农民当前的生活状况，更要着眼于他们的长远发展。政

---

① 房红梅：《助力乡村振兴 建设美丽家园》，《新长征》2021 年第 10 期。

府通过加大对农村教育的投入，加强师资队伍建设，推广现代化教学手段，提高农村教育水平，改善农村学校设施，确保每个孩子都能接受到优质的教育。同时，通过提供职业教育和开展职业技能培训等方式，帮助农民掌握实用的技能和知识，提升农民的文化素质和技能水平，增加农民建设新农村的才干和技能，努力成为"爱农业、懂技术、善经营"的新型农民。此外，政府还可以根据地方农业生产经营实际，科学确立培训目标、设置培训内容、甄选培训对象，并构建培训评价体系，通过定期的培训和教育活动，[①] 提高低收入农户的农业生产技能和管理能力，除了传统的面对面的培训方式外，还可以利用互联网和现代信息技术手段开展线上培训和远程指导服务，针对低收入农户开展远程教育，这样可以打破地域和时间限制，让更多低收入农户参与到培训中来并获得实用的知识和技能，帮助他们更好地适应市场需求和变化。在政府主导的教育、培训、技术支持等帮助下，农民可以更有效地提升自身的能力和素质，从而更好地适应市场需求和变化，提高就业竞争力，获得更好的就业机会和生活条件，实现自我发展和持续增收，对于提升农民的生活质量和幸福感，增强他们对政府、社会的信任和支持也具有重要作用。

（二）完善农村社会保障体系

社会保障制度的基础作用就是减贫，尤其是在保障最脆弱群体、低收入群体摆脱贫困方面发挥了基础性、兜底性作用。[②] 作为公共利益的捍卫者和服务的供给者，政府肩负着确保每一位公民都能享有基本生活保障和发展机遇的职责与义务。

政府通过完善农村社会保障体系，建立健全农村低保、医疗救助、养老保险等制度，为农民提供了失业、医疗、养老等方面的保障，减少了他们面临的生活风险，确保低收入农户的基本生活需求得到满足，有助于减轻他们的经济负担，提高他们的安全感，这种稳定性使农民更有信心进行稳定的生产活动，从而能够培育低收入农户内生能力。在社会保险方面，政府通过提供基本的医疗保险，改善农村医疗服务质量，减少因病返贫的

---

① 张晨：《以更有力举措全面推进乡村振兴》，《发展》2021 年第 4 期。
② 苏祎凝：《社保扶助"三农"发展的创新模式》，《当代县域经济》2023 年第 7 期。

风险，提高农民的健康水平，使他们能够更好地参与生产活动。政府为失业农民提供短期的经济支持和再就业培训，帮助他们重新获得就业机会，增强他们适应市场变化的能力。为生活困难的农民提供最低生活保障，确保他们基本生活需求得到满足，减轻农民的生活压力。同时，政府加大对特殊困难群体的帮扶力度，如残疾人、孤寡老人等，帮助他们解决实际困难，享受到更多的社会福利，提高生活质量。也就是说，完善农村社会保障体系可以为更多的乡村居民提供更为充分的保障，有助于促进乡村的全面振兴和农民的全面发展，有助于激发低收入农户的内生发展动力，提高他们的生活质量和幸福感，推动农业农村现代化，缩小城乡差距，不断满足人民日益增长的美好生活需要，推动共同富裕取得更为明显的实质性进展。

健全的社会保障体系，能够为低收入农户提供基本的生活保障。因此，在对易返贫的脆弱性群体加强监测时，政府要主导建立能够切实保障最脆弱群体基本生活的社会保障体系，进一步织密社会保障安全网，兜牢民生底线，同时推进发展型社会保障体系建设，将提升脆弱群体的发展能力作为社会保障的重要目标，加强低收入人群的人力资本开发，加大教育、医疗、培训等投入支持力度，使社会保障从生存型逐步向发展型转变，实现相对贫困群体的可持续发展。

（三）推动乡村产业高质量发展

乡村产业的高质量发展对农民内生能力的提升具有至关重要的作用。随着产业的转型和升级，农民可以参与到更高附加值的产业链中，从而在经济收入水平、技能素质、市场意识、资源整合能力等方面得到提升，这不仅能够改善农民的生活状况，还能够提升他们的自信心和自主发展能力。

具体来说，政府通过制定因地制宜、因人制宜、科学务实的规划，为乡村产业高质量发展提供明确的方向。作为公益性投资的主体，政府通过增加对乡村产业发展的财政投入，建立健全乡村产业发展专项资金，用于改善与民生息息相关的农村基础设施，如交通、通信网络、供电等，改善农民出行和生活条件，为乡村产业的发展提供必要的物质条件，为乡村振兴提供有力支持。政府会做好村庄建设和生产发展长远规划，确保乡村产业的发展与国家整体发展战略相协调，出台一系列优惠政策，如财政补贴、税收减免等，降低乡村产业的运营成本，激励农民和企业投资于新技术、新产品的开发和市场拓展，改善乡村产业的发展环境，激发农民和企业的积极性，引导资源向乡村产业聚集，提升产业竞争力。政府鼓励和支持农民结合当地资源禀赋发展多样化的农村经济活动，如特色农业、乡村旅游、农村电商等新兴产业，为农民提供更多的就业机会，吸引外部资本和技术进入农村，促进农村经济的繁荣。[①] 政府结合市场需求加大科技创新投入，支持乡村产业技术研发和应用，推广先进农业生产技术和管理模式，提高农产品质量和生产效益。[②] 政府通过建立健全乡村产业人才培养机制，加强农村人才队伍建设，通过教育和培训项目，培养一批具备农业技术、经营管理和市场开拓等能力的专业人才，为乡村产业的发展提供人力资源支持。政府重视农村生态环境的保护，通过推动农田水利建设、推广绿色种植技术、加强农业非点源污染治理等措施，促进农村生态环境的改善，保障乡村产业的可持续发展，推动乡村产业与生态环境的和谐共生。

简言之，政府制定和实施一系列支持乡村产业高质量发展的政策措施，可以激发农民的主体性，培育他们的内生能力，鼓励他们积极发展自身并参与到乡村振兴的过程中，为乡村发展贡献力量，从而实现自我价值和社会价值的双重提升。

二 家庭教育

家庭作为社会的基本细胞，其前途命运始终是与国家和民族命运紧密相连的。良好的家庭教育不仅仅对于个人的成长和发展至关重要，更在乡村振兴战略的实施中扮演着重要角色。通过家风建设，可以传承和弘扬中

---

① 王福军：《农业经济管理对农村经济发展的促进作用研究——以山东省济南地区农村为研究对象》，《河北农机》2023 年第 14 期。

② 谭虎、刘增民：《基于共同富裕理念的三峡库区农民增收研究》，《农业科技与信息》2023 年第 10 期。

华优秀传统文化，提升乡村居民的道德素养和文化水平，进而推动乡村社会的文明进步与和谐发展。因此，加强家庭教育、推进家风建设，是实施乡村振兴战略的重要措施之一，在推动农民内生能力提升过程中发挥着重要作用。

（一）提升家庭教育理念

社会存在决定社会意识，社会意识对社会存在具有能动的反作用，家庭教育作为一种文化形态，是社会意识的一种表现，能够反作用于社会存在，对社会发展起到推动作用。作为社会教育的重要组成部分，家庭教育对于促进人的全面发展、维护社会稳定和推动社会进步都具有重要作用。

家庭教育是在家庭的长期活动中形成的，源于家庭并用之于家庭，良好的家庭教育不仅能够让传统家庭美德内化于心，促进每一个家庭成员的身心健康发展，也能使其外化于行，在行动上将自己家庭教育的效果体现在日常生活的细节之中。婚姻观、养老问题、教育问题等都深深影响着农民的生活，农村教育落后，家长对于孩子的教育不够重视，这些问题的出现，折射出的是一种家庭教育的现状，要想改善这一现状，必须从改变农民的思想意识入手。

家庭教育是改变农民思想意识的重要途径。从儿童时期开始，家庭教育的理念和方式就奠定了农民未来思想意识的基础，家长通过日常的教育和言行，向孩子传递积极向上的价值观，如诚实、勤劳、守法、尊老爱幼等，这些价值观对于农民思想意识的形成具有深远的影响。通过家庭教育，农民也可以更好地理解和接受社会教育，将社会教育的理念内化于心、外化于行，社会教育也可以通过家庭教育得到更广泛的传播和实践。家庭教育在提高村民思想意识方面的实际效果可以从多个方面得到体现。例如，通过家庭教育，村民的法治意识得到增强，犯罪率下降；村民的环保意识得到提升，参与环保活动的积极性增强；村民的公德意识得到提高，社会风气更加文明和谐；等等。这些积极效应对于改变家庭命运、提升农民内生能力、促进乡村振兴至关重要。

（二）丰富农民精神生活

人无精神则不立，国无精神则不强，精神匮乏在某种程度上来说对农民的影响更大。如果缺乏精神支撑，农民可能会失去生活的热情和动力，导致生产积极性下降，无法适应新的农业生产技术和模式，影响农业生产的效率和产量。家庭教育是农民价值观形成的重要场所，对于丰富农民精神生活具有重要作用。

从唯物辩证法角度来看，内生能力培育也应遵循质量互变规律，即事物量变积累到一定程度会发生质的改变，但事物并不会止步不前，而是会在新的历史条件进行新的量变，当量变达到一定程度必然会再次发生新的质变，如此往复，推动事物的不断发展。低收入农户内生能力培育也是一个循环往复不断提升的过程，需要通过激发内在动力、提供教育和培训资源、加强互助合作和建立长效机制等措施来实现，这离不开多方面的共同努力和协作。而家庭教育作为其中的一个重要起点，是低收入农户内生能力培育积蓄力量的重要方式。

家庭教育是乡村文化传承的重要渠道。在家庭中，农民通过口口相传、身体力行的方式，将乡村的传统文化、习俗、道德观念等传递给下一代，使乡村文化得以延续和发扬。家庭教育有助于农民塑造健康、积极的心态。在家庭环境中，父母通过自身的言谈举止，引导孩子形成乐观、向上的心态，增强孩子的自信心和幸福感。家庭是农民情感支持的港湾。在家庭中，农民能够获得亲情的温暖和关爱，从而减轻生活中的压力和焦虑，增强生活的幸福感和满足感。总之，家庭作为社会的基本构成单位，连接着个体与社会，个人成长与家庭不可分割。因此，只有良好的家庭教育才能培养出思想道德水平高的下一代，让文明站在一个新的高度，低收入农户内生能力培育需要文明，更需要好的家庭教育。

（三）营造良好家风

家风是具有鲜明特征的家庭文化，良好家风是一个家庭最宝贵的精神财富，也是每个家庭成员形成正确世界观、人生观、价值观的基石。[①] 好的家风，是一个家庭内在的精神动力，更是每个人立身处世的行为准则。低收入农户内生能力培育需要重视家庭教育，逐步形成和弘扬良好家风。

---

① 李智勇：《做培育良好家风的表率——学习习近平总书记关于家风建设重要论述》，《紫光阁》2016 年第 7 期。

父母是孩子的第一任老师，他们的言行举止对孩子的影响深远。因此，父母应树立良好的家风榜样，以身作则，通过自己的行为来传递家庭价值观和道德规范，家风便是在家庭教育长期发展的过程中不断延续的家庭气质和价值取向，潜移默化地影响着每一位家庭成员。良好家风强调教育的重要性，鼓励家庭成员追求知识和技能，这对于提高农民的自我发展能力至关重要。农村家庭由于受各种因素的影响往往面临着更多的生活压力和挑战，但这并不意味着农村父母可以忽视子女的教育。家长应多关注孩子的内心世界，及时给予关爱和支持，通过言传身教，将良好的道德观念和行为习惯传授给孩子，帮助他们建立自信、自尊和自强的品质，培养孩子的品德、习惯和能力，而不仅仅是追求学业成绩。家庭成员应共同努力，营造一个积极、健康、和谐的家庭氛围，为孩子的健康成长和农村的繁荣发展打下坚实的基础。同时，鼓励孩子参与家庭决策，培养其责任感和参与意识。通过家庭教育逐步形成和弘扬良好家风，为子女的成长提供健康向上的家庭环境，使孩子在这种充满爱与温暖的环境中传承优良品质。

低收入农户内生能力培育需要传承良好家风，通过家庭教育和日常生活的熏陶，农民能够逐渐内化这些价值观，不仅能够塑造他们积极向上的品格，还有助于提高他们的内生能力，使他们在社会环境和经济的变化中找到新的生存和发展方式，激发他们改善生活条件的积极性，为乡村振兴和社会和谐做出贡献。

三 学校教育

低收入农户内生能力培育需要科学文化知识的支撑。只有通过教育提高劳动力素质，让农民熟练掌握乡村生产生活技能，为将来投身于乡村振兴事业进行充足的文化、知识和技能储备，才能为培养乡村振兴事业的主力军提供最可依靠的力量。这个过程当然离不开学校教育所发挥的重要作用。

（一）普及基础教育

学校教育的发展不仅关系到农民的切身利益，而且关系到整个农村社会经济的发展，对推动乡村振兴具有非常重要的作用和意义。[①] 学校教育是提高低收入农户内生能力的重要途径和关键。其中，基础教育为农民提供了最基本的文化知识和生活技能，如阅读、写作、算术等，这些是提高个人生活质量和社会参与能力的基础。

基础教育中往往包含农业相关知识，如农作物种植、病虫害防治、土壤管理等，通过接受基础教育，农民能够更好地掌握更多的农业技术和管理知识，这些知识能够帮助农民提高农业生产效率，增加农业产出，从而提高收入水平。同时，基础教育不仅传授知识，也培养农民的学习能力和思维能力，使他们能够更好地理解国家政策、获取和处理信息、适应市场需求、把握发展机遇，从而在农业生产和日常生活中做出更明智的决策。对于农民而言，这意味着他们面对农业生产中的各种挑战，如气候变化、市场波动等时，能够采取更加合理的方法来应对。此外，教育是阻断贫困代际传递的有效手段。通过普及基础教育，低收入农户的子女能够获得更好的发展机会，从而有机会摆脱贫困，实现社会流动。加之基础教育强调终身学习的重要性，对培养农民持续学习的习惯和能力具有重要意义。随着社会的发展和技术的进步，农民需要不断更新知识和技能，发掘自身潜能和价值，以适应新的生产和生活要求。基础教育还能够增强农民的社会意识和责任感，使农民更加积极地参与社会发展。

总体而言，基础教育作为提升农民内生能力的重要途径，具有不可替代的作用。通过基础教育，农民能够获得必要的知识和技能，这些知识和技能不仅能够提升他们的个人素质，还能帮助他们更好地参与到乡村振兴中，为乡村的可持续发展做出重要贡献。

（二）深化职业教育

培养有文化、有技能、有经营管理能力的新型农民对于乡村的振兴与发展具有至关重要的意义。这样的农民能够更好地参与到乡村文化活动中，提升乡村的文化软实力，能够有效地提高农产品的产量和质量，为乡村经济的多元化发展贡献力量，还能积极参与乡村公共事务的决策和管

---

① 刘璇：《乡村振兴战略实施背景下应对农村人口老龄化的策略研究——以吉安市为例》，《南方农机》2021 年第 14 期。

理，提升乡村治理的民主化、科学化水平。培养新型农民离不开职业教育的重要作用，同时也可以有效推动农民内生发展能力的提升。

深化职业教育可以为低收入农户提供更具体、更实用的技能培训。与基础教育相比，职业教育更注重实践操作和职业技能的培养，能够直接关联到农民的生产和生活实际。通过参加职业教育，农民可以学习到先进的农业技术、现代化的农业管理知识，以及农产品加工、销售等方面的技能，逐渐认识到自己的潜力和价值。这些技能不仅能够帮助他们提高农业生产效率，增加收入，还能使他们更好地适应市场需求，实现农产品的增值和产业链的延伸。这也是开发农村人力资源、转移农村剩余劳动力和发展农村新兴产业的有效途径。因此，学校教育既要注重基础教育，又要注重职业教育，"授之以渔"，使农民成为熟练的、勤劳的职业农民。在职业教育和成人教育领域，要有意识地提高教育内容（生产知识）的深度，从传统的农业生产领域向现代农业、农产品加工、乡村旅游等领域转移，进而推动区域社会产业的转型升级。帮助农民积累更多的试错资本，激励他们挑战更多的高端产业，实现自我能力的发展，提高自己的就业竞争力，使他们更加自信、从容地面对职场挑战。

可见，职业教育就是提高农民的就业质量。职业教育可以提高和强化农村人口的职业技能和意识，培养他们的专业能力、自我发展的能力，帮助他们拓宽就业渠道，实现多元化就业，以更加有效地培育出一批又一批新型农民，更好地推动农村经济实现可持续发展。

（三）转变思想意识

学校作为传播知识、塑造价值观和培养思维方式的重要场所，对于改变农民的思想观念、提高他们的内生能力具有不可替代的作用。学校教育就是要给农民知识的力量，给他们改变命运的意识、决心和希望，改变传统农民固守成规、安于现状的状态，将其转变成自我发展的能力，实现可持续发展。

乡村振兴背景下的教育行动取向必须突出农民个体赋能的必要价值。通过对现代生产生活知识的不断赋能，优化人的能力素质结构，提高人的就业创业能力，使他们能够适应不断变化的环境，增强人的致富能力，努力提高经济水平。这种赋能的过程不仅关乎农民个人的发展，也直接关系到乡村振兴的整体进程。乡村振兴背景下的教育行动取向必须突出帮助产业升级的必要价值，提供与当地产业发展紧密相关的知识和技术，帮助农民掌握现代农业技术和管理方法，促进产业升级。教育能够提升低收入农户内生能力，激发他们改变现状的决心。通过案例教学、角色扮演等互动式学习方式，农民能够直观地感受到知识改变命运的力量，从而坚定他们追求更好生活的决心。教育可以使农民用更多的知识武装自己，接触到更多先进的思想观念、科学知识和实用技能，从而逐渐摆脱传统思维模式的束缚，形成开放、进取的思想态度，培养坚忍不拔的意志，成为有知识、有素质、有能力的人才，有助于增加他们对知识的渴望和对学习的持续热情，有助于他们继续在学校教育系统走下去，而且无论是求学还是务工，都能保持一种持续不断的学习态度，成为终身学习社会的主人。[1]

学校教育能够激励低收入农户彻底改变自己的命运，开阔视野，拓展致富思路，主动创造收入，让低收入农户有实实在在的学习获得感、幸福感、力量感，促使他们的思想和行为发生积极的改变，让他们不仅有创造财富的能力，而且可以利用创造的财富来改变和发展自己，从而促进自身的可持续发展。

四 "干中学"

"干中学"的概念很早便已提出，主要应用在经济学领域。这一概念主要用来强调企业工人的人力资本在生产过程中、在工作和学习中获得经验积累和提升，从而导致劳动生产率的提高和技术溢出。[2] 1962 年，经济学家阿罗在《干中学的经济含义》中通过对国际贸易增长的分析和研究，首次提出了"干中学"的经济意义和模型，并指出生产效率的提高可能并不完全是技术创新的结果，也可能是由于生产力进步催生的工人在长期生产过程中经验和技术的积累。"干中学"本质上是指行为人在实践过程中

---

[1] 杜冰：《乡村教育，撑起一片希望的天空》，《光明日报》2021 年 5 月 25 日。

[2] 谷玉良：《底层群体向上流动的"关系"逻辑——基于建筑业包工头创业过程的分析》，博士学位论文，华中师范大学，2017。

经验的积累，特别强调行为人过去经验的积累对当前行动的指导作用。通过"干中学"获得的经验积累作为一种先验知识，可以形成行动者稳定成熟的认知模式，为个体创业者带来积极的帮助。在"干中学"式学习形式的帮助下，创业经验也从有经验的经营者传递和转移到初创企业。

（一）推动农业现代化

农民的"干中学"主要是指农民在日常农业生产过程中不断积累经验，并从中获得知识，从而提高综合素质，增加知识总量。农民能力的提高是技能和经验的积累，是对客观外部事物认识水平的提高。农民群众普遍具有一定的"干中学"能力和潜力，但这种能力和潜力往往没有得到深入挖掘。长期以来，贫困在一定程度上埋藏甚至压制了农民群众的能力和潜力。

在乡村振兴的背景下，农民的"干中学"能力显得尤为重要，因为它直接关系到农业生产效率的提升和农村经济的发展。当代农民"干中学"的能力有了明显提高，体现在农民积极转变传统意识，主动参加政府等组织举办的各种培训课程，并通过各种渠道不断学习有关农业生产的各种新技术和农产品加工技术。有条件地区的农民可以通过电视学习新技术、新信息，经过初步培训后，可以通过农村图书馆、普法讲座和宣传窗口学习基本的文化法律知识。并且在学习之后，农民可以找到同龄人的优势，然后互相学习。通过各种学习，农民能不断提高自己的文化知识素养和科技水平，提高自己的学习能力。农民可以通过学习提升掌握新知识的能力和现有的生产生活的能力，及时有效地对传统农业项目进行升级，适度发展水产养殖，农民工劳动之余，还可以学习掌握专业技术，在简单而不繁重的体力劳动中获得较高的经济收入。通过掌握和使用新技术，农民"干中学"的能力得到提高。

随着科学技术的发展，新农村建设需要农民了解更多的科学技术知识，新农民必须通过主动学习和使用先进工具掌握农作物种植和畜禽养殖等技能，具备农业生产的新技术和农产品加工技术，并将这些技能很好地运用到自己的生产实践中，通过运用新技术来获取生产的最大效益，提升农业生产效率，优化农产品质量，进而推动农业现代化进程。

（二）增强农民自我发展能力

"干中学"强调的是在实际工作和生产活动中学习和积累知识。随着技能水平和知识水平的提升，农民的自我发展能力得到加强，能够更好地适应市场变化，实现增收致富。

农民在日复一日的农业生产实践中，通过亲身参与生产、销售、研发等各个环节，直接接触各种农业技术和管理问题，这种直接的经验是书本知识无法替代的。通过实践，农民能够直观地理解理论知识，并将其应用于解决实际问题。这些经验使他们能够更好地掌握农业技术，提高种植和养殖的效率。事实上，农业生产是一个复杂的过程，农民在面对各种生产问题时，需要动脑筋、想办法。通过"干中学"，农民学会了如何分析问题、寻找解决方案，逐步培养出解决复杂问题的能力，这种解决问题的能力是自我发展的重要组成部分。随着经验的积累，农民的技能水平逐渐提升，从而增强了他们的自我发展能力。农民"干中学"能力的提高也体现在社会交往能力上。当今社会是一个信息传播相对较快的社会，掌握信息就能把握开拓市场的机会。良好的"干中学"能力包括一定的社会交往能力，具有足够的交往能力，农民才能从不断的实践和工作中获得自己需要的知识和技能。在"干中学"的过程中，农民通过与同行的交流和合作，建立起广泛的社会网络。这些社会关系不仅为他们提供了学习新技术的渠道，也为他们提供了市场信息和资源共享的平台，有助于他们的自我发展。通过"干中学"，农民能够更好地认识自己的优势和不足，明确自己的发展方向和目标。他们在实践中获得的成就感和自信心，将激励他们更加努力地学习和工作，实现自我价值的不断提升。

可见，对于低收入农户而言，"干中学"这种学习方式尤为适合。低收入农户通过"干中学"可以在农业生产、家庭生活等各个领域不断实践、不断尝试，从而积累经验、发现问题、解决问题，并逐步提升自我发展的能力，实现个人的职业成长和家庭的增收致富。

（三）提高农民抗风险能力

农民通过"干中学"的方式，不仅能够在实践中不断积累经验、提升技能，还能够增强自身的抗风险能力。良好的"干中学"能力就是要求农民具有较强的适应能力，以积极正确的态度接受社会生活中的变化，克服各种环境障碍、社会限制等困难。

农业是一个受自然条件和市场波动影响较大的行业，在不断的农业生产实践中，农民会遇到各种新情况和挑战，如病虫害的防治、市场价格的波动等，这迫使他们思考新的生产方法和技术，认识到提升自身能力的重要性，他们会逐渐产生自我发展的意愿和动力，积极寻求学习新技术、新知识的途径，努力提升自己的内生能力。农民通过实际应用新品种、新技术和新的农业管理方法，如滴灌、生物防治、土壤改良等，可以提高农作物的产量和质量，减少对自然资源的依赖，从而增强对自然灾害和市场价格波动的抵御能力。通过"干中学"，农民的创新思维得到激发。随着农业科技的发展，新的农业技术、设备和理念不断涌现。农民可能会发明新的农具、改进种植技术或探索新的销售渠道。农民通过参加农业技术培训、观摩学习、网络自学等方式，共同探讨农业生产中遇到的问题和解决方案，学习并掌握这些新技术，将其应用于农业生产中，提高生产效率，降低生产成本，进一步增强抗风险能力和应对能力。农民之间通过成立合作社、互助组等形式，加强交流与合作，实现资源共享和风险共担。他们共同分享种植、养殖经验，交流市场信息，共同应对风险。这种交流与合作的方式，不仅有助于农民提升技能，还能够提升他们的组织化程度和抗风险能力，提高经济效益。同时，组织内部的合作和互助也能够提高农民的风险承受能力，减轻他们在面对风险时的压力。

总之，具备较强"干中学"能力的农民更能适应气候变化和市场价格波动带来的挑战，更具有灵活性和应变能力。这使他们能够更好地应对市场和自然的变化，学习如何更好地管理农田和农产品，提高农业生产的稳定性和抗风险能力。

五　社会协作

社会协作在农民内生发展能力提升中发挥着重要作用。通过加强社会协作，可以推动农村资源的优化配置、促进农民之间的知识与技能传递、提高农民的组织化程度、促进农村经济的多元化发展等。在这个过程中，农民可以逐步掌握更多的知识和技能，提高自身的综合素质和竞争力，提升自身的内生发展能力。

（一）强化金融服务和资金扶持

政府、企业和社会组织应建立紧密的合作关系，携手制订并执行一系列针对低收入农户的发展计划。通过分享资源、信息和经验，各类参与主体可以汇聚成一股强大的力量，为低收入农户提供必要的支持和帮助，从而推动他们内生能力的提升。

低收入农户往往面临资金短缺的问题，这限制了他们发展产业、提高技能和扩大经营规模的能力。金融机构应根据低收入农户的实际需求，提供多元化的金融服务，如小额贷款、农业保险、理财咨询等，以满足他们在生产、经营、消费等方面的不同需求，解决他们在创业和发展过程中面临的资金问题。同时，利用数字技术，如移动支付和在线贷款审批，提高金融服务的效率和便捷性，降低交易成本。创业对于低收入农户来说是一个重要的脱贫途径，但创业过程中往往存在较高的风险。通过资金扶持，如政府设立专项资金、财政补贴等，支持低收入农户发展产业、提高技能、扩大经营规模等，可以降低农民的创业风险，提高他们的创业成功率，从而增强他们的内生发展能力。当农民获得足够的资金支持时，他们更有动力去尝试新的种植技术、养殖方法和经营模式。这种积极性和创造力的提升有助于农民发掘更多的增收途径，提高他们的内生能力。通过开展金融知识讲座、发放宣传资料等方式，也可以提高低收入农户对金融服务的认知和使用能力，帮助他们更好地利用金融资源，[①] 提升自身的发展能力。金融机构和政府部门应共同建立风险防控机制，对金融服务和资金扶持过程中可能出现的风险进行监测和预警，确保资金的安全和有效使用。农民通过参与农村金融活动，如小额信贷、农业保险等，可以学习如何运用金融工具来降低生产生活中遇到的风险损失。例如，通过购买农业保险，农民可以在遭遇自然灾害时获得补偿，减少损失，提高抗风险能力。金融服务和资金扶持可以引导农民参与当地优势产业和特色产业的开

---

① 齐斌：《普惠金融推进脱贫地区乡村振兴的路径研究》，《商业经济》2023 年第 11 期。

发，推动农业向深加工、高附加值方向发展。这有助于提升农业的整体效益和竞争力，为农民创造更多的就业机会和增收渠道。通过资金扶持，政府可以引导农民参与农业产业链、供应链的合作，推动农业产业化和规模化发展，提高农产品的附加值和市场竞争力，从而增加农民收入，提升他们的内生发展能力。

强化金融服务和资金扶持在培育低收入农户内生能力过程中起到了关键作用，能够有效解决低收入农户面临的资金问题，降低他们的生产风险，提升他们的金融素养和产业发展能力，从而培养他们的内生发展能力，推动农村经济的可持续发展。

（二）建立信息共享和服务平台

为了有效促进农民内生能力的发展，应当积极利用现代信息技术手段，构建专门面向农民的信息共享和服务平台。这些平台将成为农民获取市场动态、技术资讯和政策解读信息的重要窗口，帮助他们实时掌握市场脉搏和技术发展趋势，从而增强决策的科学性和有效性。

信息共享平台能够打破信息壁垒，整合多方资源，使得低收入农户能够及时获取到与农业生产、市场动态、政策法规等相关的信息，这样的信息对于农民来说至关重要。农民可以更加便捷地获取各种信息，了解市场需求、农产品价格走势、新技术推广等，提高信息获取能力，减少因信息不对称而导致的决策失误，做出更明智的决策，避免盲目跟风，提高生产效益和市场竞争力。服务平台则为农民提供了更为全面的服务支持。该类平台不仅提供信息服务，还可以根据农民的需求和实际情况，为他们提供个性化的服务资源，这些服务包括但不限于金融服务、市场对接服务、产品销售服务等。金融服务可以帮助农民解决资金问题，缓解他们的经济压力；市场对接服务则能够帮助农民更好地了解市场需求，调整生产结构，提高产品的市场竞争力；产品销售服务则能够拓宽农民的产品销售渠道，增加他们的收入来源。这些服务能够帮助农民提升自身素质和能力，解决在生产经营过程中遇到的实际问题，促进农民增收致富。通过信息共享和服务平台的支持，农民可以更加精准地把握市场机遇，发展特色产业和优势产品，拓宽增收渠道。利用平台宣传国家和地方的惠农政策，确保政策信息的及时传达和有效实施。低收入农户不仅可以从信息共享和服务平台获得更多的外部支持，还能够形成内生动力。农民看到了发展的希望和机会，会逐渐认识到自己的潜力和价值，开始主动寻求更多的学习和发展机会。他们会更加积极地参与各种培训活动，提升自己的综合素质和能力水平。同时，他们也会更加关注市场动态和新技术的发展，不断尝试新的种植技术和管理模式，以提高自己的生产效益和市场竞争力。

通过建立信息共享和服务平台，可以有效地培育低收入农户的内生能力。这样的平台不仅为农民提供了丰富的信息和服务资源，还激发了他们的学习和发展动力，帮助他们实现自我提升和增收致富。通过上述措施，在社会各界的共同努力之下，形成良好的协作机制，帮助低收入农户更好地适应市场变化，能够有效地提升低收入农户的内生发展能力，共同推动农村经济的发展和进步，为乡村振兴和农业农村现代化做出积极贡献。

（三）弘扬优秀传统文化和社会文明风尚

优秀传统文化和社会文明风尚具有强大的引领和塑造作用。通过发挥政府、学校、社区等各方力量，可以共同推动优秀传统文化和社会文明风尚在农村的传播，引导低收入农户形成正确的价值观，激发他们的内生能力和发展潜力。

政府、学校、社区等通过加强对低收入农户的优秀传统文化教育，以举办讲座、开设课程等方式，普及传统文化知识，弘扬优秀传统文化中蕴含的勤劳、节俭、互助、尊老爱幼等正面价值观，提升农民的文化素养和道德品质，通过教育和社会实践使这些品质传承和内化、成为指导农民行为和决策的内在准则，提高他们的道德自觉性和社会责任感。通过遵守这些规范和准则，农民能够更好地与他人合作、交流，从而提升自身的内生能力，共同推动社会进步和发展。优秀传统文化的弘扬有助于农民建立文化自信，传承和发扬优秀的农耕文化和乡村精神，增强对本土文化的认同感和自豪感，使他们更加自豪地维护和传承自己的文化遗产。同时，可以通过树立先进典型、宣传优秀事迹等方式，传播积极的社会风尚，如勤劳、诚信、友善、互助等。这可以引导农民养成积极向上的价值观和道德品质，这些价值观的内化有助于提升农民的自我管理能力和道德素质，成为符合社会期望的角色，有助于提升农民的自我效能感和自信心，进而激发其内生能力。优秀传统文化和社会文明风尚的弘扬往往伴随着先进典型的树立和宣传。这些榜样人物和事迹能够激励低收入农户积极向上、奋发有为，激发他们的内生潜力和创造力。同时，通过表彰先进、奖励优秀等方式，营造积极向上的社会氛围，可以进一步激发农民的积极性和主动性。在这种环境下，低收入农户会受到潜移默化的影响，逐渐养成良好的行为习惯和生活方式。这种习惯养成的过程也是他们内生能力提升的过程。通过组织农民参与文化活动和社区服务，可以培养农民的公民意识和社会责任感，鼓励他们积极参与社区发展和社会建设。丰富的文化生活和积极的社会风尚有助于提升农民的心理健康水平和生活质量，从而为他们提供更好的发展环境，良好的心理状态和较高的生活质量是提升农民内生能力的重要条件。

在新时代背景下，通过实施以上措施，可以形成政府引导、社会支持、农民受益的协作机制，共同发挥作用，形成合力，共同推动低收入农户内生能力的培育和提升，实现农村的可持续发展和农民的全面进步，促进乡村振兴战略的实施。

|第四章|

宁夏农民内生能力提升的困境分析

习近平总书记在党的十九届六中全会上的重要讲话指出，"党的百年奋斗深刻影响了世界历史进程""党领导人民成功走出中国式现代化道路，创造了人类文明新形态，拓展了发展中国家走向现代化的途径"。① 在中国特色社会主义新时代的发展进程中，我们历史性地解决了绝对贫困的问题，同时在历史的选择下我们走向了中国式现代化道路，但全面建设社会主义现代化国家，实现共同富裕，实现中华民族伟大复兴的中国梦，最基本和最为艰巨的任务依然在农村。低收入农户内生能力建设是推动乡村振兴战略实施最重要的力量。

根据前文对宁夏低收入农户内生能力培育框架构建的研究，本章将低收入农户内生能力划分为牵引力、内在力两个部分，其中，牵引力即农民发展的外部资源和环境，是决定低收入农户内生能力的基础及前提；内在力即农民与生俱来的劳动能力及加强自身发展的意愿和愿景，是提高低收入农户内生能力的关键要点，也是决定低收入农户内生能力表现的关键因素。本章主要围绕这两个方面的现状展开分析。

第一节　牵引力现状及分析

习近平总书记强调："接续推进全面脱贫与乡村振兴有效衔接，着重

---

① 《中共中央关于党的百年奋斗重大成就和历史经验的决议》，人民出版社，2021，第64页。

增强内生发展动力和发展活力,确保脱贫后能发展、可持续。"① 农村内生能力的牵引力包括政府的惠民惠农政策、精准扶贫、社会主义新农村建设、乡村振兴等。各个时期的"三农"政策侧重点不同,但都强调乡村经济的发展,在很大程度上推进了农村内生能力建设。宁夏在促进农村内生能力建设的发展上,坚持突出重点,从财政、金融、土地、人才、基础设施、公共服务等方面给予集中支持,不断激发乡村振兴重点帮扶县发展的内生动力。但是根据宁夏发展状况,作为外力起推动作用的影响因素主要是区域经济发展、公共服务供给能力、公共基础设施、优惠政策扶持力度这几方面,可通过这几方面的具体现状来分析低收入农户内生能力建设的发展方向。

一 区域经济发展趋势向好

改革开放后,我国经济发展水平快速提升,区域经济差异是指在不同时期不同区域经济增长速度、发展水平及经济实力的不平衡。② 宁夏区域经济覆盖市、县、镇、乡和村,是发展经济的重要阵地,是经济高质量发展的关键。近年来,宁夏紧抓区域经济高质量发展机遇,使区域经济不断朝着好的方向发展,但对标巩固拓展脱贫攻坚成果、全面推进乡村振兴的重大任务,也依然存在一些不容忽视的薄弱环节。

(一) 地区经济发展差距相对缩小

宁夏按照地理可划分为三大区域:北部平原区,区域内水资源丰富、地势平坦、土地肥沃,以银川平原为主,包括石嘴山市、银川市、吴忠市、中卫市及所辖青铜峡市和中宁县;中部干旱带,区域内常年干旱少雨、水资源缺乏、风沙大,包括红寺堡区、盐池县、同心县和海原县;南部山区,区域内以山地为主,降水量较多,蒸发量大,包括原州区、西吉县、隆德县、泾源县和彭阳县。近20年以来,宁夏地区生产总值呈现上升的趋势,与全国生产总值的实际增长率相比,宁夏地区生产总值的实际增

---

① 习近平:《论"三农"工作》,中央文献出版社,2022,第289页。
② 杨丰硕等:《江西省典型县域经济差异影响因子地理探测研究》,《地球信息科学学报》2018年第1期。

长率高于全国平均水平。在打赢脱贫攻坚战到巩固拓展脱贫攻坚成果再到实施乡村振兴战略的发展过程中，缩小区域经济发展差距和实现经济均衡发展是宁夏的重点任务。宁夏全区生产总值从 2016 年的 3125.65 亿元增长到 2020 年的 3920.54 亿元，如表 4-1 所示，总体上看各区域经济生产总值均有增长，总体呈现向好的发展趋势。宁夏以银川市经济发展为主线带动各县市的发展，各县市利用自身优势，抓住发展机遇，宁夏各区域经济发展水平相对差距在缩小，尤其是宁夏引黄灌区与中南部贫困地区农民可支配收入差距相对缩小，但是限于经济发展水平，可支配收入北高南低的空间格局仍然没有改变。区域经济高质量发展是实现城镇化发展与新农村建设的重要保障，面对区域经济发展的复杂性和差异性，还需要发挥地方优势，合理整合自然资源，实现区域经济高质量发展。

表 4-1　2016~2020 年宁夏各地区及全区生产总值

单位：亿元

地区	2016 年	2017 年	2018 年	2019 年	2020 年
银川市	1617.71	1803.26	1901.48	1896.79	1964.37
石嘴山市	513.57	535.01	605.92	511.24	541.62
吴忠市	442.43	508.11	534.53	580.19	621.77
固原市	239.81	270.10	303.19	322.66	352.46
中卫市	339.13	374.13	402.99	437.65	440.32
全区生产总值	3152.65	3490.61	3748.11	3748.53	3920.54

资料来源：历年《宁夏统计年鉴》。

（二）脱贫产业和技术的推动与发展

习近平总书记强调："发展产业是实现脱贫的根本之策。要因地制宜，把培育产业作为推动脱贫攻坚的根本出路。"[①] 宁夏在扶贫产业上的实践表明，农民在产业发展战略上取得了可持续发展的显著效果，这不仅表明产业的发展给经济社会带来了可持续发展态势，促使区域经济更好发展，更

[①]　《解放思想真抓实干奋力前进 确保与全国同步建成全面小康社会》，《人民日报》2016 年 7 月 21 日。

重要的是有效地增加了农民的收入，改善了他们的生活状况。首先，农民以最基础的农业种植为主要生存来源，宁夏具有地势平坦、土层深厚、引水便利的独特地域特征，在不同区域发展了枸杞、葡萄、马铃薯、玉米等特色种植业，使农业的种植结构转变为多种经济作物共同发展模式，为贫困人口带来了可持续发展的经济效益。其次，除了农业种植是农民的主要经济收入外，养殖业的不断扩大在一定程度上也形成了农民的稳定收入。宁夏支持贫困户发展养殖业，依托政策的扶持，中南部生态养羊带、六盘水肉牛生产带也在加快形成，加之技术不断改进、机器加快运转，宁夏特色优势产业已经成为宁夏贫困地区新的经济增长点，呈现可持续发展态势。最后，宁夏新兴产业的崛起也为脱贫产业的发展起到推动作用，农产品加工、休闲农业、乡村旅游等脱贫产业新业态迅速发展，旅游业的发展尤为明显，十大特色产业示范村建设、十大旅游特色产业街区、十大特色农家乐培育成果显著。以银川市金凤区丰登镇润丰村移民村（西吉县白崖乡半子沟村搬迁此地）建设的生态产业园项目为例，该项目以现代农林业为基础，大力发展乡村旅游、教育培训、休闲产业等第三产业，共有农业大棚 100 栋，种植吊瓜、樱桃、蟠桃等，带动润丰村 25 户村民就业增收，同时兜底保障建档立卡户 8 户。园区用工量最大时达到每天 200 余名工人，平时从事农业种植的劳动人数稳定在 40 人左右，产业园发展模式创新，不仅解决了搬迁移民尤其是建档立卡户户籍地就业创业问题，而且该项目以乡村旅游、休闲农业和教育培训为基础发展新业态，为润丰村的乡村振兴打下了坚实的产业基础。宁夏脱贫产业的发展促使区域经济可持续发展，农民稳定提升的经济收入是巩固拓展脱贫攻坚成果同乡村振兴有效衔接最显著的进步状态。

二　公共服务供给能力不足

政府提供公共服务过程中的具体和细化程度、政府公共服务供给能力的强弱，是公共服务能力的衡量维度，也是政府治理绩效合法性的来源和基础，更是政府职能履行好坏的重要依据。宁夏在公共服务方面所存在的问题主要是政府公共服务投入不足、政府服务意识淡薄等。

（一）从政府的公共服务投入看

政府公共服务投入不足。一方面，随着脱贫攻坚的不断深入与巩固，宁夏部分地区进一步促进产业扶贫，以此来带动农民增加收入。比如宁夏牛羊的养殖和特产加工等就是这一阶段兴起的产业，但是这些产业进入市场速度仍显滞后，其原因主要是发展基础薄弱、缺乏专业经营管理人才，短期内带动百姓增收致富的效果不是很明显。这也表明宁夏部分贫困地区在管理制度、技能培训和专业技术人员帮扶带动制度上还有待完善。另一方面，宁夏部分地区人力、财力、物力有限，在精准脱贫过程中对非贫困县、非贫困村和刚刚迈过贫困线的非建档立卡户的关注、帮助和支持难免力不从心，而这些县区和群众持续发展、持续增收的能力还比较弱，一旦缺乏支持和帮助，后续发展就会面临诸多问题。因此宁夏贫困地区需要企业、社会团体、企事业单位、志愿者等更多的社会力量在教育、医疗卫生、文化、产业发展、就业保障、养老服务质量等领域开展帮扶。

（二）从政府的公共服务能力和意识看

政府服务意识淡薄。针对脱贫攻坚中遇到的思想被动的贫困户，政府缺乏帮扶贫困户责任主体的服务意识。脱贫攻坚全面胜利后，由于在帮扶过程中长期面临繁重的扶贫工作，扶贫干部不同程度地出现了精神懈怠等问题，工作责任心没有以前强了，也没有了最初的闯劲。这种服务意识弱化所导致的问题会直接影响乡村振兴的实施。实现脱贫攻坚目标之后，大部分摆脱贫困的农民以及低收入边缘群体经济能力仍然薄弱，在公共服务供给的过程中，农民的参与率低。农民在公共服务供给中积极性不高，就会导致"干部负责干，农民负责看"的情况，乡村振兴的实践得不到应有的发展效果。在实施乡村振兴战略背景下，农民是农村的主体，农民是否有效参与乡村振兴实践，直接关系到乡村振兴的成败。因而，对于后脱贫时代的低收入特殊群体来说，政府要通过一些切实可行的措施，在为农民带来公共服务供给的同时，调动其参与的热情。总之，政府所给予的资源投入是不可或缺的，但这种投入要通过良好的机制实现，要切实地做到为民所用，而不是孤立于农民主体之外。

三 公共基础设施还需完善

公共基础设施对于农民内生发展能力的重要性不言而喻，它们为农民提供了必要的物质条件和发展空间，是推动农民内生发展能力的关键因素。宁夏在提升低收入农户内生发展能力的过程中，公共基础设施建设水平与满足农民必要的物质条件、发展空间之间仍然存在一定差距。

（一）交通基础设施

根据《交通强国建设宁夏试点任务实施方案》，为了助力黄河流域生态保护和高质量发展先行区建设，宁夏确定了到 2025 年初步构建布局合理、畅通高效、一体便捷、绿色智慧、安全可靠的综合交通运输网络发展目标。目前，宁夏交通将从增强支撑保障能力、提升交通网络能级等七个方面发力。宁夏将围绕 20 个重点小城镇、50 个美丽宜居村庄巩固提升农村路网，加强农村路域环境整治，提高农村公路通达深度，提升农村公路网络效率，推进 25 个 20 户以上具备条件的自然村通硬化路，确保全区自然村组通硬化路率、乡镇通三级及以上公路覆盖率全部达 99.5%，实现村村通硬化路、高速公路及国省道路等。但由于宁夏地区地形复杂，多山、多沟壑，给农村交通基础设施建设带来了一定的难度，加之部分农村地区的交通基础设施在建设规划时缺乏长远考虑，没有充分预测到未来需求的增长和变化，交通基础设施不够完善。这在一定程度上影响了农村交通基础设施的可持续发展。

（二）水电和通信设施

宁夏中南部地区城乡饮水安全水源工程解决了固原市原州区、彭阳县、西吉县以及中卫市海原县 4 个县区 110.8 万名城乡居民饮水问题，实现了从喝井窖水到喝上自来水的历史转变。[①] 经过美丽乡村建设项目的实施，宁夏乡村实现了动力电、光纤宽带、4G 网络全覆盖。宁夏大力发展农村电商和电商扶贫产业，持续提升脱贫地区电商公共服务水平，各县区依托农民专业合作社和龙头企业，共建农户与电商企业的利益联结机制，切

---

① 裴云云：《宁夏中南部城乡饮水安全水源工程通过验收》，《宁夏日报》2019 年 12 月 14 日。

实带动农户通过电商增收。此外，宁夏还持续推进"农村电商筑梦计划"，做好电子商务进农村综合示范区工作，发展农村电商创业产业园区、打造农产品网红品牌、加快物流配送体系建设。但是，受限于有效投入不足、管理体制不清晰等，当前水电和通信设施建设仍面临着一些不可回避的难题，如宁夏的 5G 网络普及率在过去几年中虽然有所增长，但距离实现人口密集区 5G 信号全覆盖的目标仍有一定差距；小型农田水利设施按照分级管理的原则，实行"谁受益、谁负担"，地方政府和群众是主要受益者和投入主体，无法有效保障加快水利设施建设更新的资金投入。

（三）住房等生活生产条件

由政府、企业、社会共同参与的"闽宁模式"成为全国东西部扶贫协作的成功典范，宁夏逐渐形成了易地搬迁、闽宁协作的脱贫攻坚的品牌影响力，就此展开了以人口规模 800 人以上大型安置区为重点的移民致富行动计划，有效解决农村自主迁移居住的民生问题，具体推进安置区的短板弱项，进一步推动产业发展、就业帮扶、社会融入、基础设施建设、公共服务、环境整治、政策保障、乡村建设、精神文明建设等工作，持续巩固搬迁群众脱贫成果，确保稳得住、有就业、能致富。计划的实施确保到2025 年，安置区脱贫攻坚成果巩固拓展，乡村产业质量、效益和竞争力显著提高，基础设施和基本公共服务健全完善，有劳动能力的搬迁家庭至少有一项稳定增收产业或至少一人稳定就业，搬迁群众收入增速高于全区农民收入平均增速。特别是宁夏红寺堡区创建了全国易地搬迁移民致富示范区，在产业兴区富民、城乡生态宜居、社会文明和谐、基层治理有效、民族团结进步方面做出示范，全面增强了农民内生发展动力。20 多年来宁夏累计搬迁安置移民 123 万人，170 多万名困难群众住上安全房。农村人均住房面积由 8.2 平方米增加到 18.1 平方米。完善了西海固地区在医院、学校、幼儿园的体育文化设施，缩小了与宁夏其他地区之间的差距。

（四）文化和医疗基础设施

借助宁夏全域旅游示范区建设的契机，西海固地区旅游基础设施建设得到了有效的发展，在住宿、餐饮、休闲娱乐等设施建设方面取得了极大进展，更好地促进了六盘山地区红色旅游和原生态旅游加速发展，在人居环境上、农林水利等重大项目安排上做到了适当地向西海固地区倾斜。"绿水青山就是金山银山"，宁夏在脱贫摘帽之后，在进行产业发展的同时，更加注重绿色发展。宁夏编制"一河三山"生态保护计划，完成农村人居环境整治，建设卫生户厕 10.5 万户，建成特色小镇 12 个，美丽乡村 100 个，不断推进退耕还林、退耕还草等各项重点生态修复工程，着力打造西部地区生态文明建设先行区。经过不断地发挥生态主体功能，推动宁夏生态补偿示范区健康发展，宁夏生态环境 9 项约束性指标超额完成，全区森林覆盖率由 11.9% 提高到 15.8%。在文化基础设施建设方面，宁夏农村建设有农家书社、文化站等活动场所，以及广播、电视、网络、体育器材等文化活动设施，这些设施能够丰富农民的文化生活，但同样存在设施数量不足、质量不高、利用率低以及数字化建设滞后等农村文化设施建设的普遍性难题。在医疗基础设施建设方面，宁夏在基层卫生服务体系、村卫生室建设、县级医院建设等方面已有一定成效，但随着农民日益增长的医疗需求，加强医疗基础设施建设仍是任重道远。

四 优惠政策扶持力度减弱

自脱贫攻坚战取得胜利以来，做好巩固拓展脱贫攻坚成果同乡村振兴有效衔接是重要的发展态势，但是在健全巩固拓展脱贫攻坚成果机制的过程中，宁夏没有接续保持稳定的优惠帮扶政策，在政策调整的过程中还存在有待解决的难点和问题，主要包括政策受众面的调整和政策内容的调整。

（一）政策受众面的调整

脱贫攻坚任务虽然完成，但是部分脱贫人口依然存在返贫的风险，宁夏确已注意到这一点，但在实施政策调整的过程中，对于新致贫人口和返贫人口的政策帮扶转换难免还存在问题。例如，精准定位是防止返贫的前提，但是政府对于贫困户识别不够精准。部分地区的乡镇政府、村委会在精准定位的过程中，只是按照贫困户的简单评选流程进行识别，核对的只是有无购房、购车等重大的消费记录以及是否为农村户口等，而对于务工收入等难以调查取证的项目，核实不够谨慎，导致对贫困户定位不够精准，甚至出现采用非正常手段，将达不到贫困条件的"关系户"评定为精准扶贫对象的案例，从而导致脱贫不稳定户、边缘贫困户缺乏政策扶持，无法充分挖掘其内生动力。此外，尽管当前有政策提出加强低收入人口动态监测，推动防止返贫监测与低收入人口动态监测信息平台互联互通，但实际操作中，部门间的信息整合和共享仍存在不足，导致对新致贫和返贫人口的识别不够及时。因此，如何在政策调整的速度与贫困变化的速度之间找到平衡，确保帮扶政策能够及时、有效地覆盖到新致贫和返贫人口，是一个需要解决的问题。

（二）政策内容的调整

脱贫攻坚时期，政府出台了多项帮助农民稳定增收的政策，政府政策的扶持对激发低收入农户内生能力发挥了重要的作用，但是在加快转型和发展的过程中仍存在有待解决的问题，通常表现在产业帮扶政策、就业扶持政策和易地搬迁政策方面。

第一，产业帮扶政策。产业扶贫是促进贫困地区发展、增加贫困户收入的有效途径，不仅可以有效地改善当地的经济发展状况，也为新时代的产业振兴工作提供有利条件，产业帮扶政策在激发农民内生动力方面发挥关键的作用。然而宁夏的产业扶贫不够精准，政府在个别地方的扶贫产业选择、布局和定位上起到主要推动作用，却没有充分考虑当地实际情况和群众真实意愿，导致实施的扶贫产业进展不顺，效益不好，造成资源浪费，发挥不出应有的脱贫带动能力；还有些地方通过支持龙头企业发展带动贫困户致富，但很多贫困户缺乏劳动力、资金和技术，双方利益联结机制不健全，结果是扶贫资金和政策给了企业，而贫困群众收益不高。再加上有些地区为加紧完成脱贫任务，引进了众多"短平快"的扶贫产业，致使产业项目同质化问题较为严重，所以产业扶贫需要加快转型，调整政策的实施重点，强化产业帮扶的配套设施，全面提升乡村产业的发展质量，因地制宜发展特色产业、销售特色产品，培育发展大批可持续、高收益的产业。

第二，就业扶持政策。在推进精准扶贫过程中，宁夏相继出台了各类就业扶贫政策和产业扶贫政策，结合各方面力量，使之都参与贫困地区的精准扶贫工作，这一扶持政策是值得充分肯定的，也使得一部分贫困人群在精准扶贫项目上实现了脱贫，生活水平得到了提高。然而，由于受到政策的影响，农村劳动力就业质量不能得到有效提升。例如，近年来精准扶贫政策对建档立卡户发展产业支持力度比较大，农户种植、养殖产业的规模比以前更大，但是返乡农民工创业受限于金融体制、企业规模、信用条件等，无法取得银行贷款，很多创业农民工靠高息民间贷款维持生产和再生产，成本高，负担重。当前，创业担保贷款受政策条件、基金规模、贷款额度、信息化程度等限制，在很大程度上不能满足创业者需求，无法从根本上解决返乡创业资金短缺的难题。事实上，农村劳动者高质量就业，是保障当前产业结构优化、经济高质量发展的基础，是实现乡村振兴的重要途径。随着脱贫攻坚工作取得的巨大成功，中国农村将全面进入乡村振兴阶段，而人才振兴成为未来乡村振兴首要的任务。宁夏正处于巩固拓展脱贫攻坚成果同乡村振兴有效衔接的关键时期，如何保障农民就业质量、提升就业创业能力，是政策调适转换所面临的重点问题。

第三，易地搬迁政策。生态移民搬迁是有效解决贫困地区群众脱贫致富的惠民工程，也是恢复迁出区、改善迁入区生态环境的科学之举，宁夏回族自治区历经30多年的易地扶贫搬迁工程，积累了一系列宝贵经验。宁夏"十三五"易地扶贫搬迁建设目标顺利完成，贫困人口通过易地搬迁实现脱贫摘帽，但是，在脱贫攻坚的后续扶持工作中，易地搬迁的政策相对减弱，不能有效地进行衔接，生态移民搬迁户的户籍、社保、教育、医疗等转接问题还有待解决，要让贫困户搬得出、稳得住、能致富，还需要加强易地搬迁的后续政策扶持力度。

第二节　内在力现状及分析

2013年精准扶贫政策提出以来，习近平总书记多次强调要注重脱贫质量，他明确指出："加大内生动力培育力度。我常讲，扶贫要同扶智、扶志结合起来。智和志就是内力、内因。"[①] 在各方共同努力下，宁夏脱贫攻

[①]　习近平：《在深度贫困地区脱贫攻坚座谈会上的讲话》，人民出版社，2017，第16页。

坚战取得全面胜利，贫困群众的思想观念发生了从"要我富"到"我要富"的巨大改变，贫困人口主体意识明显增强，内生能力不断提高。当前正是巩固拓展脱贫攻坚成果同乡村振兴有效衔接的关键时期，为了确保脱贫群众不返贫，使包括脱贫人口在内的全区农村人口过上更加美好的生活，不断提升低收入农户内生能力之内在力至关重要。

为了探求宁夏低收入农户内生能力之内在力现状，课题组走访海原县、西吉县、盐池县等乡村进行田野调查，与包括脱贫群众在内的农民群体及包括村支书、扶贫干部在内的基层工作人员展开半结构式访谈，试图尽可能地了解并展现宁夏低收入农户内生能力之内在力现状。从低收入农户内生能力之内在力培育框架的四个维度来看，宁夏农民医疗保健意识提升、生活生产资源不足、政治参与意愿较低，但改变现状的意愿普遍十分强烈。

一 医疗保健意识提升

无论是中国打赢脱贫攻坚战的宝贵经验，还是学界相关的理论和实证研究成果，都已经证明健康对于促进农民个人发展具有重要意义。医疗保健意识作为宁夏低收入农户内生能力之内在力维度之一，值得进行进一步的探索与研究。因此，课题组参考2015年国家卫生计生委办公厅印发的《中国公民健康素养——基本知识与技能（2015年版）》（简称《健康素养66条》），借鉴中国疾病预防控制中心专业学者的相关研究成果，[①] 对宁夏农民医疗保健意识的相关信息进行广泛采集和分析，发现当前宁夏农民医疗保健意识已实现了一定程度的提升。

（一）健康生活素养得到提升

健康生活素养是决定健康行为习惯化的重要因素，包括良好的饮食习惯、生活有规律、积极参与体育锻炼、讲究生活环境卫生、无不良生活习惯等。《2020年中国居民健康素养监测报告》显示，2020年我国城市、农村居民健康素养水平分别为28.08%、20.02%，东部、中部、西部地区居民健康

---

① 转引自杨奕《健康中国背景下农村体育贫困的破解路径研究》，《云南行政学院学报》2020年第3期。

素养水平分别为 29.06%、21.01%、16.72%，城乡之间、东中西部之间的差距较为显著，但值得注意的是，我国居民健康素养水平持续上升，2020 年增长幅度再创新高。① 从脱贫攻坚到乡村振兴，从健康扶贫到健康乡村建设，宁夏全区开展了广泛的健康教育，虽然受到落后习俗、传统习惯等因素的掣肘，但村民健康生活的思想观念和行为方式正在逐渐改变。

1. 饮食健康观念有所重视

随着农村家庭收入水平的不断提高，宁夏农村人口食品消费支出不断上升。《2021 宁夏统计年鉴》显示，2020 年宁夏农村居民平均食品消费支出为 2963 元（不包含烟草、酒和饮料），相比 2016 年提高了 800 元，各食品类别支出涨幅从高到低依次为：肉禽及制品、粮食、蔬菜、油脂、蛋、水产、奶及奶制品。② 可以看出，宁夏农村居民五年来蛋白质食品消费量得到提高。但是，宁夏五市之间存在显著的不平衡现象，固原市 2020 年肉禽和蛋类及其制品的消费量分别为 20.3 公斤/人、4.6 公斤/人，与全区平均水平 24.8 公斤/人、7.9 公斤/人仍存在一定的差距。③ 这与地方经济发展水平以及农村居民食品消费观念差异有关。当然，健康的饮食习惯强调合理、科学的膳食搭配，蛋白质消费量的提高并不能直接作为宁夏农村人口饮食习惯的佐证。课题组在走访调查中发现，宁夏农村居民饮食习惯的主观态度发生了以下改变。

第一，对合理膳食标准逐渐形成认知。普遍来看，被访者所认知的健康饮食标准为多摄入肉类、蛋类、蔬菜，这与《宁夏统计年鉴》相关数据结论相一致。农村人口对于青少年、儿童应注重健康饮食与补充营养的观点表示认可，家庭普遍重视给予青少年、儿童肉蛋奶类食品，随之提高了家庭其他成员的奶类、肉类及其制品的摄入量。进一步调查发现，不少受访者家中留有《中国居民平衡膳食宝塔》的宣传图，即使受访者

①《2020 年全国居民健康素养水平升至 23.15%》，中国政府网，2021 年 4 月 1 日，http://www.nhc.gov.cn/xcs/s7847/202104/6cede3c9306a41eeb522f0 76c82b2d94.shtml。
② 宁夏回族自治区统计局、国家统计局宁夏调查总队编《2021 宁夏统计年鉴》，中国统计出版社，2021，第 386 页。
③ 宁夏回族自治区统计局、国家统计局宁夏调查总队编《2021 宁夏统计年鉴》，中国统计出版社，2021，第 389 页。

尚不能完整、清楚地认知健康饮食标准下各类别食物的科学摄入量，但对保证均衡饮食的方式已形成初步认知。此外，进入冬日后，农村家庭长期保持制作高盐腌制食品的习惯，有受访者明确表示"不能多吃，对身体不好"。

第二，基本掌握食品安全常识。在针对"三无"食品、"山寨"食品的访谈中，宁夏农村人口对此普遍表现出否定态度，当课题组展示"康帅傅""特伦苏"等"山寨"食品与原食品的对比图时，有不少受访者可以进行明确区分，特别是青年受访者认知更为清晰，可以清楚表达什么是"三无"食品、"山寨"食品。谈及"蔬果清洗的正确方法""生熟食品分开存放""筷子、砧板定期更换""隔夜菜的保存"等知识，虽然有部分受访者依然表示"不干不净、吃了没病""我们农村人没那么讲究"等，但大部分受访者对食品安全常识表现出极大的兴趣。此外，长期以来农村家庭留有吃剩饭剩菜、冷饭冷菜的习惯，课题组成员对此进行进一步了解时，有村干部表示，"老一辈的人把食物看得比命还贵重，让他们扔掉剩饭剩菜是很困难的"，但大部分受访者会将食物进行冷藏保存，对变质蔬果可以进行合理处理。

2. 体育锻炼意愿逐步增强

2020 年"十三五"收官之际，宁夏全区人均体育场地面积达 3.07 平方米，比全国人均体育场地面积高出 0.99 平方米，全年提档升级 250 个村综合文化服务中心，顺利举办了农民篮球争霸赛等赛事活动。此外，宁夏回族自治区体育局积极开展了贫困县区体育专干培训班和体育科技服务下乡等活动。①《人民日报》报道，曾有"苦瘠甲天下"之称的宁夏西海固地区脱贫攻坚任务艰巨，当地村民精神状态和生活习惯的改变，真实反映出宁夏体育扶贫的成效。根据《宁夏全民健身实施计划（2021—2025年）（征求意见稿）》，"十四五"期间宁夏将进一步推进全民健身与乡村振兴有序衔接，做到农村村级体育场地设施提档升级全覆盖，并开展"百乡千村"农民体育月等活动，助力大众体育健身、全民健身活动不

---

① 《2020 年宁夏十大体育新闻发布》，宁夏回族自治区体育局网站，2021 年 1 月 7 日，ht-tps://www.sport.gov.cn/n14471/n14501/n14537/c975603/content.html。

断发展。① 随着全民健身国家战略的深入实施，宁夏体育服务体系不断完善，农村体育场地设施持续增多，相比过去对体育锻炼的忽视，当前农村人口参加体育锻炼的意愿明显增强。

第一，体育健身积极性显著增强。从不同群体来看，宁夏农村青少年健身积极性较强，调查中发现，大部分受访者对子女参与体育活动表示支持，一部分收入水平较高的家庭会对子女参与体育活动、体育培训进行投资；中老年人对于体育锻炼的积极性偏低，有受访者表示"劳动、干活就是体育锻炼，不需要专门再进行健身"，但一些患有慢性病的受访老年人对参与体育活动的必要性表示认可，认为体育锻炼可以增强体质。课题组发现农村人口健身积极性与性别具有一定的相关性，女性参与体育锻炼的积极性普遍高于男性，这可能与乡村日常体育活动形式以广场舞为主有关；男性受访者更倾向于参加集体组织的篮球赛等竞技活动。

第二，科学健身意识缺乏必要指导。从不同群体健身积极性差异中可以看出，宁夏农村居民对科学健身的含义、方法与意义并不清楚。有村干部表示，"各种技能培训班很多，各种知识普及也很多，体育锻炼这方面相对少一些"。课题组在走访中发现，有部分农村的健身设施缺乏维护，出现了生锈、破损的现象，也有村民直接将健身单杠用于晒被子等，课题组问及是否会使用健身器材进行体育锻炼时，村民直言"不会用，没人教"。一些经济条件较好、地理位置较好的农村建成了健身活动室，设有跑步机、椭圆机、动感单车等健身器材，但越是设备齐全、专业的健身活动室，村民的使用率反而不高，这与缺少必要的指导和教学有关。

3. 生活卫生习惯有所改善

从自治区历年爱国卫生运动的相关文件中可以看出，推进村庄清洁行动、开展农村人居环境整治工作是自治区政府的重点工作内容，文件不断强调要做好农村生活垃圾处理、农村污水处理、农村户用厕所改造等基础设施建设改造工作，这正是从外在力着力提高宁夏农村内生能力的重要方

---

① 《关于〈宁夏全民健身实施计划（2021—2025 年）（征求意见稿）〉征求意见的公告》，宁夏回族自治区体育局网站，2021 年 10 月 19 日，http://sport.nx.gov.cn/hdjl/yjzj/202203/t20220325_3404615.html。

式之一。目前，宁夏农村人居环境整治工作综合评价水平位于西部前列，西夏区、利通区曾被国务院评为全国农村人居环境整治激励县。截至 2020 年底，川区农村垃圾分类和资源化利用村庄达到 43%、污水处理率达到 30%，山区农村垃圾分类和资源化利用村庄达到 19%、污水处理率达到 15%，全区农村卫生厕所普及率达到 58%，自来水普及率达到 90%。① 宁夏农村整体居住条件、生活环境得到极大的改善。相对于加强基础设施建设，培养农村人口养成文明卫生习惯是提升农村内生能力之内在力的重要着力点，有益于农村人口形成文明健康的生活方式、从源头预防和控制疾病发生，从而增强内生能力的稳定性。

根据课题组的调研情况，当前宁夏农村人口生活卫生习惯有所改善。课题组围绕《健康素养 66 条》中关于卫生习惯的内容进行访谈，对于"勤洗手、常洗澡、早晚刷牙、饭后漱口，不共用毛巾和洗漱用品；不在公共场所吸烟、吐痰，咳嗽、打喷嚏时遮掩口鼻；农村使用卫生厕所，管理好人畜粪便"等卫生习惯，受访者普遍表示认同。但值得注意的是，宁夏农村仍存在良好卫生习惯的认知与行为不同步的情况，"随地吐痰"等一些不良卫生习惯的现象在农村仍较为常见。此外，随着政府对改厕工作、生活污水和垃圾处理工作的不断推进，不少村庄已具备相关基础设施，且农村居民普遍对继续推进农村人居环境整治工作持支持态度。

（二）医疗健康意识有所提升

世界卫生组织曾指出，"许多人不是死于疾病，而是死于无知"。拥有维护健康、预防和消除疾病的医疗健康意识，是维持身体状态的必要条件，也是提升内在发展能力的前提。长期以来，农村医疗资源相对薄弱，"看病难、看病贵"的问题对农村人口追求美好生活造成了极大阻碍。随着农村医疗保险制度改革的推进，以往那种因为一场大病而造成家庭支离破碎的情况有所减少，特别是脱贫攻坚战开始以来，"因病致贫、因病返贫"的现象得以缓解。但疾病仍是影响家庭经济收入的重要因素，治疗花

---

① 周一青：《卫生厕所普及率达 58% 配置户类分类垃圾桶超 16 万个 我区农村人居环境整治取得"三个明显改善"》，宁夏回族自治区人民政府网站，2020 年 11 月 30 日，https://www.nx.gov.cn/ztsj/zt/hjbhdc/202011/t20201130_2385533.html。

销、人力投入、心理消耗等多方面的生活负担会对农村人口内生能力的提高造成直接影响，因此，形成良好的疾病预防、治疗意识尤为重要。

1. 疾病预防意识明显提高

宁夏回族自治区卫生健康委员会公开文件显示，2019 年宁夏农村居民共建立电子健康档案 259 万份，17.7 万名农村 65 岁及以上老年人进行了免费健康管理，全区农村累计有 16.9 万名高血压患者、4.6 万名糖尿病患者和 0.9 万名严重精神障碍患者接受了基层医务人员定期随访和免费健康体检服务。此外，规划疫苗接种率保持在 90% 以上，孕前保健、产前筛查、新生儿疾病筛查以及常见病、地方病、慢性病的综合防控工作持续优化，发病数逐渐降低。[①] 随着农村健康卫生工作的不断推进，宁夏农村人口在疾病防控方面享受到更加全面的政策扶持，课题组在调研中着重对宁夏农村居民疾病预防的主观意识进行了了解和分析。

第一，对疾病的预防知识有所了解。课题组围绕《健康素养 66 条》中关于疾病预防的要点进行访谈，包括成年人的正常血压值，艾滋病、乙肝、丙肝的传播途径，血糖变化，癌症筛查，保健食品与药品等内容，大部分受访者对以上内容有所了解。课题组进一步对高血压、糖尿病等慢性病患者进行慢性病护理知识问答，可以发现不少受访者，特别是有慢性病治疗经历的患者对相关护理知识较为重视，并逐步在生活中形成自我保养的自觉行动，但部分独居老人的疾病预防意识和行动有所欠缺。课题组在对孕产妇的调研中发现，大部分受访者十分重视自我保护与调养，对于新生儿疫苗接种事宜表示"一定会按规定完成"。

第二，参与体检意识增强。宁夏农村人口虽然受到教育文化水平和传统生活理念的影响，对疾病防控的科学知识尚未形成全面了解，但已逐步开始对疾病防控的重要性形成科学认知。课题组在了解受访者对疾病防控知识认知度的同时进行了相关的知识普及，发现即便对一些"专有名词"感到陌生，受访者也普遍愿意接受关于健康保养的相关知识普。据村干

---

① 《自治区卫生健康委关于呈送 2019 年全区农村卫生工作总结及 2020 年农村卫生健康工作安排的函》，宁夏回族自治区卫生健康委员会网站，2019 年 11 月 26 日，http://wsjkw.nx.gov.cn/zfxxgk_279/zcfg/201911/t20191126_2811283.html。

部反映，村民参与体检和疫苗接种的积极性较高，特别是公益的体检安排和有政策优惠的疫苗接种工作推进较为顺利。此外，有部分收入和生活水平较高的家庭，老年人会在子女的安排下定期主动参与体检、进行疾病筛查，并采取相关预防行动。

2. 正确就医态度逐步形成

随着农村卫生服务条件的不断改善，宁夏农村人口就医条件和水平得到了极大的提升。2020 年，宁夏全区村卫生室共 2172 个，在岗乡村医生达 3282 人；全区乡镇卫生院共 205 个，乡镇卫生院人员总数达 6040 人。但是，村卫生室总诊疗人次较 2019 年降低了 4.05%，乡镇卫生院病床使用率仅为 29.63%，相较全区医疗卫生机构 64.95% 的病床使用率差距较大。[①]为了尽快实现城乡医疗资源平衡，宁夏以医联体建设、医疗专家下基层、基层医疗设施建设等多种手段，不断提高农村基层医疗服务能力，以便为农村人口提供更加便利、优质的医疗服务。随着农村地区交通条件的提高和医保制度的不断完善，农村人口前往城市地区的大医院接受更为优质医疗服务的倾向较为明显，从提高农村人口内生能力之内在力角度来看，培养农村人口的主动就医态度、树立正确医疗意识十分重要。

第一，"小病不管"的固有态度有所转变。很长一段时间以来，"小病扛一扛，大病拖一拖"的心态在农村地区是十分普遍的，随着精准扶贫政策的落地实施，这类现象得到很大程度的改善，农民逐步形成了及时就医的科学观念。在调研中，虽然仍有小部分受访者表示"农村人身体好，扛一扛就好了"，但大部分受访者认为"看病很方便""不舒服就去村卫生院"。有村卫生院工作人员表示，近年来看病人数明显上升，村民对医务室的信任与依赖明显提高。

第二，对科学治疗手段表示认同。患者对医生的不信任感以及对各种科学检查的抵触感是产生医患矛盾的重要因素，这种负面心态在很长一段时间内对农村人口看病就医行为造成了负面影响，"去了医院就要做一堆检查，花大钱""医院也不一定能治好，不如不去"的心态使得不少农村

---

① 《2020 年宁夏卫生健康统计公报》，宁夏回族自治区卫生健康委员会网站，2021 年 7 月 26 日，https://wsjkw.nx.gov.cn/zfxxgk_279/fdzdgknr/wstjbg/202107/t20210726_2942459.html。

人口仍然倾向于找"土医生"、寻"土办法"。如今，宁夏农村人口对科学治疗手段的认可明显增强，相比地方诊所更愿意在条件允许的情况下前往城市医院，对"区医院""大专家"更为信赖。病患对科学的正规医疗手段形成充分信任的就医态度，是农村人口树立良好医疗健康意识的必要因素之一。

二 生活生产资源不足

生活生产资源是关乎农村人口发展的重要因素之一，包括传统生产工具的现代化发展、现代互联网经济的影响、农户自身教育和交往能力等等。自脱贫攻坚战开始以来，产业扶贫、技能扶贫、教育扶贫、金融扶贫等举措对农户以上方面的能力发展发挥了不同程度的正向促进作用，相关政策工具的实施和基础设施的建设取得了极大进展。为了从低收入农户内生能力之之在力角度进行进一步探索，课题组在田野调查中着重针对现阶段农民生活资源的获取和生产资源的获取两个方面进行了半结构式访谈。

（一）生活资源得到基本满足

以"两不愁三保障"为基本要求和核心指标的脱贫攻坚战取得全面胜利，实现了全国农村贫困人口不愁吃、不愁穿，义务教育、基本医疗、住房安全有保障。根据宁夏回族自治区的相关要求，义务教育有保障是指贫困家庭义务教育阶段适龄儿童、少年有学上、上得起学，基本医疗有保障是指贫困人口得了大病、重病，基本生活有保障，住房安全有保障是指保障贫困人口不住危房。现行标准下的全面脱贫，意味着宁夏农村人口实现了从温饱有虞到吃穿不愁的生活转变，在教育、医疗、住房等主要生活资源方面得到了基本保障，提高内生能力所需的生活资源基本得到了满足。但是，全区仍有近 5 万名脱贫不稳定和边缘易致贫人口，存在稍遇风险变故就致贫、返贫的问题，生活资源保障基础较为薄弱。

1. 教育资源得到基本保障

在脱贫攻坚战中，从解决幼儿园"入园难入园贵"问题，到义务教育基本均衡发展目标，到高等教育"放管服"改革，宁夏教育事业发展取得显著成就。截至 2020 年，宁夏全区九年义务教育巩固率达到 95%，残疾儿童义务教育阶段入学率为93%，包括贫困家庭孩子在内的农村学生享受到了更加公平的教育。特别是在"互联网+教育"示范区建设的政策指引下，乡村学校基础网络环境不断改善，各学科、各年级的农村儿童在乡镇学校便可以享受优质数字教育资源。乡村教师支持政策的不断完善，也为农村人口内生能力提升发挥了重要作用。调研中，课题组围绕农村人口的主观获得感进行了访谈，受访者肯定了教育事业改革成果，教育资源的保障力度得到了普遍认可，同时也展现出以下两个方面的短板。

第一，优质教育资源不足。受到农村教学条件、福利待遇和工作环境的影响，农村地区很难引进并留住优秀教师，导致农村大部分学校教师数量较少、学历偏低、年龄偏大，在专业素质上与城市教师仍存在一定的差距。事实上，当前农村小规模学校数量较少，大多数农村适龄儿童选择就近的乡镇学校就读，但已有的乡镇学校无法满足全部农村学生的寄宿需要，如此一来对学生上下学方式、学生在校生活以及农村家庭经济都造成了一定的影响。在谈及城乡教育资源差异时，受访者表示希望孩子可以接受来自"名师"的教育指导、在兴趣爱好方面得到专业培养，但现有的教育资源和家庭经济实力无法满足这些需求，反映了农村教学质量和办学水平仍处于相对落后的水平。

第二，少数民族农村人口对教育的重视程度有待进一步提高。宁夏是我国主要的少数民族聚居地区之一，经济发展水平和教育发展水平相对落后。在多方面投入之下，宁夏少数民族聚居地的教育基础设施建设取得显著成效，少数民族农村人口对教育的重视程度不断提高，义务教育巩固率已达到标准。但是在调研中发现，仍有少部分少数民族农村人口对教育的重要性认知不足。

2. 医疗资源得到基本保障

如上文所述，宁夏农村人口医疗保障事业取得长足发展，基本医保、大病保险和医疗救助三重保障为主体的医疗保障能力不断提高，全区建档立卡贫困户已全部纳入三重保障范围内，农村人口"看病难、看病贵"的问题得到了一定程度的缓解，对医疗保障制度的认同度显著增强。特别是"新农合"和城市居民医保合并以来，城乡医疗服务水平差距在一定程度上有所缩小，农村人口的医疗保障待遇不断提高，加之农村基层医疗设施建设的不断推进，农村人口在医疗资源方面得到了基本保障。为了提高农村人口的医疗保障满意度，课题组对农村人口医疗保障需求进行了进一步了解。

第一，基层医疗机构作用有限。调研发现，宁夏乡镇卫生院、村卫生所的医疗设施水平相对落后，在人才、技术和设备等方面与城市存在差距，这也是农村人口即使是小病、常见病、慢性病等，也更加倾向去县医院的重要原因。目前，宁夏基层卫生医疗机构在"互联网+医疗保障"的推进下，各类"远程门诊"的开展有效提高了乡镇卫生院的医疗诊断水平，但政策优势与相关成效的宣传推广力度不够，不少受访者在访谈中表示对乡镇卫生院的远程诊断方式并不了解，基层医疗机构无法发挥有效作用。

第二，医疗报销服务流程应更加规范、简捷。调研组对宁夏城乡医疗保险报销规定进行了细致了解，就相关政策、流程对农村人口进行访谈调研，很大一部分受访者对报销的范围、比例、流程并不了解，其中包括一些有过报销经历的受访者。有扶贫干部表示，医疗报销方式对于农村人口而言仍有不便，特别是独居老人独自完成相关手续存在困难，通常是在家中亲戚或村干部的帮助下进行办理，也有村委为此特地安排专人协助办理，为农村人口享受医疗保障资源提供便利。此外，随着劳动力转移数量不断增加，宁夏地区医疗保险异地就医结算方式仍需进一步改革完善，从而在保障农村人口医疗资源数量的基础上，为其提供更加便捷、更加规范、更有质量的资源保障。

3. 住房资源得到基本保障

"十三五"期间，宁夏通过原址翻建、加固改造、移民搬迁、公租扩面、周转安置、补偿退出的方式完成了 11.7 万户危窑危房改造，改造后的住房以安全为基础，严格落实房屋朝向、通风要求，厨房、卫生间独立设置的要求，不仅做到了"住房安全有保障"的基本要求，还建成了独具宁夏地方特色的新农房。加之 2019 年启动的农村人居环境整治行动，结合各村实际情况进行的改水、改厕、改厨、改棚、改院行动，在基本满足农村人口住房资源的同时，极大地提高了宁夏农村人口对住房保障的满意度。

但是，越来越多的农村人口出现了进城买房的需求。随着农村社会经济的发展和劳动力的不断转移，农村人口前往县城买房的现象愈加普遍。以前农村人口认为村里建一栋房子即可满足住房需求，但在调研中发现，不少受访者表示希望可以在城市购买住房，谈及原因主要有以下几种情况：一是家庭经济水平较高，欲购置新房改变居住环境；二是为了给后代提供更优质的生活，希望享受城市的教育和医疗资源；三是家庭中有适婚年龄的男性青年在外务工、不愿返乡，欲在工作地购置婚房安家。这种在住房资源方面形成的更高层次需求逐渐成为农村家庭普遍需求，特别是大量在外务工的年轻人，将在城市购房、成家、立业作为奋斗目标，一定程度上反映出农村家庭经济收入水平的提高和农村人口内生能力的增强。但是，仍存在一部分群体的收入和能力无法满足这种更高层次的需求。

（二）生产资源情况仍需发展

"事实充分证明，精准扶贫是打赢脱贫攻坚战的制胜法宝，开发式扶贫方针是中国特色减贫道路的鲜明特征。"[1] 习近平总书记在全国脱贫攻坚总结表彰大会上总结了我国开发式扶贫方针的有效经验，在从"输血式"扶贫向"造血式"帮扶的转变中，发展成为解决农村人口贫困、助力农村人口致富的根本政策。通过扶贫资源的精准配置、教育发展阻断代际贫困等方式，农村人口的发展条件得到极大改善、发展能力得到极大增强。但是，宁夏农村人口当前具有的农业发展资源不够全面、非农就业能力仍需提高、社会交往资源较为有限等问题，对促进宁夏低收入农村人口内生能力的可持续发展，进一步加快农业农村现代化发展步伐造成了一定的阻碍。

1. 农业发展资源不够全面

《2021 宁夏统计年鉴》的数据显示，2016~2020 年的五年间，宁夏农业机械总动力增长了 63549 万瓦特，主要农产品产量增长了 9841 万千克，肉类总产量增长了 1.7 万吨。[2]"十三五"期间，宁夏特色优势产业发展成

---

① 习近平：《在全国脱贫攻坚总结表彰大会上的讲话》，人民出版社，2021，第16页。

② 宁夏回族自治区统计局、国家统计局宁夏调查总队编《2021 宁夏统计年鉴》，中国统计出版社，2021，第 441~453 页。

效显著，贺兰山东麓已成为最佳、国际知名的葡萄酒产区之一，枸杞综合产值达到 210 亿元，"盐池滩羊"品牌价值达到 88.17 亿元；农业现代化发展水平持续提升，农作物耕种收综合机械化率达到 80%，农业产业化龙头企业、农民合作社、家庭农场分别达到 385 家、6166 家、15615 家；相关基础设施逐步完善，4G 网络覆盖达到 98%，建制村全部实现通硬化路、通客车。① 随着黄河流域生态保护和高质量发展先行区建设的不断推进，宁夏农业农村发展进入了全面推进农业现代化的新阶段，根据调研情况，目前主要存在两个方面的短板问题。

第一，农业现代化发展水平的差距过大。受自然资源环境约束，宁夏各地农业发展基础存在差异。按照当前政策规划，宁夏划分为北部现代农业示范区、中部高效节水农业示范区、南部生态农业示范区，课题组根据政策规划对三区农村人口生产资源进行了调查和分析。北部优势特色产业已初具集群规模，但参与到特色产业中的农村人口普遍从事基础生产，对产业发展中的加工、流通、营销等环节所需知识掌握不够，特别是在电商、物流等重要资源方面缺失明显。中部地区以绿色发展为主，但对标"一村一品"政策目标，仍存在不少村庄尚未明确资源优势的发展方向。南部地区以发展生态特色农业和生态旅游业为主，农村人口缺少农业发展所依赖的现代科学指导，支撑乡村旅游业发展的相关基础设施仍存在不少缺口。整体来看，不同地理位置和生态环境条件的村庄，其农村人口的生产资源和发展水平差距依然很大。

第二，农村人口风险抵抗能力不足。按照"摘帽不摘责任、摘帽不摘政策、摘帽不摘帮扶、摘帽不摘监管"的帮扶政策，政府的兜底政策很大程度上保障了农村脱贫户的稳定发展。课题组在调查中发现，有脱贫户的增收项目存在不稳定现象，特别是小规模的家庭农业经营项目很容易受到市场波动、自然风险的影响；村集体的产业扶贫项目覆盖面有限，各方利益主体的利益联结机制仍不完善，项目持久性、稳定性不足；农村产业融

---

① 《自治区人民政府办公厅关于印发宁夏回族自治区农业农村现代化发展"十四五"规划的通知》，宁夏回族自治区人民政府网站，2021 年 11 月 19 日，https://www.nx.gov.cn/zwgk/qzfwj/202111/t20211129_3170674.html？from＝singlemessage。

合水平较低，农业龙头企业、现代农业产业园、农民合作社等新型农业经营主体能力有限，产业链无法延伸至基层村镇；金融机构数量较少，金融工具供给不足，农村人口依然存在融资难的问题。以上问题不仅增加了脱贫户返贫风险，对于非贫困户的农村居民稳定发展同样造成了不小影响。面对农业自然风险、生物风险、市场风险叠加的复杂形势，宁夏低收入农户风险抵抗能力明显不足，持续推动农民增收面临极大压力。

2. 非农就业能力仍需提高

截至 2020 年底，宁夏学前教育毛入园率达到 88.5%，小学六年巩固率达到 100.3%，初中三年巩固率达到 99.6%，高中阶段毛入学率达到 93%，高等教育毛入学率达到 54.7%，主要发展指标均超过全国平均水平。目前，全区劳动年龄人口平均受教育年限已增长至 10.8 年，[①] 教育保障和发展能力显著增强。为促进宁夏经济社会发展进步提供了有力的人才保障。职业教育方面，宁夏在"十三五"期间，新建高职院校 3 所、中职学校 4 所，建成"国家中等职业教育改革发展示范学校"13 所、自治区优质高职院校 4 所，建成覆盖自治区优势特色产业的现代职业技能公共实训中心 11 个，建成国家重点骨干专业 45 个、自治区优势特色专业 65 个，职业院校规模不断扩大，职业教育人才队伍不断壮大，实现了职业教育在贫困地区的全覆盖。随着现代教育体系的不断完善，宁夏农村人口的教育文化水平和技能发展能力得到显著提升，但对标农业农村现代化发展的迫切需要，加强宁夏低收入农户内生能力建设仍是任重道远。

第一，教育扶贫的作用无法得到更为有效的发挥。随着教育扶贫力度的加大，农村劳动力人口教育文化水平不断提升，新生代学龄儿童大致分为两类：一类随外出务工父母前往城市接受教育，另一类成为留守儿童随祖辈在乡镇接受教育。加之与城市教育事业相比较，农村教育事业发展仍然落后，教育中缺少农村社会和农村教育的有效融合。在调研中，受访者普遍对接受教育表示极其支持，但对于未来择业与发展，普遍表示"希望

---

① 《宁夏教育事业发展"十四五"规划发布》，宁夏回族自治区教育工委、宁夏回族自治区教育厅网站，2021 年 12 月 13 日，http://jyt.nx.gov.cn/zwgk/zfxxgkml/ghjh/202112/t20211213_3219614.html。

可以走出乡村，留在城市"。如此一来，教育扶贫在提高受教育者非农就业能力的同时，对家庭其他成员内生能力的反哺作用无法得到更加有效的发挥。

第二，技能职业培训的规范性与发展性不足。目前，由政府主导的职业技能培训在农村的普及度不断提高，识字班、农村实用技术培训班、手工编织培训班、家政服务培训班，甚至新能源智能运维等高新技术培训班的开展，极大地提高了宁夏农村人口的技能发展能力。但在调查中，有受访者直言"专家说的话我们听不懂"，这与技能培训专家对基层生活生产习惯不够了解有关；村干部也认为"组织技能培训的机构很多，出现问题沟通有困难"。课题组发现，技能培训班中存在受访者无法按期参与培训课程、中途退出的现象；有些技能培训结束后并没有相应的考核方式，无法提供技能合格证明；有些技能培训班结束后，无法提供后续的就业机会；等等。以上问题造成了农村职业技能培训的规范性和发展性减弱。

3. 社会交往资源较为有限

在市场经济发展和人口流动加剧的影响下，以亲缘关系、地缘关系为基础的传统农村社会关系出现陌生化的倾向，代际关系在劳动力转移的过程中逐渐疏离，人与人之间在亲缘、地缘之外出现了更加多元化的生产与生活关系。这种社会交往资源的变化对传统乡土文明造成了冲击，但渐趋多元化的交往对象为提高低收入农户内生能力提供了新的视角。在宁夏，从闽宁协作互派干部挂职、精准扶贫干部扎根基层，到如今"摘帽不摘责任"，帮扶干部为贫困人口脱贫致富提供了人才智力支持，也为宁夏农村人口的社会交往关系扩大提供了新的契机。互联网时代，社会关系出现移动化、社群化、电商化的新趋势，社会关系资源成为宁夏低收入农户内生能力之内在力的重要内容之一。

第一，现有社会交往资源有限。随着驻村第一书记和工作队、闽宁协作、社会帮扶等制度的不断完善，宁夏低收入农户在社会关系网络的被动扩大中，拥有了更多获取资金、技术、信息等资源的机会。但"扶贫先扶志，扶贫必扶智"，受农村思想观念的影响，即使有政策扶持下的社会交往关系扩大，一些农村居民仍无法掌握并利用社会交往资源。一方面是部分帮扶者对地方调研不足，无法提供有效发展资源；另一方面是部分被帮扶者在交往中无法及时合理地掌握信息，造成资源浪费。在对脱贫户开展关于扶贫干部帮扶有效性的访谈中，脱贫户普遍表示"领导特别好，很关心我们的生活"，但课题组了解到，不少扶贫干部的帮扶措施还是限于送米、送面、送生活用品等简单方式，对于思想、智力、信息等生产发展资源的传递力度仍然不够。

第二，扩大社会交往范围的能力不足。调研中，课题组主要针对发展电商经济所需的网络社会交往能力进行了调查。按照宁夏农业农村现代化发展的"十四五"规划，2025年全区农产品网络零售额占农业总产值的比例预计达到15%以上。发展农村电商是依托网络社会而突破农村人口有限社交关系束缚的重要方式，对促进"互联网+"农村产品出村进城、扩大产品的网上交易规模、形成现代农村市场体系都具有重要作用，因此，熟练运用短视频等网络功能平台可以被视为宁夏低收入农户扩大社会交往范围能力的参考因素之一。事实上，宁夏农村正在上演"直播热潮"，很大一部分受访者表示对网络直播"很感兴趣"，部分受访者表示希望可以进行网络直播，甚至有过网络直播的经历，但是，大部分受访者对于以网络直播作为增收手段的明确性和规划性不足，对如何开始、如何定位、如何推广等电商经济发展问题存在疑惑。若要发展网络直播带货新业态，提升低收入农户在"互联网+农业"新形势下的发展能力，应当重视培育其在网络社会中的社会交往能力。

三　政治参与意愿相对较低

农民政治参与意愿是衡量宁夏低收入农户内生能力之内在力的重要维度，具有强烈的政治参与积极性和主动性，意味着可以在政治生活中反映自身发展诉求，从而争取到促进自身发展的有益资源，同时，政治参与的实践过程也是提升自身能力的实践过程。因此，课题组从政治参与的主客观条件出发，考察了宁夏农民政治参与的制度保障和主体表现，具体情况如下。

（一）政治参与制度保障不足

党的十五届五中全会明确提出"加强民主政治建设""推进决策的科

学化、民主化""扩大公民有序的政治参与",① 党的十六大报告同样提出"扩大公民有序的政治参与",党的十七大报告、党的十八大报告中也均提出"扩大公民有序政治参与",党的十九大报告、党的二十大报告提出"扩大人民有序政治参与"。随着这一议题被提到新的历史高度,宁夏回族自治区政府不断完善公民政治参与制度,在"基层政务公开""农业农村现代化"乡村振兴的相关文件中,对现代乡村治理体系的"三治"有机结合进行了科学规划,试图在政治协商、监督、批评以及民主选举、管理等方面,为农村居民提供更加有序、合法的参与途径。但目前来看,仍存在一些困难之处。

1. 利益表达渠道不通畅

表明自身利益诉求以实现自身利益要求是农民政治参与的主要目的之一。在农业农村现代化建设的大背景下,宁夏农村利益多元化趋势明显,不同的群体之间因利益的不同而存在矛盾甚至冲突,在这种情况下,一系列非制度化政治参与的现象造成了负面影响,成为影响基层政治稳定和社会和谐的重要因素。为何制度化政治参与无法发挥出合法表达农民群体诉求、有序实现利益以缓解矛盾的作用,首要因素在于农民群体在利益受损时的表达渠道较为狭窄,当单一的政治参与方式受阻后,农民没有合理合法的利益表达渠道,从而造成非制度化政治参与的负面行为。

随着村民自治的不断完善,农民政治参与渠道表现出多元化趋向,他们通过村民自治、信访、行政复议等方式表达自身的利益诉求。但是,这些方式在实践中仍存在一些阻碍,使得农民利益表达渠道出现了事实上的单一化问题。在宁夏农村,农民面对利益分配受损和利益侵害行为时,利益表达渠道主要为村民自治组织和县乡人大,但不同组织间的反馈效率差距较大且缺乏行之有效的监督和管理,使得部分村民对制度化渠道的信任度大打折扣。

2. 有效制度供给不足

在基层民主发展和法治社会建设的大背景下,公民的政治参与方式方法创新性发展并不断在实践中完善,形成了一系列科学、制度化的政治参

---

① 郑新立、何毅亭主编《十五届五中全会文件学习读本》,研究出版社,2000,第32页。

与方式，这也是农民有序、合理参与政治的基本途径。其中，人民代表大会制度、村民自治制度是当前农民政治参与的主要渠道，以及"推举自己政治上的代理人、通过团体组织谋求职务参与广泛的政治活动、通过与党政部门的经常联系来表达政治诉求，通过筹划和参加公益事业来扩大自己的影响，对政府政策产生作用"①，这些方式方法同样逐步形成了较为规范合理的制度形式。但是，相较于快速发展的农村经济水平而言，农村基层政治体制的调整和发展整体上仍呈现迟缓滞后的态势，制度化参政供给不足的问题造成了各地农民政治参与不均衡现象。

农村制度化参与不足在宁夏农村主要表现为实践中制度化政治参与有效性较低，课题组从村民自治制度和人民代表大会制度两个方面进行了考察。村民自治的主要内容包括民主选举、民主决策、民主管理和民主监督，但是，制度的核心出发点——民主，在实践中的贯彻落实并不充分。例如，民主选举中存在候选人的条件不够明确问题；民主决策时不少农村缺少必要流程，仍由村委会的少数人做决定；民主管理时有些村党支部和村委会之间职责和权限分工并不明朗；民主监督方面普遍未形成真正落地实施的制度保障。人民代表大会制度方面也存在一些不可忽视的问题，如代表中普通村民比例较低、农村基层干部比例较高，以及基层人大作用有限等。

3. 相关立法有待完善

有法可依是农民政治参与的必要前提，法治建设是实现农民政治参与有效性、有序性的重要保障。我国宪法和相关法律对农民政治参与的制度和保障有所规定，特别是进入新时代以来，我国人民民主建设步伐进一步加快。习近平总书记在庆祝中国共产党成立 100 周年的讲话中明确提出，"践行以人民为中心的发展思想，发展全过程人民民主"②。全过程人民民主意味着"人民群众能够全领域地直接行使各种法定权利，实现了在基层社会事务各环节的自我管理"③。随着全过程人民民主的不断推进，农村基

① 戴昌桥：《农民政治参与的特征、效果及路径选择——以村民自治进程为背景》，《湖南科技大学学报》（社会科学版）2010 年第 3 期。

② 《习近平谈治国理政》（第 4 卷），外文出版社，2022，第 9 页。

③ 张君：《全过程人民民主：新时代人民民主的新形态》，《政治学研究》2021 年第 4 期。

层民主发展呈现新的特点，村民议事会、村民决策听证会等一系列创新形式的出现，丰富了农民政治参与渠道。同时，我们也应当看到，"法定权利"是民主建设的前提，考察规范性法治建设速度是否可以满足当前农村基层民主发展形势的需要，是十分有必要的。

宪法和国家法律中对公民政治参与做出了一般性规定，但针对农民政治参与的具体规范缺少可操作性的内容。按照《村民委员会组织法》的规定，宁夏进一步制定了《宁夏回族自治区实施〈中华人民共和国村民委员会组织法〉办法》，是当前宁夏农村村委会工作的主要规范文件，但由于缺少有效监管，一些规范性规定的执行效果仍待提高，同时文件中对选举、监督等重大问题的规定缺少明确性和具体性，在操作中留下了管理空白。2022 年初，中央依法治国办反馈组在宁夏督察中曾明确指出宁夏地方基层法治力量薄弱，市县党委法治建设议事协调机构及其办事机构职能作用发挥不充分。此外，调研发现宁夏农村在乡村治理创新发展中的经典做法和案例尚未形成完善的管理机制，"四议两公开"、村级事务"阳光公开"、"一村一辅警"和"一村一法律顾问"制度、农村"雪亮工程"建设等应当从制度化、法治化角度予以进一步完善。

（二）政治参与主体表现消极

随着农村政治建设的推进，政治参与制度化建设不断完善，为农民政治参与的合理化和有序化提供了外在保障。作为农业农村现代化的先行者、实践者，农民主体政治参与表现集中反映了农村政治文明发展的进程。在农村经济社会快速发展的今天，传统的乡土思想受到自由观念、民主观念冲击，现代信息传播技术的发展加快了农民接收政治信息的效率，从而使得作为农村政治参与主体的农民在政治参与意识、政治参与动机、政治参与水平方面出现了显著变化。但是，相较于全国农村发展的整体水平而言，宁夏农村经济、政治建设在历史、地理等因素影响下，仍处于相对滞后状态，在此环境下的宁夏低收入农户政治参与的主体表现值得进行深入的考察和分析。

1. 政治参与意识差距较大

农民参政诉求的强弱是影响农民政治参与表现的首要因素，农民的政治参与热情程度与政治参与表现呈现显著的正相关关系。一方面，在农村经济建设和政治建设快速发展的今天，农民对于党和国家大政方针、重大决策的关注度不断提高，愈加关注国家和民族的前途命运、关注地区发展的未来趋势。另一方面，受到商品经济和市场经济的冲击，农民对政治主题的关注更加凸显"自我的获得感"，在政治参与中难免从自我利益得失出发从而注重政治参与的实际效果，这与新中国成立初期农民朴素的政治情感有很大的区别。在调研中发现，不少农民已经意识到政治参与是表达自身利益诉求的有效途径，对政治参与表现出一定的积极性，但整体来看，宁夏低收入农户政治参与意识仍然不强。

2. 政治参与动机理性不足

随着政治参与制度化、有序化的建设，理性政治参与对农民的要求不断提高，要求"建立在个体对自身政治权利、政治主体地位理性思考的基础上有意识的、自觉的、主动性的政治参与"①，强调政治主体将政治责任感转化为实践的动力，并认同和信任政治参与的价值意义和制度规范。是否有积极的政治参与意识决定了农民是否进行政治参与行为，而是否有理性的政治参与意识决定了农民政治参与行为的表现。由于理性的政治参与意识对公民受教育水平要求较高，包括科学文化素质、民主法治意识以及公共责任意识等，因此，宁夏低收入农户在理性化政治参与方面仍有不足。

3. 政治参与水平仍需培育

2018年，自治区曾出台《宁夏回族自治区国家级基层政务公开标准化规范化试点验收实施方案》，对全区基层治理工作提出了标准化、规范化的系列要求。2021年底，自治区相继制定了《宁夏回族自治区农业农村现代化发展"十四五"规划》《宁夏回族自治区巩固拓展脱贫攻坚成果同乡村振兴有效衔接"十四五"规划》，明确提出在乡村治理中将自治、法治、德治相结合，完善民主选举、民主决策、民主管理、民主监督，推进数字乡村建设以实现村级事务网上运行。宁夏多措并举加强农村社会治理创新，其根本目的在于提高地区农民政治参与的能力和水平，这也是建设现

---

① 庞超：《当代中国农民政治参与中的主体性特征及其优化》，《求实》2014年第7期。

代乡村治理体系的关键因素。有学者认为，我国农民政治参与意识逐渐增强，与参与能力和水平形成对比，导致非制度化政治参与现象频发。[①] 因此，针对宁夏低收入农户政治参与水平提升展开调研是十分有必要的。

第一，政治认同能力较低。如前文所述，宁夏低收入农户政治参与意识较为薄弱、政治参与动机不够理性，与地区乡土价值观念和传统信仰体系有很大关系，这同样导致参与者政治认知中出现偏见和缺损。加之长期以来地区教育水平的相对滞后，中老年农村人口文盲与半文盲比例偏高，接受的政治参与教育远远不够。这些因素导致了宁夏低收入农户政治信仰缺失，以及政治认同能力和政治参与水平的同步下降。

第二，政治经历相对缺乏。政治参与水平不仅取决于政治参与主体的政治观念和价值取向，还与公民是否具有一定的政治经历和感悟有关，有一定政治经历的参与者更容易形成科学合理的政治参与意识，并将对政治参与重要性的认同和支持转化为广泛有序的政治参与行为。但是，受到"城乡二元制"的影响，宁夏低收入农户政治参与机会较少，政治经历相对缺乏。在调研中，仍有不少受访者表示并无政治参与经历。据了解，其中有些受访者事实上有过基层民主实践经历，但或是表示"没有印象"，或是并不能清晰认知到何为政治参与行为，如此一来，即使有过实践经历但并不意味着政治参与经验的增长，这与缺乏政治参与引导有很大的关系。

四 改变现状意愿强烈

改变现状意愿是宁夏低收入农户内生能力框架的内部条件之一，对其进行研究调查是十分有必要的。为了衡量宁夏低收入农户改变现状的意愿情况，课题组在调研中着重从能力学习提升和扩大增收渠道两个方面展开了访谈。普遍来看，相对于其他条件因素而言，宁夏低收入农户对改变现状的态度是积极乐观的。

---

① 张潇潇：《社会转型时期村民政治参与存在的问题及路径分析》，《法制与社会》2017 年第 22 期。

（一）能力学习提升意愿积极

毋庸置疑，"能力提升"是低收入农户内生能力研究的关键之一。能力的增强是农民自我发展水平和发展质量的基础，自觉的能力学习提升意愿是低收入农户将发展能力提升付诸行动的前提。只有从思想上、态度上建立起能力学习提升的愿望和意志，农民在提高受教育水平、参与职业培训等具体行动中才能挺得起腰杆、迈得出脚步。在脱贫攻坚战"志智双扶"政策的引导下，越来越多的宁夏低收入农户形成了自力更生、艰苦奋斗的观念，在能力学习提升方面表现出强烈意愿。

1. 努力提升教育文化水平

随着宁夏农村基础教育建设的不断推进和"控辍保学"政策的严格执行，宁夏贫困地区的义务教育情况得到显著改善，一大批贫困家庭得以深切地感受到教育带来的希望之光，虽然存在上文提及的一部分农民对子女的教育重视程度仍然较低等问题，但是普遍来看，越来越多的宁夏农村家庭寄希望于通过子女教育提升家庭内生能力，从而带动家庭增收致富。"教育即未来"的理念已经在宁夏农民家庭中逐渐生根发芽。

第一，追求更高的教育质量。调研发现，不少有义务教育阶段学生的农村家庭将子女送到了城镇小学，即使由此增加了家庭支出、耗费了时间成本，但受访者直言"为了让孩子接受更好的教育"，并且有部分收入水平较高的家庭为了更优质的教育资源，选择额外花钱将孩子送入城区学校就读，以及有些外出务工家庭即使面临较高的生活压力，依然选择将子女带在身边享受城市教育资源。同时，在谈及对孩子学习的关心程度时，大部分家长表示"很关心"，但课题组发现，部分农村家庭对子女学习的关心表现出"唯成绩论"倾向，全方位发展的素质教育理念尚未形成普遍影响。

第二，努力获得更高的文凭。《2021 宁夏统计年鉴》数据显示，2016年宁夏平均每万人口在校大学生人数为 181 人，2020 年这一数字提高到了 216 人。[①] 全区大学生人数稳定增长的背后，是农村家庭对高等教育的认可和追求。宁夏新闻网曾对同心县张家塬乡汪家塬村的教育扶贫工作进行报

---

① 宁夏回族自治区统计局、国家统计局宁夏调查总队编《2021 宁夏统计年鉴》，中国统计出版社，2021，第 266~267 页。

道，这个居民人口不到 2000 人的小村庄已经走出了包括 21 名博士、35 名硕士在内的 1100 多名大中专院校毕业生，这与当地群众重视教育有密切关系。调研中，不少受访者表示支持、鼓励子女接受高等教育。通过获取更高的学历文凭使得"一辈人比一辈人有出息"，成为地区低收入农村家庭的普遍共识。

2. 积极参与就业技能培训

掌握专业就业技能是低收入农户增强致富保障、提高致富能力的有效方式。宁夏通过百万移民职业技能提升工程、新生代农民工职业技能提升计划等多项专项工程，为地区低收入农户提供了广泛、丰富的就业技能培训机会。虽然课题组在调研中发现各类技能培训班的规范性和发展性有待进一步提高，但职业技能培训在助力低收入农户增收致富中发挥的积极作用是毋庸置疑的。与此同时，宁夏农民在进城务工中的需求逐渐从"就业型"转向"技能型"，对参与就业技能的专业培训和学习的意愿显著增强。

第一，技能培训积极性提高。脱贫攻坚战开始以来，技能扶贫政策引导下的农民技能培训已十分丰富，培训质量不断提高，越来越多的贫困人口通过参与技能培训，增强了非农就业能力，并由此大幅提高了家庭收入水平，实现了脱贫目标，这对带动宁夏低收入农户参与技能培训发挥了十分积极的作用。当前，宁夏农民技能培训需求意愿已大幅提高。在调研中发现，低收入农户不仅对砌筑工、汽修工等传统工种技能培训表现热情，对电子商务师、养老护理员等新兴热门职业技能培训也十分认可，特别是一部分通过技能培训实现再就业的中年无业农民，对技能培训的满意度较高。

第二，职业教育认可度提高。职业教育是提高低收入农户发展技能的重要方式，也是补充农村教育发展的关键一环。很长一段时间以来，宁夏职业教育与农民生产活动需要存在一定差距，加之小农意识的长期制约，宁夏农村家庭对于子女进入职业院校学习技能知识的必要性有所忽视，"若无法就读于传统意义的高中、大学，不如早点出去打工"的想法比较普遍。随着国家和地方政府在职业教育发展方面的不断发力，以及技能型人才社会待遇和社会地位的提高，宁夏低收入农户对职业院校的认可度在增长。调研中，针对"子女升学失利后的选择"，相比直接进入社会打工，更多的受访者表示愿意子女前往职业院校学习专业技能。

3. 尝试学习职业农民技能

2017年，习近平总书记在全国两会期间参加四川代表团审议时提出，就地培养更多爱农业、懂技术、善经营的新型职业农民。① 相较于规范化、专业化程度较低的传统农民而言，新型职业农民更接近于一种农民可自主选择的"职业"，是建立在高素质、现代化农业生产能力基础上的农业经营主体。有学者对农民持续务农意愿进行研究，发现产品市场情况、政策扶持情况、基础设施情况②、农民文化程度、对农民职业认同度③等是新型职业农民发展意愿的主要因素。目前，宁夏在全区27个市县实施了新型职业农民培育工程全覆盖，通过建立专业培育基地、完善培育体系、制定《宁夏回族自治区新型职业农民培育办法》等方式，营造出培育新型职业农民的良好氛围。2021年，仅银川市便培养新型职业农民1710人，包括粮食、蔬菜、畜牧养殖、经果林等农业领域形成了一支爱农业、懂技术、善经营的新型职业农民队伍。

与此同时，宁夏低收入农户对学习职业农民技能、转变为新型职业农民表现出了积极乐观的态度。课题组在调研中发现，有经验丰富的"老农"接受了综合素质和技能培训，转变为当地新型农业经营主体的骨干力量；有思路开阔、接受过专业农业技术教育的青年"新农"，成为家乡农业转型升级的中坚力量。接受访谈的宁夏低收入农户和村干部对当地职业农民的认可度普遍较高，有些受访者表示"想靠干农活发家致富"。

（二）扩大增收渠道意愿较强

在生活生产资源调查中，课题组发现宁夏低收入农户社会交往资源较为匮乏，这对宁夏农民抓住市场机会、扩大增收渠道造成了一定的负面影响，特别是对于一部分文化程度、家庭收入较低，有效劳动力数量较少的

① 《习近平谈脱贫军令状：要下一番"绣花"功夫》，人民网，2017年3月10日，http://cpc.people.com.cn/xuexi/n1/2017/0310/c385474-29137307.html。

② 沈琼、李皓浩、马红春：《营商环境对新型职业农民持续务农意愿的影响分析》，《农林经济管理学报》2021年第2期。

③ 吴兆明、于云波：《新型职业农民长期从农意愿及其影响因素实证分析》，《北方园艺》2020年第2期。

农村家庭而言，有限的社会交往资源使其很难在农业生产之余，找到其他稳定的就业发展方式。事实上，在互联网普及与发展的影响下，在"志智双扶"政策的引导下，农村人口对美好生活的向往与憧憬愈加强烈，宁夏农民增强生产发展能力的主动性较高，在外出务工甚至创新创业等方面表现出较为强烈的主观意愿，这是提高低收入农户内生能力之内在力的重要因素。

1. 勇于寻找外出务工机会

2021 年热播剧《山海情》中，西海固人民勇敢走出大山，前往福建打工的故事令人无限感慨。自 20 世纪 90 年代闽宁协作政策实施以来，一批批宁夏农民离开家乡，在政府的帮助和扶持下开创了外出务工、脱贫增收的新道路，直至今天，闽宁劳务协作机制仍在不断创新发展，越来越多的农民走出贫瘠的大山，在区内外各地务工、输出劳力，这是宁夏低收入农户增收致富的重要方式和捷径之一。

课题组在调研中发现，绝大多数受访者家庭中存在劳动力外出务工现象，特别是年轻劳动力留在本地农村从事传统农业生产的比例较低，一部分中年农村劳动力选择农闲时外出务工增加家庭收入，农忙时返乡进行农业耕种。目前农村就业技能培训内容十分丰富，农村群众参与积极性较高，村民掌握一定的就业技能之后都愿意选择外出务工扩大增收，特别是对于当地低收入女性村民而言，各种家政服务技能的培训学习大幅增加了她们的灵活就业机会。

2. 逐步探索创新创业实践

党的十八大以来，宁夏农业农村发展取得了历史性成就、发生了历史性变革，包括致富带头人、农村企业家、返乡大学生在内的各类农村创新创业人才不断涌现，在带动宁夏农村经济发展和促进农民就业增收中发挥了重要作用。2021 年举行的第五届全国农村创业创新项目创意大赛上，宁夏两位"新农人"分别以"盐碱地开发新型高蛋白饲料产业化项目"和"'良种+良方'枸杞高效栽培技术推广应用项目"分别获得二、三等奖，是宁夏近年来高学历、年轻化农村创新创业带头人的典范。随着各类金融普惠、土地使用等政策的制定，越来越多的宁夏本地农村人口产生了创新创业的意愿与尝试。

第一，接受农业生产新技术。受到知识水平和专业技能的限制，农民在农业生产技术领域很难实现自主创新。对此，宁夏回族自治区农业农村厅、科技厅等充分发挥农业科技创新发展的有效力量，委派大量农业科技人员、农业技术推广人员下沉农村生产一线，对农业种植、养殖进行分类指导。课题组对此与接受指导的农村生产者进行访谈，受访者普遍表示"很愿意"接受此类专业指导，对于现代化农业创新技术的接受度较高。此外，课题组发现，从事枸杞、滩羊等特色农业的个体养殖户对相关生产技术、产销模式创新发展的接受度较高。

第二，尝试"互联网+"的新方式。近年来，"互联网+农业"发展迅速，依托大数据、云计算等方式，宁夏农业生产新业态发挥出巨大作用。从个体农业生产经营者来看，越来越多的低收入农户开始学自媒体运营方式，通过抖音、快手、拼多多、淘宝等平台扩大产品销售渠道，改进农产品种植和经营策略。调研中发现，宁夏农村地区还存在一批新兴网络农村"博主"，通过记录充满特色的宁夏乡土生活积累了一批粉丝。依托"互联网+"发展红利，过去闭塞贫困的低收入农户开始接受并尝试新的增收渠道。"互联网+"成为家庭摆脱贫困，走向富裕的实践创新方式。

3. 乐于接受政策改革

从闽宁合作到精准扶贫，宁夏农村整体面貌在党中央的领导下发生了翻天覆地的变化。在"十四五"规划收官之年，乡村振兴踏上了新征程，宁夏迎来黄河流域生态保护和高质量发展先行区建设的新机遇，《宁夏国家葡萄及葡萄酒产业开放发展综合试验区建设总体方案》《关于促进畜牧业高质量发展的实施意见》《宁夏回族自治区农业农村现代化发展"十四五"规划》《宁夏回族自治区巩固拓展脱贫攻坚成果同乡村振兴有效衔接"十四五"规划》等各类有关农业、农村、农民发展的政策制度陆续颁布，为提高低收入农户内生能力之牵引力发挥了重要作用。更为重要的是，农民是否支持、接受相关政策改革所带来的生活生产变化，这是决定政策落实效果的重要因素，也是反映低收入农户是否具有改变现状意愿的重要方面。

第一，土地权改革方面。为了提高土地利用水平，宁夏2021年全面展开了土地权改革，推进农村承包地和宅基地的"三权分置"改革，促进农村土地"沉睡资产"转变为增收致富的有效资本。宁夏回族自治区自然资源厅相关负责人表示，目前土地确权颁证、集体经营性建设用地交易市场改革等方面已取得了突破。课题组将已完成相关改革和尚未开展改革的地区调研情况进行了对比，完成改革地区的农民对于改革结果普遍表示满意，有村干部表示，虽然少部分村民由于对政策的不了解而在改革中存在疑虑，但改革整体推进效果良好；尚未开展改革地区的农民目前对政策的了解度较低，但受访者普遍表示"好政策一定会支持"。

第二，农村产业融合方面。休闲农业和乡村旅游业发展是增强农村发展活力、扩大农民收入的重要方式，已被《宁夏回族自治区农业农村现代化发展"十四五"规划》列为重要内容。课题组重点对西夏区、盐池县两地低收入农户对乡村旅游政策的支持度进行了调查，两地的古村古镇、乡土文化资源丰富，前者成功创建为"国家全域旅游示范区"，后者成功创建为首批"宁夏全域旅游示范区"。有受访者表示，近年来依托乡村旅游已实现家庭大幅增收，对于未来的发展表达了乐观积极的态度。

第五章

宁夏农民内生能力提升的 SWOT 分析

SWOT 分析法是一个有效的分析工具，通过对分析对象的优势（Strengths）、劣势（Weaknesses）、机会（Opportunities）和威胁（Threats）的综合分析与概括，充分发挥有效资源的积极作用并对发展的脆弱面进行规避，以实现分析对象更为合理、科学的发展与提升。根据前文对低收入农户内生能力培育框架的分析，低收入农户内生能力提升需要外部牵引力与内部内在力共同作用，最终实现低收入农户内生能力持续提高。使牵引力因素和内在力因素实现有效衔接，是提高宁夏低收入农户内生能力的关键一环。对此，本章采用 SWOT 分析法，可以有效对宁夏低收入农户内生能力的内外部因素进行整合和分析，以展现宁夏低收入农户内生能力提高的积极表现。

第一节　外部发展条件分析

低收入农户内生能力之牵引力是提升宁夏低收入农户内生能力的外部条件，即宁夏区域经济发展趋势、公共服务供给能力、公共基础设施、优惠政策扶持力度是宁夏低收入农户内生能力提升外部环境的主要影响因素。课题组在调研分析中发现，当前牵引力因素中的区域经济发展趋势和公共基础设施情况有益于宁夏低收入农户内生能力提升，而公共服务供给能力、优惠政策扶持力度方面存在的短板对提升宁夏低收入农户内生能力形成了阻碍。根据 SWOT 分析要求，对牵引力因素中的机会、威胁进行进一步分析，从而探求有利于宁夏低收入农户内生能力提升的外部发展环境。

一 机会因素分析

作为脱贫攻坚战的主战场之一，宁夏以精准方略历史性地解决了区域整体贫困问题，地区人民的生活水平显著提高，地区经济发展实力不断增强。从低收入农户内生能力的角度来看，区域经济发展趋势持续向好、公共基础设施还需完善，为提升宁夏低收入农户内生能力提供了外部发展机会。

（一）区域经济发展趋势的因素分析

宁夏，是我国西北地区的少数民族自治区，也是我国面积最小的民族自治区。在资源环境的约束下，地区经济发展水平长期相对滞后，经济发展转型的任务十分艰巨，在这样的基础条件下解决绝对贫困问题可谓是历史性的转变。脱贫攻坚战的全面胜利，使宁夏经济发展实力不断增强，各地区经济发展差距逐渐缩小，脱贫产业和技术得到改善，即使相对于东部地区的社会经济水平仍存差距，但持续向好的区域经济发展趋势，不仅有利于改善人民生活状况，对农村居民的精神面貌转变也发挥着重要的激励作用。

1. 地区经济发展差距

宁夏 2012 年地区生产总值为 2131 亿元，2020 年增加至 3920 亿元，[①]与此同时，贫困地区农村居民人均可支配收入由 2012 年的 4856 元增加到 2020 年的 11624 元。[②] 地区经济发展趋势的持续向好，有益于解决农村人口最直接、最需要、最紧迫的民生需求，为农民从脱贫到致富的需求提供经济环境保障。从地区经济发展差距来看，宁夏 2012 年人均生产总值

---

① 宁夏回族自治区统计局、国家统计局宁夏调查总队编《2021 宁夏统计年鉴》，中国统计出版社，2021，第 72～73 页。
② 《自治区人民政府办公厅关于印发宁夏回族自治区巩固拓展脱贫攻坚成果同乡村振兴有效衔接"十四五"规划的通知》，宁夏回族自治区人民政府网站，2021 年 12 月 21 日，https://www.nx.gov.cn/zwgk/qzfwj/202112/t20211221_3240314.html。

最高的地区为银川市（54053 元），最低的为红寺堡区（6484 元），[①] 2020 年银川市人均生产总值为 69283 元、红寺堡区人均生产总值为 36120 元，[②] 地区间人民经济收入差距显著缩小，这对于宣传普及"幸福是奋斗出来的""好日子是干出来的"价值理念具有极大的振奋和激励作用。社会经济发展长期落后的形势得到转变，特别是对于贫困地区的人民群众，不仅仅是获得了更加丰富的物质发展机会和平台，更让一部分处于精神贫困的农村人口感到"美好生活向往"不再是停留在口号上的愿景，而是可以通过艰苦奋斗的自觉行动来实现的生活目标，从而提升了农民内生发展的主动性和积极性。

根据宁夏回族自治区统计局公开报告，2022 年第一季度全区经济发展呈现"总体平稳、稳中有进、进中向好"的发展态势，按照不变价格计算，全区地区生产总值同比增长了 5.2%，农村常住居民人均可支配收入增长了 7.1%。[③] 虽然保持经济稳定增长还面临较多困难和挑战，但宁夏全区总体平稳的经济运行态势为农民的生产投入、就业创业、技能提升创造了较为稳定的外部发展环境，为低收入农户内生能力提升的主体意识提供了外部保障。

2. 脱贫产业和技术

作为贫困人口稳定脱贫的主要途径和长久之策，产业帮扶政策对宁夏地区产业发展的支持不断强化，为贫困人口脱贫增收创造了基础条件。按照当前"一区一策、一区一业、一区一特"的产业发展规划，宁夏着力发展壮大枸杞、葡萄酒、奶产业、肉牛和滩羊等特色优势产业。产业帮扶政策下，一批标准化生产保护基地、农产品加工生产车间、商品物流集散地、营销服务企业引进建成，为宁夏低收入农户土地流转、务工就业及社会服务等方面的全面发展创造了机会和平台。产业发展下的联农带农机制

---

① 宁夏回族自治区统计局、国家统计局宁夏调查总队编《2013 宁夏统计年鉴》，中国统计出版社，2013，第 93~94 页。

② 宁夏回族自治区统计局、国家统计局宁夏调查总队编《2021 宁夏统计年鉴》，中国统计出版社，2021，第 86~88 页。

③ 《一季度全区经济运行总体平稳、开局良好》，宁夏回族自治区发展和改革委员会网站，2022 年 4 月 20 日，https://fzggw.nx.gov.cn/sjfb/yxfx/202204/t20220420_3460901.html。

的持续推进和完善，为脱贫不稳定户、边缘易致贫户、严重困难户提供了收益分配的新方式，使低收入农户可以依靠现有的集体土地、房屋等设施资源发展特色种植养殖业、光伏、旅游民宿等产业，在集体产业利益联结机制下获得较为稳定的收益。同时，产业发展并非一朝一夕之事，增强地区造血功能，助力低收入农户就业增收必须持续发力，宁夏在打造优势特色产业的过程中要坚持市场导向，发挥好龙头企业、合作社、产业大户的"领头雁"效应，通过产业发展利益联结机制充分调动农民群众参与的积极性和主动性，持续激发宁夏低收入农户的内生动力。

"一技在手，吃穿不愁；技术可靠，致富有道。"长期以来，宁夏贫困人口面临着门路少、手艺缺的脱贫减贫难题，技能扶贫政策很大程度上缓解了贫困人口因缺乏一技之长而难以找到工作的问题。各项职业技能提升行动通过精准识别、费用补贴、以工代训等方式增强了宁夏农民就业技能，"授人以鱼，不如授人以渔"，贫困人口通过掌握就业技能和生产技能，拥有主动出击解决贫困难题的技能资本，从而不再局限于被动地接受扶贫，在改变自身命运的具体实践中形成了长期不断消除贫困的可靠路径。职业教育是技能提升行动中的重要方面，宁夏对接受技工教育的贫困人口给予政策倾斜和补贴，根据当地市场需求调整和增加培训内容，使越来越多的宁夏农民从"苦力型"就业转向了"技能型"就业。同时，技能扶贫与就业扶贫的双向互动，在提升宁夏低收入农户内生能力的基础上为其提供了发展平台，"结对帮带"的技能培训、"校企合作"职业教育等方式实现了定点培训和定向输出的精准对接，为促进宁夏低收入农户高质量就业提供了保障。"造血"应纾长久之困，为了进一步提升宁夏低收入农户内生能力，要保障其拥有一技之长的基础上能够一展所长，培训项目与地方产业之间、当地企业与受训群众之间要形成密切关系，提供更多的以工代训平台；要着力培养更多学习能力强、主体意识强、思维活跃的本地农民成长为当地的致富带头人，充分发挥技能培训在增收致富中的拉动作用。

（二）公共基础设施的因素分析

公共基础设施是人们生活生产的基础，是农村经济社会发展的必备条件，是实现农村经济效益、社会效益、环境效益的重要保障，对农业农村现代化发展具有重要作用。东部沿海地区经济快速发展的历程离不开大规模基础建设的助推作用，西部长期滞后的经济发展形势与各方面基础设施建设落后具有一定的关系。此外，相较于城市而言，农村基础设施建设相对滞后的发展速度无法满足人们的生活生产需要。因此，加强农村基础设施建设，有利于保障农民生活生产需要，为提升低收入农户内生能力提供可靠的外部条件。

1. 交通基础设施

交通基础设施建设是推动地区经济发展的重要因素，在打赢脱贫攻坚战中发挥了积极作用。关于交通基础设施建设如何发挥"造血"作用，很多学者进行了分析研究。有学者认为货物运输在中西部地区具有显著的减贫效应①；有学者指出交通基础设施建设可以有效促进农业劳动力向非农业部门流动，从而缩小城乡收入差距②；有学者认为高速公路的发展可以提高农业机械化水平和市场准入水平，从而提高农业劳动生产率③；有学者提出交通基础设施发展有益于缩小省域内经济差距④。同时，交通基础设施建设对农村减贫的作用具有一定的门槛效应，落后的交通基础设施是制约农村经济社会发展的重要因素，是贫困人口脱贫减贫的一大瓶颈，但过大投入交通基础设施建设，也存在投资过剩和建设超前的风险，甚至可能挤占国民经济其他部门的投资。因此，交通基础设施的建设只有与农村减贫进程协调，才能为农村人口带来可持续的减贫效应。有学者对 2010 ~ 2019 年省际面板数据进行分析，认为西部地区农村交通基础设施建设的正向影响一直存在，可见西部交通基础设施对农村经济发展的促进作用仍有

① 林永然：《交通基础设施对区域贫困的影响研究——基于省域面板数据的实证检验》，《学习论坛》2021 年第 1 期。
② 孙延鹏：《交通基础设施建设、劳动力流动与城乡收入差距》，《南京审计大学学报》2020 年第 3 期。
③ 李涵、滕兆岳、伍骏骞：《公路基础设施与农业劳动生产率》，《产业经济研究》2020 年第 4 期。
④ 朱琳、罗宏翔：《交通基础设施建设影响区域经济差距的特征、机理及其实证研究》，《云南财经大学学报》2022 年第 3 期。

一定的发挥空间。①

当前，宁夏已基本形成了公路路网体系，2020 年全区公路总里程数和公路网密度高于全国平均水平。早在 2016 年，宁夏已实现"县县通高速"，是西部第二个实现该目标的省份，在不断推进"四好农村路"建设的过程中，农村公路总里程数已达到 2.85 万公里，原州区、红寺堡区被评为"四好农村路"全国示范县。② 随着交通扶贫政策的不断推进，宁夏提前实现"所有建制村通硬化路、通客车"的"两通"交通扶贫兜底性目标，农村交通运输服务质量的稳步提升，极大地改善了农村人口生活生产条件，为宁夏低收入农户外出务工、发展农业、扩大市场提供了必要的交通保障。目前，先行区建设为宁夏农村发展赋予了新动能，交通运输出现新需要对交通基础设施供给提出了更高的要求。农村人口对客运换乘的便利程度、物流衔接的保障力度、运输服务的一体程度的需求不断提高，继续扩大交通基础设施投资对于提升宁夏低收入农户内生能力具有重要意义。

2. 水电和通信设施

农村饮水安全问题关系到农村人口的生活质量和健康水平，党和政府始终关注农村饮水安全问题，以顶层设计的发展规划、地方行政首长负责制等方式对规范和引领农村安全饮水建设工作发挥了重要作用。早在《国家八七扶贫攻坚计划》中，"基本解决人畜饮水困难"已被确定为扶贫的基本目标之一，在脱贫攻坚战中，"饮水安全有保障"作为"两不愁三保障"的基本要素之一成为衡量贫困的重要指标，全面建成小康社会的实现也意味着贫困人口饮水安全问题得以基本解决。宁夏降水少、水资源短缺且空间分布不均的水情与当地农民用水需求之间存在一定矛盾，为了保障农村人口饮水安全，宁夏不断推进饮水安全水源工程建设，切实实现了宁夏中南部地区群众从常年喝井窖水到喝自来水的历史转变，加之农村自来

---

① 陈垚、汪晓文、张国兴：《交通基础设施对农村减贫的门槛效应研究》，《中国地质大学学报》（社会科学版）2021 年第 5 期。

② 《自治区交通运输厅关于印发〈宁夏回族自治区交通运输"十四五"发展规划〉的通知》，宁夏回族自治区交通运输厅网站，2021 年 9 月 30 日，https://jtt.nx.gov.cn/zfxxgk/zfxxgkml/glgk/zdgkwj/202110/t20211022_3102156.html。

水工程建设，极大地改善了农村生活环境并加快了农业现代化生产技术的发展，为宁夏低收入农户内生能力提升提供了基本保障。

"精准扶贫、电力先行"是国家电网助力脱贫攻坚的口号之一。电力对农村人口而言，不仅仅代表着基本生活保障，更是推动农村农业生产的基本要素，如果没有电力的强力支持，农村生活与生产的改善是很难实现的。精准扶贫强力政策下，我国贫困地区在基本实现"户户通电"的基础上加大了清洁能源开发力度，配合易地扶贫搬迁进行配套的电力基础设施建设，贫困群众的用电条件得到显著改善。很长一段时间以来，宁夏农村地区的用电情况成为其经济发展的瓶颈，通过电力扶贫举措，宁夏以大规模的电力设施投资基本满足了农村人口的生活用电需求，同时为农村人口发展规模化种植养殖业、特色农产品加工业提供了强大支撑力，在蘑菇、枸杞及草畜产业一体化等产业发展中，宁夏低收入农户内生能力得到了显著提升。

2015 年以来，电信普遍服务试点工程共支持全国 27 个省份 13 万个行政村开展了宽带网络建设和升级改造，截至 2020 年底，全国农村宽带用户总数达 1.42 亿户。① 通信业作为基础性和先导性产业，通信设施的完善对消除绝对贫困发挥了重要作用。宁夏电信普遍服务试点项目和网络能力扶贫等工程的开展，大幅提升了农村地区的基础网络能力，信息化优势的增强有益于扩大农村人口社会交往范围，有益于拓宽产业销售渠道，有益于发扬"互联网+农业""互联网+教育""互联网+医疗"的网络优势，多方面地推动了低收入农户内生能力提升。在乡村振兴中，数据平台依然扮演重要角色，包括返贫监测、住房保障、医疗保障、就业信息、精准农业、智慧农机等在内的服务都离不开大数据技术和安全稳定的网络环境，农村网络通信设施的完善将继续激发农村、农业、农民发展的内生动力。

3. 住房等生活生产条件

在脱贫攻坚战中，危房改造项目事关民生，也事关发展，既是贫困人口的基本生活保障问题，也是农村社会和谐稳定问题。宁夏在落实"住房

---

① 刘彤：《信息通信业在乡村振兴中大有可为》，中国工信新闻网，2021 年 3 月 31 日，https://www.cnii.com.cn/rmydb/202103/t20210331_265575.html。

安全有保障"的过程中，制定了《宁夏回族自治区房屋建筑抗震设防管理办法》《农村危窑危房改造技术导则》《宁夏回族自治区危窑危房改造最低建设要求（试行）》等规范，严格危房改造的技术标准体系，根据群众意愿、房屋类型和贫困程度落实"六个一批"的自主改造要求，在满足了贫困人口的住房基本使用需求的同时，尽力完善房屋的设施功能，建成了一批质量过关、具有地方特色的新农房。根据宁夏新闻网报道，2009~2019年，宁夏共计改造农村危房47.8万户，累计补助资金60.21亿元，使150万农村贫困人口住上安全房，显著改善了农村贫困群众的住房条件。① 中国人民大学住房发展研究中心对乡村振兴战略下的新型农村住房制度构建进行了研究，认为宅基地制度所固有的局限性是新型农村住房制度的一大阻碍。宁夏农村住房改造，要兼顾农村用地供应体系的完善，在宅基地制度改革基础上满足宁夏农民多层次的住房需求，才能从根本上解决更广泛的农村住房困境，为提升低收入农户内生能力提供更高层次的保障。

4. 文化和医疗基础设施

文化基础设施主要包括图书馆、博物馆、影剧院、美术馆、文化站、文化广场等群众文化活动场所，农村文化基础设施作为农村传播先进文化的主要载体，在为农民提供公共文化服务方面具有不可替代的作用。长期以来，农村公共文化工程投入较少，乡镇文化站、村级文化活动室以及图书阅览室等在建成之后缺乏必要的管理和维护，存在形式化闲置现象，为农民提供文化服务的吸引力有限。进入新时代以来，农村人民的美好生活需要更加丰富多元，文化扶贫对激发农民脱贫攻坚内在动力的作用更加突出。对此，宁夏不断加大基层文化基础设施建设的投入和政策扶持力度，通过改建乡镇综合文化站、村级综合文化服务中心、文化大院以及为民间文艺团队提供文化设备器材等方式，形成了农村精神文明建设的主要窗口。农村公共文化基础设施的不断改善，为地方农民接受党的方针政策、先进文化以及参与娱乐活动提供了更优质便捷的条件和平台，不仅丰富了基层群众的文化生活，还对促进乡村文化的繁荣发展发挥了基础作用。农

---

① 《好事办好 实事办实——宁夏实施农村危房改造侧记》，"宁夏新闻网"百家号，2019 年 10 月 30 日，https://baijiahao.baidu.com/s? id = 1648804116016153214&wfr = spider&for = pc。

村文化扶贫的"造血"能力得到增强，激发了宁夏农民脱贫攻坚的内生动力。在继续推进公共服务普及共享方面，宁夏以更加关注文化基础设施的精准供给、投产平衡、服务质量作为推进乡村振兴、提升低收入农户内生发展能力的重要举措。

控制县外就医比重是完善农村医疗机构补偿政策的重要方式。[①] 有学者对农村居民在乡镇卫生院的就医意愿和影响因素进行了研究，提出农民对乡镇卫生院的评价水平、乡镇卫生院与县级医院的距离等因素会直接影响农民在乡镇卫生院的就医意愿。[②] 因此，在健康扶贫举措中，宁夏着力改善农村卫生服务条件。截至 2019 年，全区乡镇卫生院基本建设达标率为 99.5%，村卫生室基本建设达标率为 98.7%，全区 85% 以上乡镇卫生院配备了彩超等基本诊疗设备，每个村卫生室均配备了全科诊断仪，全区 32 个乡镇卫生院和 5 个社区卫生服务中心达到国家基本标准，县域内就诊率达到 84%。[③] 医疗基础设施的改善极大地提高了宁夏农村人口的医疗卫生服务质量，在预防控制重大疾病、提升低收入农户健康资本方面提供了坚实保障。为了进一步推进健康乡村建设，要进一步向农村地区给予基本公共卫生设施的财政扶持和政策倾斜，在"互联网+医疗"建设背景下构建农村医疗信息报送共享平台，实现城乡医共体的一体化建设，由此为提升宁夏低收入农户健康资本和医疗健康意识提供更高质量的医疗基础设施保障。

二 威胁因素分析

不同于持续向好的区域经济发展趋势和良好的公共基础设施建设情况，宁夏公共服务供给能力不足与优惠政策扶持力度减弱成为提升宁夏低收入农户内生能力的外部威胁因素。有必要分析威胁因素的现状与成因，

---

① 杨越等：《新农合参合人员不同等级医疗机构住院流向构成分析》，《中国卫生事业管理》2015 年第 2 期。

② 宫晓、曹秀玲：《农村居民在乡镇卫生院就医意愿的影响因素分析》，《中国卫生事业管理》2011 年第 11 期。

③ 《自治区卫生健康委关于呈送 2019 年全区农村卫生工作总结及 2020 年农村卫生健康工作安排的函》，宁夏回族自治区卫生健康委员会网站，2019 年 11 月 26 日，http://wsjkw.nx.gov.cn/zfxxgk_279/zcfg/201911/t20191126_2811283.html。

寻求规避外部发展环境风险的措施，从而为提升宁夏低收入农户内生能力提供更加稳定、更可持续、更高质量的外部环境保障。

（一）公共服务供给能力的因素分析

公共服务均等化要求人人都能公平地享受到公共服务机会，城乡发展的长期差距使得推进公共服务均等化成为我国社会经济发展的紧迫任务。从脱贫攻坚目标中实现贫困地区"基本公共服务主要领域指标接近全国平均水平"到"十四五"规划中提出"基本公共服务实现均等化"的2035年远景目标，这项长期的、艰巨的任务是实现共同富裕目标的基础保障，是满足人民日益增长的美好生活需要的必然要求。当前宁夏农村公共服务供给能力的不足，是推进地区范围内公共服务均等化的主要困难，对构建宁夏低收入农户内生能力外部机会环境形成了障碍。

1. 公共服务投入

自"十二五"以来，宁夏全面贯彻落实中央关于加快推进基本公共服务均等化的决策部署，持续加大基本公共服务投入力度，在教育发展水平、医疗卫生服务水平、基础设施建设、文化体育服务等方面着力改善农村公共服务设施条件，如上文所述，基础设施建设情况取得极大进展，服务范围和保障能力得到显著扩大和提高。但是，目前资源供给的规模和质量难以满足农村地区人民日益增长的需求，这与公共服务投入的水平和力度不足有一定的关系。究其原因，一方面是地方财政水平较低导致公共服务资金投入规模有限，另一方面是财政投入安排在公共服务运行维护方面的分配存在短板。财政投入的不足和不均直接影响着农村公共服务水平，关系着农民经济生产活动、政治参与活动、社会融入活动的行为表现和主观意愿，是低收入农户内生能力培育中外部环境的重要因素。

因此，宁夏应进一步健全基本公共服务投入保障机制，在争取中央资金、扩大各级政府财政支出、优化转移支付结构方面共同发力，要在统筹上级补助和自有财力的基础上，通过合理安排预算、加大政府购买力度、引入社会资本等方式，加强对公共服务设施的运行维护。此外，有学者提出实现基本公共服务均等化要对地方发展水平差异和群众需求变化进行全面考量，信息技术动态的反馈能力、精准的数据处理能力、强大的资源整合能力可以为扫除财政平衡障碍提供新动力。[1] 宁夏在制订公共服务财政投入资金配置方案时，可以借助信息技术了解地方空间信息和人口信息，实现财政资金的合理配置，在大数据算力的支持下，也可以更好地对公共服务项目实施进度进行事中、事后监管，提高财政保障效率。

2. 公共服务能力

公共服务能力表现关系到公共教育、劳动力就业、医疗卫生、住房保障、公共文化体育、社会保险等多个方面，与低收入农户内生能力外部环境条件关系密切。乡镇政府是党和国家为广大农民服务的直接落脚点，研究农村公共服务能力首先要对地方乡镇政府的公共服务能力进行分析。随着基层治理体系和治理能力现代化的不断推进，宁夏乡镇政府的服务能力得到较大提升，特别是在落实精准扶贫政策的过程中，调节农村利益关系、处置突发应急事件、保障基本民生服务等方面的权责关系逐渐明确。但日趋复杂的农村社会治理环境，对提升乡镇政府公共服务能力提出了更高的要求。根据课题组的调研结果，宁夏农村公共服务能力距离城市水平仍存在一定差距，农民对基础设施建设等"硬"公共服务产品的满意度较高，而对社会保障、基层治理中表现的"软"公共服务产品的满意度较低。从乡镇政府公共服务能力角度来看，这是由于乡镇政府受绩效考核要求而更倾向于提供经济收益高、见效快的公共服务项目，并且乡镇政府在财政资金收入、工作人员素质等方面与城市水平存在较大差距，因而缺乏统一谋划，造成公共服务的分布不均、效率不高。

由政府主导供给的公共服务，具有强制性和垄断性的特点。[2] 宁夏农村公共服务供给以政府为主，较为单一的服务提供主体和方式很难满足农民日益增长的多层次需要。鉴于此，提升农村公共服务能力要探索服务供给多元化主体和多样化方式，一方面，要鼓励和动员各种社会力量参与农村公共服务，支持和规范社会资本在农村公共服务供给中发挥作用；另一方面，要在公共服务供给中注重农民的主体地位，探索农民参与政府公共

---

① 李淑芳、熊傲然、刘欣：《推进基本公共服务均等化的三重困境与破解之道》，《财会月刊》2022 年第 8 期。

② 吴春宝：《增权赋能：乡镇政府公共服务能力提升及其实现路径》，《广西大学学报》（哲学社会科学版）2022 年第 1 期。

服务决策的合理方式，鼓励农民通过政治参与合理表达对公共服务的现实需要。如此，不仅能通过疏通公共服务能力堵点、提升公共服务质量以改善低收入农户生活生产的条件，而且可以为其增收致富创造更多的机会和平台，从而提升低收入农户内生发展的主动性和积极性。

（二）优惠政策扶持力度的因素分析

脱贫攻坚期间，宁夏贫困人口生活生产条件的显著改善及其幸福感、获得感、满足感的不断增强离不开精准扶贫利好政策的作用。政策扶持的利好作用在农业农村发展中是较为显著的，比如财政税收政策对农产品流通绩效的提升、市场经营扶持政策对网络销售业务发展的促进[1]，土地、社保、户籍政策对农民工市民化的影响[2]，融资信贷政策对小微电商创业的支持[3]，等等。优惠利好政策可以通过影响社会规范对农民内生发展环境产生正向影响，从而对农民的行为导向和价值观念发挥积极作用，是政府激发低收入农户内生能力的主要方式之一。在巩固拓展脱贫攻坚成果同乡村振兴有效衔接的背景下，相关政策的转换和调整将给宁夏低收入农户内生能力提升的外部环境带来新的影响。

1. 政策受众面的调整

随着脱贫攻坚战的全面胜利和全面建成小康社会，我国"三农"工作的重心转向了全面推进乡村振兴。虽然二者均是为了解决农村贫困和发展的问题，但脱贫攻坚以解决贫困人口的基本生存问题为主，而乡村振兴以农村低收入群体为中心、以促进广大农村群众发展的问题为主。因此，二者在政策受众面上存在很大的不同。从《宁夏回族自治区巩固拓展脱贫攻坚成果同乡村振兴有效衔接"十四五"规划》中可以看出，脱贫攻坚的历史性胜利极大地改善了脱贫人口的生活水平、脱贫群众的精神面貌发生了"凤凰涅槃般的蝶变"，在新的历史起点上，全区近 5 万脱贫不稳定和边缘

---

① 杨虎、曹慧玲：《政策支持对农产品流通绩效提升的效应及异质性——基于长三角地区样本》，《商业经济研究》2020 年第 12 期。

② 黄鹂：《城乡融合视野下农民工市民化的影响因素与政策扶持》，《农业经济》2019 年第 8 期。

③ 叶修堂、姚林香：《小微电商创业扶持政策需求的优先次序和影响因素研究》，《当代财经》2018 年第 6 期。

易致贫人口的返贫风险依然较高，健全农村低收入人口帮扶机制、激励有
劳动能力的低收入人口勤劳致富是巩固拓展脱贫攻坚成果的主要任务。

当前，宁夏坚持贯彻"脱贫不脱政策"，在教育扶贫、健康扶贫、产
业扶贫等方面为脱贫户继续提供利好政策优惠，在政策转换和调适期内尚
无法满足所有农村、全体农民的发展需要，尚不能实现脱贫户和贫困户之
间、脱贫村和普通村之间的关系全面统筹，乡村振兴背景下"普惠式"政
策的制定和落地仍需要一定的时间，这给宁夏低收入农户内生发展的外部
环境带来了新的风险。在精准扶贫期间，贫困户和非贫困户享受的优惠政
策扶持力度存在差距，发展不平衡的现象甚至在部分地区引发了农民之间
的矛盾和不满，这对新阶段尽快实现"普惠式"政策调整提出了紧迫要
求。在政策受众面的调整中，各项帮扶措施要以农村低收入群体为主，兼
顾所有农民群众；要借鉴脱贫攻坚中利好政策的积极经验，特别是在生产
资源、政治参与等当前宁夏低收入农户整体表现弱势的方面；要通过政策
统筹使更广大的农民受益，激发低收入农户的内生发展动力。

2. 政策内容的调整

"十四五"期间，宁夏农业农村发展进入了全面推进农业现代化、开
启农村现代化的新阶段，为了更好地实现农村工作重心从消除绝对贫困到
实现乡村产业兴旺、生态宜居、乡风文明、治理有效、生活富裕的转向，
要将政策内容调整转换作为巩固拓展脱贫攻坚成果同乡村振兴有效衔接的
保障。从脱贫地区来看，当前脱贫地区的发展总体基础依然薄弱，脱贫地
区的产业、技术、人才、资金等方面的支撑力依然不足。从宁夏全区农村
地区来看，资源环境的束缚、农业发展风险高、农业现代化水平较低、乡
村现代治理不充分、农民增收压力大、城乡发展不平衡等问题是农业农村
现代化发展的主要阻碍。为了更好地给予低收入农户提升内生能力的外部
环境，政策内容的转换与调整要兼顾以上问题。

产业发展方面，要转变以补贴贫困户为主要方式的政策内容，使政策
导向对新型农业经营主体有所倾斜，使资金投入转向"促生产"的投资方
式。就业能力方面，要扩大就业技能培训的参与范围，有职业发展需要和
意愿的低收入农户应全面纳入政策扶持范围，同时加大新型职业农民培训

力度，培养更多乡村振兴的本土人才。乡村文化方面，长期以来对贫困人口的"双扶"举措对改善宁夏农民的整体精神面貌发挥了一定作用，但政策落实中出现了城市文化单向导入乡村的问题，要通过重塑根植于农村、以农民为中心的乡村文化促进乡风文明，促进低收入农户内生发展能力提升的自信心和自觉性。乡村治理方面，扶贫干部和扶贫工作队要将工作重心从帮扶贫困户转向推进村级基层治理，激发农村内生治理的主动性，实现"自治、法治、德治"的相互配合。社会服务方面，要以城乡社会保障统一、城乡公共服务均等化为目标，将对贫困人口的优惠政策转向"全民社保"。总而言之，改善低收入农户提升内生能力的外部环境，要在政策内容的调适转换中做到巩固拓展脱贫攻坚成果同乡村振兴有效衔接，尽可能地降低政策调整所带来的风险与挑战。

第二节　内部基础条件分析

以 SWOT 分析法对宁夏低收入农户内生能力进行研究，低收入农户内生能力之内在力为提升宁夏低收入农户内生能力的内部基础条件，也就是说，医疗保健意识、生活生产资源、政治参与意愿及改变现状意愿是农民发展的主体性因素，也是提升宁夏低收入农户内生能力的内部基础条件。根据课题组调研所得的内在力发展现状，本节将内在力表现的四个情况按照优势、劣势进行区分，立足问题导向在进一步的因素研究中科学分析其深层原因，以实现对宁夏低收入农户内生能力提升的内部基础条件因素的全面掌握。

一　优势因素分析

根据课题组在宁夏的实地调研访谈结果，宁夏低收入农户内生能力提升的内部基础优势在于宁夏农民的医疗保健意识提升和改变现状意愿强烈，进一步探寻形成宁夏低收入农户内生能力之内在力积极表现的形成原因，有益于为消除影响内生能力提升的消极因素提供可靠借鉴。

（一）医疗保健意识的因素分析

健康就是资本，人的体力、精力和身体健康状况等是影响个体能动性的重要因素，拥有良好的健康资本是人力资本有效发挥作用的前提。农民身体健康、精力充沛才能收到教育、技能等投入的反馈，才能使内生能力培育充分发挥作用。在调研中，课题组从健康生活素养和医疗健康意识两个方面对宁夏农民医疗保健意识进行了考察。

1. 健康生活素养

宁夏农民健康生活素养得到提升，表现在饮食健康观念、体育锻炼意愿、生活卫生习惯三个方面的积极转变。

第一，从饮食健康观念来看。中国工程院院士、卫生管理和疾病控制专家王陇德曾表示，"我们需要一场膳食革命"，科学合理的膳食至关重要。[1]学界已经证明，合理的膳食结构、良好的饮食习惯有益于人体健康，包括促进健康长寿[2]、减少儿童肥胖[3]、增强女性健康[4]、减少慢性病患病风险[5]等。可见，饮食健康习惯是保健的重要内容，可以提升农村人口身体素质，提高农村人口生产生活效率，反之，不良的饮食习惯影响身体发育，甚至会使得人体正常的生理功能紊乱而导致患病，对农村人口内生能力发展形成阻碍。事实上，传统乡土文化中"食不厌精，脍不厌细""浪费可耻"的思想极大地影响着宁夏农村居民的饮食习惯，是农民养成科学合理的膳食结构和食品安全意识的主要阻碍因素之一。如今，随着现代农业的不断发展，居民食物供给极其充裕，即使是曾经"苦瘠甲天下"的西海固地区，如今农作物类型也较为丰富，可以解决农村人口的温饱问题。同时，宁夏农村家庭经济收入不断提高，居民食品消费能力显著增强，农村人口多元化的饮食需要已经不难得到满足，加之集体教育中对健康饮食观念的普及和宣传，宁夏农民对饮食健康观念的重视程度得到显著

---

① 彭宗璐：《王陇德院士：餐桌上需要一场膳食革命》，《中国食品报》2022年4月12日。

② 朱雯君等：《广西长寿饮食模式下的蛋白质营养方式对 D-半乳糖致衰老小鼠的影响》，《食品工业科技》2022年第18期。

③ 陈梦雪等：《儿童膳食模式与健康关系的流行病学研究进展》，《中华预防医学杂志》2022年第2期。

④ 李洁、赵连飞、王凯荣：《宁夏南部山区农村女性围绝经期综合征特点及影响因素分析》，《宁夏医科大学学报》2018年第3期。

⑤ 杨柳青、田红梅、石汉平：《三种饮食模式与慢性疾病研究进展》，《首都医科大学学报》2022年第2期。

提高。但是，对于宁夏低收入农户而言，长期养成的传统生活观念根深蒂固，消除负面因素影响任重道远，为进一步纠正农村人口不良饮食习惯，要着重考虑农村传统生活与健康饮食知识的矛盾点，对症下药，方能行之有效。

第二，从体育锻炼意愿来看。自 1995 年国务院颁布《全民健身计划纲要》以来，群众体育健身的环境和条件得到极大改善；2009 年，国务院批准将每年 8 月 8 日定为"全民健身日"并颁布了《全民健身条例》，群众健身场所建设和体育活动组织工作得到进一步发展，人民体质和健康状况有了很大改善。开展体育锻炼是改善人民体质和健康的重要方式，提升农民体育锻炼意愿对于改善农民的体质和健康具有重要意义，特别是在解决青少年体质下降问题、预防和治疗慢性病、促进心理健康等方面，都可以发挥出积极作用。[1] 从调研结果来看，宁夏低收入农户对体育锻炼重要性的认识有所提高，但对科学健身的理念把握不够。这与当前农村人口增收致富的主动性不断增强有很大关系，脱贫攻坚战的全面胜利使宁夏脱贫人口在教育、技能等方面不断形成自我发展意愿，逐渐加大了家庭健康资本投入力度，提高了对体育锻炼、科学健身重要性的认识。在乡村振兴的新形势下，不断加强农村体育健身基础设施建设的同时，也应从外在力角度精准发力，为农村群众健身提供更有力、更具有针对性的指导。特别是当前农村人口流失情况加剧，有些农村常住人口老龄化现象明显，在展开全民健身工作中要充分考虑各村情况，合理安排体育场地建设和群众健身指导工作。

第三，从生活卫生习惯来看。学界对生活习惯与患病风险关系的研究长期热度不减，孕产妇被动吸烟会对胎儿造成不利影响[2]，卫生习惯较差的小学生患病风险更高[3]，卫生习惯趋同于城市人口可以提高农民工的生

---

[1] 李秋利、张少生、罗亮：《钟南山院士学术访谈录：体育融入生活的"主动健康"模式探索》，《体育与科学》2022 年第 2 期。

[2] 唐代婷等：《母亲孕期生活习惯与低出生体重关系病例对照研究》，《中国公共卫生》2016 年第 12 期。

[3] 翟雯雯等：《凉山彝族小学生个人卫生行为现状及影响因素的研究》，《现代预防医学》2017 年第 19 期。

活质量①，不良的生活习惯是急性心肌梗死老年病患的主要危险因素②。从新生儿到老年人，保持良好的卫生习惯始终是增加健康资本的有效方式，不良的生活习惯潜移默化地吞噬着人们的健康。宁夏自开展农民健康促进行动、落实精准扶贫政策以来，以"厕所革命"为切入点的农村人居环境整治工作进一步促进了农村人口生活方式和思想观念的转变。"十四五"时期，宁夏农村改厕工作仍然是推进乡村振兴的一项重要工作，这不仅关乎着改善民生的具体成效，还对养成农民文明生活方式具有积极意义。实现"要我改"到"我要改"的思想转变对于构建"庭院美、村庄美、环境美"的"美丽乡村"具有重大意义，要因地制宜开展农村人居环境整治，科学引导农民逐步提高生活品质，在完善基础设施建设的同时重视保障设施长期运行维护，切实发挥人居环境整治在村庄大发展中的有益作用。这样才能进一步激发农民主体作用，使其在提高生活幸福感的同时，更为自主、自觉地养成良好生活习惯。

2. 医疗健康意识

宁夏农民医疗健康意识有所提升，主要包括疾病预防意识提高、正确就医观念增强两个方面。

第一，从疾病预防意识来看。体检在我们的日常生活中越来越重要，通过体检来发现身体存在的健康隐患或已存在的健康问题在城市居民生活中已十分普遍。自城乡居民普惠性体检制度实施以来，各地针对农民多次开展免费健康体检活动，农民在享受相关优惠政策的同时，逐渐开始意识到体检对于家庭成员健康的重要性，有些家庭收入水平、文化程度较高的农村居民在主动参检的同时，形成了学习疾病预防知识及健康生活知识的自主性。当然，相较于城市居民的健康生活水平，宁夏农村居民对疾病预防知识和定期体检重要性的认知仍有不足。因此，在继续发展农村经济的基础上，要进一步加强健康宣传教育和加大优惠体检政策力度，在政策引

---

① 邓睿：《卫生服务可及性如何影响农民工主观生活质量？——基于流动人口健康重点领域专题调查的证据》，《中国农村观察》2022 年第 2 期。

② 刘环亚等：《影响老年急性心肌梗死患者健康素养的生活习惯及饮食习惯》，《中国老年学杂志》2021 年第 17 期。

导下增强社会多元主体的参与力量，增加农民的健康生活认知和疾病预防知识，提高农民对体检的满意度并增强其主动参检的积极性。此外，在内容上要注重对慢性病、常见病、地方病等疾病预防知识的宣传普及，通过举办专项宣传普及活动强化农民自我保养意识，使其在日常生活中养成疾病预防的自觉行动；在人群上要特别关注独居老人、留守儿童、孕产妇等特殊群体，必要时可派专人上门开展有针对性的健康知识咨询、定期体检、义诊等活动。

第二，从正确就医观念来看。如何干预患者就医延迟是医学界关于降低疾病死亡率的重要研究内容，对疾病认识不足、经济状况差、社会支持水平低[①]、家庭动力弱[②]等都是影响患者就医时限的重要因素。基层医疗卫生机构的不断完善，不仅为解决患者就医延迟问题提供了帮助，也对缓解就医集中而形成的医疗压力发挥了积极作用。一项针对北京基层医疗卫生机构就诊情况的研究表明，有社会医疗保险、文化程度和收入较低、知晓分级诊疗和家庭医生相关政策、签约家庭医生的患者在"生小病"时更倾向选择基层医疗卫生机构。[③] 从宁夏农民来看，健康扶贫政策下农村居民"新农合"制度完善、"家庭医生"医疗体系建设完善等，是引导农村居民就医观念改善的重要原因。为进一步增大当前低收入农户就医意识增强的积极作用，要进一步加强乡镇卫生院和村卫生室的标准化建设，充分发挥"互联网+医疗健康"示范区建设的政策优势，为农民提供更为优质的医疗资源，同时要着力加强农村医疗卫生人才队伍建设和重点人群家庭医生签约服务，从而使宁夏农村居民更广泛、全面地养成正确就医观念，更快速、便捷地接受科学救治和诊疗。

（二）改变现状意愿的因素分析

随着"躺平""摆烂"等网络流行词的传播，一种内心毫无波澜、一

---

① 邹浩、姜东旭、张琳琳：《慢性病患者就医延迟评估工具及影响因素的研究进展》，《中国全科医学》2022 年第 7 期。

② 何晶等：《急性缺血性脑卒中病人延迟就医与家庭动力学的相关性研究》，《护理研究》2020 年第 2 期。

③ 郭然等：《北京市 16 区患者基层医疗卫生机构就诊情况及影响因素研究》，《中国全科医学》2021 年第 7 期。

味顺从妥协的人生态度在社会中引起热议。人们常把"活在当下"当作一种豁达的人生境界，知足常乐的心态有利于提高人们的生活幸福感和获得感，但正如刘少奇同志曾批评"有些同志在工作中疲塌，老一套，安于现状"①，不思进取、庸碌无为、得过且过的"混日子"态度，只会使个人特别是青年人错失奋斗的机遇与最佳时期，社会的发展进步也将受到影响。对于宁夏农村人口而言，当前受到"躺平"文化负面影响相对小，改变现状的意愿普遍较强，这对于提高宁夏低收入农户内生能力具有极其重要的积极意义。

1. 能力学习提升意愿

课题组调研中发现，宁夏农民在能力学习提升方面的强烈意愿，集中表现为在提升教育文化水平、参与就业技能培训、学习职业农民技能三个方面普遍具有一定的积极性。

第一，从提升教育文化水平来看。党的十八大以来，教育在助力脱贫攻坚战、阻断贫困代际传递方面发挥了重要作用，在农村教育教学改革取得极大成就的同时，农村人口对教育文化的重视程度逐步提高。在当前巩固拓展脱贫攻坚成果同乡村振兴有效衔接的新形势下，农村教育发展要求从满足"有学上"转变为满足"上好学"，越来越多的宁夏农民选择为子女提供更好的教育环境、支持子女升学深造，对子女提升教育文化水平十分重视，这种观念的转变对于提升低收入农户内生能力具有极其重要的意义。在下一步农村高质量教育发展过程中，要继续发挥教育资金投入、基础设施建设、优惠政策补助、教育人才培养等教育扶贫措施的积极作用，同时，要着力打破当前"唯成绩论"对宁夏农民教育观念的局限，更加强调对农村学生德智体美劳的全面培养，更加注重家庭教育、社会教育、学校教育的多元主体责任，使宁夏低收入农户将提升教育文化水平的强烈愿望转变为促进人的全面发展，助力乡村振兴的美好愿景。

第二，从参与就业技能培训来看。参与就业技能培训，使劳动者具有能够从事某种职业的技能，是提高劳动者技能资本存量、增加在劳动力市场中流动机会的重要方式。宁夏农民参与就业技能培训的主观意愿增强，

① 《刘少奇选集》（上卷），人民出版社，1981，第 345 页。

是技能扶贫成效巩固持续的源头活水，也正是由于宁夏技能培训政策的不断完善，农村家庭对职业技能学习的认可度才不断提高。具体来看，宁夏技能扶贫举措主要包括定期开展职业技能培训、提供职业技能补贴、提供职业指导咨询、建设公共实训基地和就业示范基地、鼓励企业开展以工代训、加强培训和就业信息对接、鼓励各类企业参与举办技工院校等。为了进一步提高宁夏农民参与技能培训的积极性，要对技能就业典型案例进行深入挖掘和宣传，激发农民群体通过技能提高来谋发展的决心和信心；要丰富就业技能培训内容，结合农业农村现代化发展的要求，开设更多切合当地发展需要的技能培训班，重视宁夏农民对劳动力需求量较大的新兴职业的认可和理解；同时，要考虑就业形势出现的新变化，在加大优惠政策扶持力度的基础上，重视低收入农户群众在就业中遇到的实际困难，完善技工学校对农村家庭学生的优惠政策，注重宣传正确的就业观、择业观，增强宁夏低收入农户的就业技能水平提升意愿并激励其付诸行动。

第三，从学习职业农民技能来看。将学习职业农民技能单独作为提升就业技能的考察内容，是由于新型职业农民对于推进乡村振兴、发展农业农村现代化具有格外重要的意义。随着国家将培育新型农民作为一项重要工程，一批"有能力、有文化、有技术、会经营"的新型职业农民在政策扶持下，成为乡村振兴、发展现代农业的重要主体。宁夏人民出版社 2019年出版《新时代宁夏新型职业农民典型风采》一书，通过对 100 位新型农民典型事迹和引领作用的讲述，在调动当地农民学习职业农民技能、发展现代农民积极性方面发挥了重要作用。目前，宁夏当地已有不少农民将农业生产作为一种自主选择的职业，在职业农民道德、电子商务技能、农业高质量发展及农村生态环保等方面形成了一定认识，在后续的培训中要注重提供跟踪指导服务、降低现代化农业生产经营风险，要强调农民群体经营需求的多样性、因地制宜开展不同农业生产领域的专业培训，要吸取并总结过往成功模式的经验、广泛开展具有针对性的宣传教育活动，才能更好地满足新型职业农民的成长需要，才能激发包括低收入农户在内的更广泛农民群体对于学习职业农民技能的积极性和主动性。

2. 扩大增收渠道意愿

针对宁夏农民扩大增收渠道的意愿情况，课题组从寻找外出务工机会、创新创业实践、接受政策改革三个方面进行了考察。

第一，从寻找外出务工机会来看。有学者提出，在深度贫困地区，当扶贫政策面临着边际成本不断上升、边际效益不断下降的情况时，促进农村劳动力流动是农村劳动力脱贫减贫的重要途径。[①] 在巩固拓展脱贫攻坚成果的研究中，有学者认为人口流动可以作为突破口使农民摆脱固有的自然生存环境束缚，对缓解多维贫困具有积极作用。[②] 有学者提出农村老龄人口的相对贫困问题可以通过促进子女流动予以解决，且省内跨市流动和跨省流动的效果比市内流动更佳。[③] 自闽宁协作政策落实以来，劳务输出方式对宁夏农村人口培育人力资本、提高收入水平发挥了重要作用，同时也极大地提升了宁夏农民外出流动的热情和意愿。宁夏高铁的建设与开通，必将为加快农村劳动力流动提供新的机遇。[④] 要在继续加大技能培训力度的基础上拓宽劳务协作渠道、保障参训人员稳定就业；要完善外出劳动力就业体系，在户籍制度改革和社会保障体系方面保障外出劳动力的基本权益；要加快地方特色产业发展并延伸产业链，为地区农村劳动力流动创造基础条件。同时，继续加强对宁夏农民的思想教育工作，对通过劳动力流动的增收致富案例定期开展宣传教育，引导广大宁夏低收入农户摆脱"安于现状"观念的负面影响，更加积极主动地寻找外出务工机会。

第二，从创新创业实践来看。勇于尝试创新创业实践是新型职业农民培育成长的必备要素，是农民提升内生能力、实现长远发展的重要基础。但事实上，农村的就业和生活环境与城市的差距仍较为明显，长期以来，相较于进城务工并定居城市而言，农民对回归农村创新创业的意愿相对较低。随着新农村建设中宁夏农村基础设施的不断完善、优惠政策的积极落实，宁夏农民对农业农村现代化发展前景的信心逐步提高，越来越多的农

① 韩佳丽：《深度贫困地区农村劳动力流动减贫的理论逻辑与实践路径》，《云南民族大学学报》（哲学社会科学版）2020 年第 4 期。

② 李宝军、罗剑朝：《农村劳动力流动对农户家庭多维贫困影响的实证》，《统计与决策》2022 年第 8 期。

③ 黄乾、晋晓飞：《子女流动对农村老龄人口相对贫困的影响》，《广东社会科学》2022 年第 1 期。

④ 田红宇、王媛名、覃朝晖：《高铁开通、劳动力流动与农村多维贫困》，《统计与决策》2021 年第 3 期。

村人口开始尝试农业生产的新技术、逐步探索"互联网+"的创新方式，为提高自身内生能力、提升农业产业发展水平提供了新动力，这是地方政府通过政策引导、宣传教育、资金补贴等方式多重发力带来的积极转变。针对目前低收入农户对地方产业发展缺乏信心、自主创新创业意识薄弱的问题，应进一步构建农民创新创业补贴保障体系，根据实际需要逐步加大资金投入；要在技能培训课程中设置更多农民感兴趣的课程内容，在就业技能内容基础上拓展创新创业的新知识、新方法、新理念，特别是目前农民群体感兴趣的自媒体运营方式；要着重打造一批提升内生能力的"领头羊"，对这些地区致富能手的先进事迹进行宣传，通过"传帮带"激励低收入农户开展创新创业实践。

第三，从接受政策改革来看。如果民众对政府的满意度较低，对公共政策的接受性不高，那么再科学完备的政策也难以取得有效的执行效果，宁夏农民在政策扶持下实现了从贫困闭塞到全面小康的跨时代转变，这离不开国家扶贫政策的引导和支持，也正是在这个转变之中，宁夏农民对政策的接受度和认可度不断提高。课题组在对当前土地政策改革、农村产业融合等政策执行的调研中发现，宁夏农民对当地政府信任度、对相关政策的满意度普遍较高，有益于各项利好政策的开展与落实，这是宁夏回族自治区政府与地方农民之间长期所形成的信任关系。踏上乡村振兴的新征程，我们要更加珍惜宁夏农民对政策较高的接受度、支持度，更加珍视农民与政府之间的信任关系。"如果公共政策的制定和执行不能充分考虑民众的接受性，极有可能构成新的社会风险，威胁社会稳定。"[1] 另外，对政策实行效果的认知、对政策执行情况的认知、集体主义价值观等都是影响农民对政策态度的重要因素。[2] 因此，在后续各项利好政策的改革与完善中，要加强与农民的沟通与交流，充分接受农民的合理意见与建议；要进一步提升政务公开水平，接受农民监督、扩大农民参与；要在社会主义核心价值观教育中，注重引导农民形成集体主义价值观。

---

[1] 吴玄娜：《程序公正与权威信任：公共政策可接受性机制》，《心理科学进展》2016 年第 8 期。

[2] 常跟应等：《我国内陆河流域农民对强制性农业节水政策的态度及其影响因素》，《干旱区资源与环境》2017 年第 9 期。

二 劣势因素分析

对于宁夏农民而言，相较于不断提升的医疗保健意识和改变现状意愿，生活生产资源和政治参与意愿显著不足。根据 SWOT 分析要求，生活生产资源不足和政治参与意愿较低可以被视为宁夏低收入农户内生能力提升的内部基础劣势因素，造成劣势因素的内在原因是多方面的。

（一）生活生产资源的因素分析

扩大农民享有和获取资源与权利的能力是提升低收入农户内生能力的重要因素。在"两不愁三保障"政策推行下，宁夏农民基本的生活生产权利得到显著提升，生活资源和生产资源两个方面可以得到基本保障。但从获取资源能力方面进行进一步考察，宁夏低收入农户提升内生能力所需的生活生产资源保障仍表现出脆弱性特点，资源基础在维持稳定、长期发展方面存在风险。因此，增强抵御风险能力是培育宁夏低收入农户内生能力的一大重难点。

1. 生活资源情况

课题组从教育资源、医疗资源、住房资源三个方面考察了宁夏低收入农户的生活资源情况。

第一，从教育资源来看。在脱贫攻坚战中，教育扶贫是提升贫困群众"造血"能力的关键方式，被认为是阻断贫困代际传递的治本之策。"发展教育脱贫一批"的政策有效扩展了贫困家庭的发展空间，对贫困人口内生能力提升发挥了重要作用。在国家层面 200 多项教育脱贫攻坚相关政策文件，以及宁夏地方构建的全覆盖教育扶贫政策体系的保障下，宁夏以定点帮扶、经费投入、支教计划、教师培养、控辍保学、多元参与等方式，不断加强宁夏农村教育基础设施建设，提升农村教育发展质量，基本满足了宁夏农民教育资源的需要。站在乡村振兴的新起点，农村教育要与乡村振兴实现有效衔接，要在注重树立终身学习理念、发挥教育在加强乡村认同中的重要作用、立足于乡村教育的本质属性培育出更多适应乡村振兴的农村人才等方面提高稳定性。因此，巩固拓展现有的教育脱贫攻坚成果，保障宁夏低收入农户通过教育挖掘自身发展潜力的权利，要引导现有教育资源主动对接当地特色经济产业发展需求，要充分发挥宁夏大学、北方民族大学等本地高校在特色人才培养上的智力和科技优势，要在增强宁夏低收入农户受教育意愿的基础上进一步培养对乡村振兴的自信心和进取心，增加农村人口为乡村发展而学习的持续热情。

第二，从医疗资源来看。健康是人类永恒的追求，也是宁夏低收入农户内生发展能力提升的基础条件。党的十八大以来，宁夏医疗资金投入不断提高，农村医疗服务体系改革不断推进，医疗人才培育力度逐渐加大，长期以来农村医疗设备不全、医疗技术落后、医护人员缺乏等问题得到一定程度的解决，基本上消除了农村医疗"空白"给宁夏农民造成的健康阻碍。"乡村振兴的关键在于人的全面发展，健康乡村建设是实现以人为中心的乡村振兴的基础。"① 对标稳定发展的新需要，当前宁夏农村仍需在农村医保体系改革、基层分级诊疗建设、医疗资源均等化等方面继续发力。要重点提升基本卫生服务水平，特别是慢性病、常见病、地方病的基层诊疗水平；要推进县乡卫生服务一体化，加强远程医疗体系建设；要使医疗财政补助进一步向农村倾斜，扩大大病保障范围。

第三，从住房资源来看。有学者认为，农村宅基地保障是一种建设用地保障，仅仅是一种低层次、间接的住房保障方式②，对于形成解决住房困难群体多层次、多形式居住需求的住房保障制度仍存在差距③。精准扶贫政策实施中的住房补贴工程对提升宁夏农民的住房安全保障能力发挥了重要作用，通过拆除重建和修缮加固的方式为贫困人口提供了住房资源的获取能力。当前获取住房资源的风险隐患有两点。一是农村住房补贴瞄准偏差造成少部分困难群众在获取住房资源中的自主性不足。这部分群众或是因缺少自有资金储备无法承担房屋改造压力，或是因政策倾向于"低保""残疾人"而不被纳入保障范围，或是受非正式制度的影响而被忽略。对此，要注重住房保障制度的规范性、稳定性调整，进一步明确保障范围和水平；要提供更加多样化的保障方式，引入金融工具以提高低收入农户

---

① 梁海伦、陶磊：《健康乡村建设：逻辑、任务与路径》，《卫生经济研究》2022 年第 3 期。
② 崔永亮：《农村住房保障制度缺失及其未来改善》，《改革》2013 年第 12 期。
③ 杨小科：《农村住房补贴政策瞄准效果分析——来自"2017 年城乡困难家庭抽样入户调查"的经验证据》，《中国行政管理》2022 年第 1 期。

获取住房资源的能力。二是宅基地制度改革给农民获取住房资源能力带来了一定影响，有的流动人口宁可房子变成危房也不愿意宅基地所有权归还集体，有的家庭住房需求增加却难以取得宅基地，此类问题应当在宅基地确权流通改革中予以重视。

2. 生产资源情况

宁夏低收入农户获取生产资源能力的不足主要表现为：农业发展资源不够全面、非农就业能力仍需提高、社会交往资源较为有限三个方面。

第一，从农业发展资源来看。一方面，宁夏针对不同地区农业生产条件规划了不同的农业现代化发展方向，在农业生产结构和区域布局方面取得了有益进展。针对当前地区间农业现代化发展存在的差异，同样要坚持因地制宜、突出特色的原则，为不同农业生产类型提供具有针对性的农业科学生产技术和农业生产机械服务，以保障粮食绿色产能创建、优势特色产业持续发展为目标，提高宁夏低收入农户农业发展资源的获取能力。此外，要促进农村生产全要素的优化利用，提高土地、资金、人才、技术等要素的自由流动，从而拓宽低收入农户"资源变资产、资产变资本"[1] 的渠道。另一方面，虽然学界目前关于农业保险对农业产出的积极作用仍有争议，但就脱贫攻坚战期间我国政策性农业保险在减少农民因灾损失中发挥的作用而言，整体上是积极有效的。有学者通过对 2007～2018 年的省际面板数据的实证分析，提出农业保险有效地稳定了农业产出，但农业保险与农业全要素生产率对农业产出的协同效应并未在西部地区显现。[2] 对此，要进一步提高保费补贴比例，特别是地方特色农业以及新型农业经营项目，应根据实际需要推出更多差异化、创新化的农业保险产品。

第二，从非农就业能力来看。宁夏低收入农户非农就业能力提升受阻，很大一部分原因是职业教育和技能培训发展中的短板。城乡发展差距特别是城乡教育资源的不均衡，使得宁夏农民现有教育意识仍普遍指向"接受教育，离开农村"的目标，在这样的逻辑之下，个人非农就业能力

---

[1] 卢昱嘉、陈秧分、康永兴：《面向新发展格局的我国农业农村现代化探讨》，《农业现代化研究》2022 年第 2 期。

[2] 李琴英、常慧、唐华仓：《农业保险、农业全要素生产率与农业产出的协同效应》，《河南农业大学学报》2022 年第 1 期。

提升对培育家庭内生能力的带动作用是有限的，这也是目前农村存在大量留守老人与留守儿童的困境所在。此外，规范性和发展性不足的技能培训无法为参与者提供有效的就业平台和资质，后续跟踪服务的缺乏成为宁夏低收入农户非农就业能力提升受限的因素之一。提高农民非农就业能力的目标并不局限于促进农民外出务工，提高宁夏农民非农就业能力在乡村振兴中所发挥的作用，是提升低收入农户内生能力更为有效的方式。因此，在宁夏农村劳动力就业能力提升行动中，要注重职业培训和技能培训对文化能人、手工艺人、经营管理人才的主体培训，提升农业职业经理人、经纪人的能力；要立足资源禀赋，因地制宜、因村制宜建设乡村就业工厂，完善技能培训后续跟踪服务，鼓励宁夏低收入农户就地就业创业。

第三，从社会交往资源来看。随着市场经济的广泛输入，农民大规模、长期性外流成为常态，乡村社会变迁使得农民之间的信任度削弱，社会交往网络呈现扁平化趋势，即交往范围迅速扩大、交往深度相对变浅。[1]对口帮扶、干部下村的政策很大程度上为宁夏低收入农户提供了有效社会交往资源，在技术、信息、信念等方面为提升宁夏内生能力发挥了积极作用。2021年底发布的《宁夏回族自治区巩固拓展脱贫攻坚成果同乡村振兴有效衔接"十四五"规划》中，将严格落实"四个不摘"、继续选派第一书记和工作队入驻乡村作为重要保障措施。针对当前宁夏农民社会交往的新特点、新趋势，发挥干部驻村对宁夏低收入农户在拓展社会交往资源中的作用尤显重要，驻村干部要在融入乡村的基础上，引导和促成村庄内外的资源融合，要利用自身的社会资本和政策支持，为低收入农户自主发展搭建资源对接平台、提供资源供需信息。特别是在宁夏多项"互联网+"示范区建设背景下，要注重农民在网络时代中拓宽人际和市场网络能力的培育和提升，从而激活低收入农户在拓展社会交往资源中的主体意识。

（二）政治参与意愿的因素分析

农民政治参与事关我国基层政治民主发展进程，对于推进国家治理体系和治理能力现代化具有重要意义。对于农民个体而言，政治参与实质上是

---

① 湛礼珠：《人际信任的自我削弱与熟人社会变迁》，《华南农业大学学报》（社会科学版）2022年第1期。

一种自身利益诉求的表达，无论是正式制度方式还是非正式制度方式，农民都可以在政治参与行为中获取发展信息、拓展发展资源，极大地有益于低收入农户内生能力的提升和培育。课题组关于政治参与现状的调查，反映了宁夏低收入农户政治权利的实现程度及其在政治生活中的主体意识。

1. 政治参与制度保障

课题组从三个方面考察了宁夏低收入农户政治权利实现的制度保障：利益表达渠道、有效制度供给及相关立法。

第一，从利益表达渠道来看。如果利益表达渠道畅通，可以极大地提高农民政治参与的主动性和有效性。宁夏农民利益表达渠道的不通畅，一是由于传统的信访、行政复议、司法救济等表达方式未能充分发挥作用，各方式之间难以形成合力；二是由于新媒体时代下，农民对互联网技术掌握的有限性造成了信息获取碎片化现象，对数字技术的生疏使得宁夏农民很难通过合理的网络渠道有序进行利益表达。如此一来，不仅低收入农户的政治参与主体行为受限，更有形成社会风险的可能性。构建宁夏农民合理畅通的利益表达渠道，要从畅通传统的基层表达渠道抓起，浙江温岭的民主恳谈会、成都的村民议事制度以及河南邓州的"四议两公开"等农村社会管理创新实践①具有规范运转机制、降低表达成本的优势，为宁夏维护和完善传统利益表达渠道提供了有益参考。此外，在发挥新媒体促进政治参与作用时，要将做好政府信息网络公开作为基础，对政府工作人员的网络沟通效率与信息反馈进行规范，同时注重提高宁夏低收入农户的网络信息收集与鉴别能力，引导其合理选择网络渠道进行利益诉求与表达。

第二，从有效制度供给来看。农民基层自治机制是农民政治参与的基础制度保障，但目前基层自治机制仍存在自治、德治、法治之间的协调性不足问题。在宁夏农村基层自治更多地依靠以乡贤为代表的地方"精英"，加之流动人口较多造成"空心村""留守老人"等问题，基层自治机制的有序推进面临着现实阻碍。有学者提出，基层政府应健全基层民主的程序性制度，规范民主议事、意见表达、民主决议中的操作细节和实施步骤，

---

① 李晓宁、李雪峥、崔健：《西部农村居民政治参与及社会治理分析——基于陕西省岐山县 G 村的社会调查》，《西北农林科技大学学报》（社会科学版）2018 年第 1 期。

确定每个环节的操作要求。① 在国家法律规范下，根据不同村庄的具体情况制定符合当地农民的民主秩序制度程序，不仅有益于形成农民参与的刚性要求，还可以广泛兼顾全体成员的共同利益，从而增强低收入农户政治参与的集体意愿，这将是一种规范基层群众自治制度约束力的有益尝试。此外，在基层群众自治制度的完善中，长期存在侧重民主选举，忽视民主决策、民主管理和民主监督的现象，对此要认识到基层民主机制广泛运用到权利行使和监督全环节的重要性，特别要注重村民监督机制的构建和完善，比如村务工作监督的公开、非村委会成员的轮流监督等，有效的村民监督机制有利于提高低收入农户政治参与的积极性和主动性。

第三，从相关立法来看。从乡村治理角度来看，自治、法治、德治三个方面互为补充、相辅相成、缺一不可，其中法律规范是村民合法权益得到保障的基础。在依法治国背景下，完善村民自治作为法治中国建设的重要组成部分，应当重点规范并纠正村民自治实践中与国家法律法规相抵触、冲突的行为。根据宁夏低收入农户政治参与情况的调研，非正式制度下以及网络渠道中的政治参与行为是当前农民无序政治参与的主要风险点。一方面要注重宁夏作为民族地区的特殊性，要根据地区社会发展的新特点，适应地区农民政治参与需求不断扩大的新变化，调整和完善不适应现实实践的法律法规，为低收入农户有序政治参与提供合理的法律框架；另一方面要对网络渠道下政治参与立法相对滞后的问题予以解决，避免"法出多门""立法空白"等问题造成网络政治参与行为混乱。有学者对网络政治参与立法规制提出了条款设计灵活性、法规操作可执行性、内容整合综合性、技术层面专业性、参与途径民主性的构建原则，② 对于保证立法有效运行具有积极的参考意义。

2. 政治参与主体表现

对宁夏低收入农户政治参与的主体表现从政治参与意识、政治参与动

---

① 王海娟：《乡村振兴背景下农村基层民主治理转型：制度空间、实现路径与当代价值》，《求实》2021 年第 5 期。

② 王明生、马维振：《公民网络政治参与法律规制面临的困境与出路》，《江苏行政学院学报》2020 年第 3 期。

机、政治参与水平三个方面进行了考察分析。

第一，从政治参与意识来看。中国社会科学院一项调查显示，2019年我国完成选举的71672个村委会中，登记选民人数占村委会选民登记总数的比重为67.3%，虽然相较于2012年的调查结果有所上升，但参与比例仍然较低。① 课题组对政治参与行为的调研发现，当前宁夏低收入农户对政治事务参与总体呈现为一种被动的单向参与路线，对村庄事务参与局限于接收村委会公开提供的信息，缺少民主选举、民主决策、民主监督、民主管理的双向互动关系。提高低收入农户政治参与的主体意识是改善其政治参与表现的基础要点，在推进基层自治不断完善的前提下着力提高农民的主体意识和地位。一是要注重政法工作志愿者及村干部的宣传引导作用，加强农村普法教育和法律宣讲，使低收入农户意识到政治参与对农村发展及自身能力提高的重要意义。二是要加强对农村"能人""精英"的民主作风和观念教育，以提升基层民主的法治观念带动低收入农户对政治活动的理解。三是要继续提升低收入农户教育文化素质，使其意识到在政治参与中表达自身诉求的合理性。

第二，从政治参与动机来看。造成宁夏低收入农户政治参与动机不理性、不成熟的主要原因在于传统乡土人情和乡土规则所遗留的负面影响，这造成了政治参与行为中的无原则和无序化现象。引导乡土文化影响下的宁夏低收入农户树立正确的政治参与动机，可以依靠"新乡贤"在乡村治理中的积极作用。"新乡贤"主要是指愿意加入乡村治理的返乡精英，他们熟悉乡土文化秩序、了解地区的伦理规则和人际规则，并且可以贯彻民主法治精神和社会主义核心价值观来治理乡村。② "新乡贤"对地区情况比较了解，可以更好地解决农民在政治参与中遇到的问题，从而使其树立通过政治参与表达自身诉求、获取发展资源的正确动机。此外，在基层政权建设中，要注重基层干部的工作素质和道德素质建设，基层干部在政策解释、实情调查、沟通交流等方面的现实表现直接影响着参与主体所认知的

① 白描、苑鹏：《现代化进程中我国农民全面发展的制约因素与推进路径》，《改革》2021年第12期。

② 王琦：《新乡贤融入乡村治理体系的历史逻辑、现实逻辑与理论逻辑》，《东南大学学报》（哲学社会科学版）2021年第S2期。

政府公信力。要通过发挥基层干部的良好示范作用、提高农民对政治参与的满意度，以纠正低收入农户政治参与的负面动机。在继续加强政治参与的宣传教育中，要选择宁夏农民喜闻乐见的方式和通俗易懂的语言，通过宣传标语、印发小册子、文艺演出及其他新媒体方式进行广泛宣传。

第三，从政治参与水平来看。农民政治参与水平高低对农村基层治理起着关键性作用，是低收入农户内生能力的重要表现。学者对影响农民政治参与水平的因素进行了广泛的研究，经济收入水平、受教育程度、居民价值观①、宗教文化、人情礼俗②以及基层群众自治制度和城乡二元制结构③等，都对农民政治参与造成了影响。在多方面因素影响下，宁夏低收入农户的政治参与经历较少、政治认同度较低，这使其在政治参与行为中表现出消极的现象。在政治宣传中，要注重对政策活动、治理举措的指导和宣传，在重大村务事项决策前要进行集中的权利和义务宣讲，使宁夏低收入农户更为直观、深刻地认识政治参与行为的规范，提高其政治认知水平。另外，要注重发挥经验较为丰富的政治参与主体的带动作用，以互助宣传提升整体能力。特别要重视培育女性、老年人等农村弱势群体的政治参与感和认同感，在政治参与过程中对关注并满足其需求予以倾斜，从而增强农民政治参与中的体验感和获得感，以更好地提升宁夏低收入农户政治参与水平。

第三节 宁夏农民内生能力提升的 SWOT 综合分析

宁夏低收入农户内生能力的牵引力因素和内在力因素，决定着宁夏低收入农户内生能力提升的表现。如图 5-1 所示，通过 SWOT 综合分析，将牵引力作为宁夏低收入农户内生能力提升的外部条件，将内在力作为宁夏低

---

① 王丽萍、方然：《参与还是不参与：中国公民政治参与的社会心理分析——基于一项调查的考察与分析》，《政治学研究》2010 年第 2 期。

② 任映红、荆琦：《村落文化情境中农民的政治参与——兼析 H 村村治变迁中的文化因子》，《浙江社会科学》2013 年第 7 期。

③ 池上新、陈诚：《背反效应：人口流动与城乡居民的政治态度》，《中国农村观察》2016 年第 5 期。

收入农户内生能力提升的内在基础，对外部条件中的机会因素、威胁因素与内部基础中的优势因素、劣势因素进行原因分析，从而探索利用外部机会因素、发挥内部积极因素，规避外部消极威胁、克服内部消极因素的有效路径，以此为提升宁夏低收入农户内生能力表现提供对策建议。

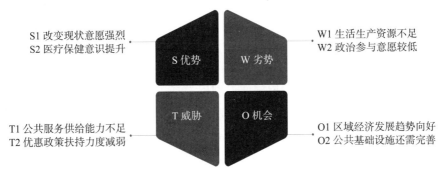

图 5-1　宁夏低收入农户内生能力提升的 SWOT 综合分析

一　有利因素视角的分析

从有益于提升宁夏低收入农户内生能力的内外部因素来看，一方面是宁夏低收入农户内生能力提升的外部机会，包括宁夏区域经济发展趋势向好、公共基础设施还需完善两个方面。地区社会经济发展差距的不断缩小为农民生活生产的发展提供了稳定的外部经济环境，地方特色产业的培育与兴旺逐渐拓宽了农民长期稳定增收的渠道；交通、水电、通信、住房、医疗、文化等方面的基础设施建设情况得到极大的改善，为提高农民生活品质、促进农业生产发展提供了基本的物质保障。另一方面是宁夏低收入农户内生能力提升的内部优势，包括医疗保健意识提升、改变现状意愿强烈两个方面。具体包括饮食健康观念、体育锻炼意愿、生活卫生习惯在内的健康生活素养的提升，以及疾病预防、就医态度表现出的良好的医疗健康意识，在增加农民健康资本的基础上构建了低收入农户内生能力提升的个体基础；在提升教育文化水平、参与就业技能培训、学习职业农民技能等能力学习提升方面及在寻找外出务工机会、创新创业实践、授受政策改革等扩大增收渠道方面，宁夏低收入农户表现出的主体意识是提升其内生能力的重要因素。以上积极因素的形成，离不开脱贫攻坚战期间精准扶贫政策所发挥的显著效应，宁夏围绕"两不愁三保障"基本要求，坚持"志智双扶"原则，以产业扶贫、技术扶贫、教育扶贫、文化扶贫等具体措施，为宁夏低收入农户脱贫减贫提供了基本生活保障和生产发展机会，不仅激发了农民的才智与潜能，还增强了农民内生发展的主体意识，使宁夏农民人力资本水平得到显著提高。

二　不利因素视角的分析

从提升宁夏低收入农户内生能力的内外部不利因素来看，一方面是宁夏低收入农户内生能力提升的外部威胁，包括宁夏公共服务供给能力不足和优惠政策扶持力度减弱两个方面。受到地方财政水平限制，宁夏农村公共服务投入水平相对较低、投入差距相对较大，以乡镇政府为主体的公共服务能力仍有不足，农民所享受的公共服务水平，特别是"软"公共服务水平仍与城市居民有一定的差距，对农民扎根乡村、振兴乡村形成了阻碍。在巩固拓展脱贫攻坚成果同乡村振兴有效衔接的政策举措方面，面临着从贫困户到以低收入户为主覆盖全体农民、从脱贫减贫到"五大振兴"的转变，政策受众面和政策内容的调适转换增加了低收入农户内生能力提升的外部环境挑战。另一方面是宁夏低收入农户内生能力提升的内部劣势，包括生活生产资源不足和政治参与意愿较低。当前教育、医疗、住房等生活资源及农业发展、非农就业、社会交往等生产资源尚无法满足农民日益增长的美好生活需要；利益表达渠道、有效制度供给、相关立法的政治参与制度保障和政治参与主体的意愿、动机、水平对其通过政治生活合法合理争取利益和资源造成了阻碍。宁夏低收入农户内生能力不利因素的存在，不仅与精准扶贫期间政策落实的难点盲点有关，也是由于经济社会不断发展，农民对美好生活的需要呈现多层次、多元化的特点，使得在巩固拓展脱贫攻坚成果同乡村振兴有效衔接的背景下，宁夏低收入农户内生能力仍显不足。

三　对分析结果的建议

根据 SWOT 综合分析，提升宁夏低收入农户内生能力要将当前的积极因素持续扩大，并着力消除消极因素的负面影响。如图 5-2 所示，从宁夏

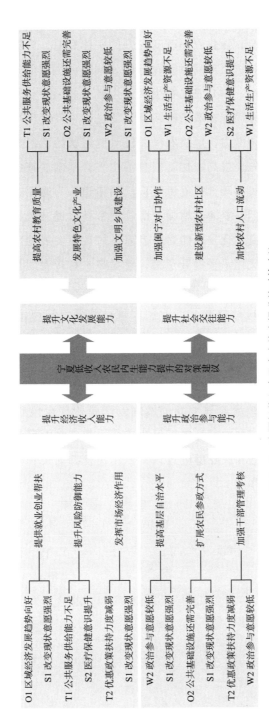

图 5 - 2 宁夏低收入农民内生能力提升的对策建议

低收入农户内生能力的四维表现来看，一是提升农民经济收入能力，要利用区域经济发展机会，强化农民改变提升的主体意愿，为农民提供更有针对性的就业创业帮扶；要提高乡镇政府的公共服务供给能力，提高农民对医疗保健的高度重视，提升农民在生活和生产中的风险防御能力；要发挥农民增收致富的主体性，在政策转换调适的过程中发挥市场经济作用。二是提升农民政治参与能力，解决农民积极改变现状的意愿与消极的政治参与意愿的矛盾，首先要提高农村基层自治水平；基础设施建设取得的显著成效可以为扩展农民参政方式提供更广泛的渠道；为避免在政策转换调适中农民参政意识降低，要通过增强干部管理考核以提升农民政治参与的满意度。三是提升农民文化发展能力。当前乡村教育发展的短板无法满足农民持续增强的教育文化水平提升意愿，要提高农村教育质量、构建具有乡村特色的农村教育体系；大规模的基础设施建设与农民增收致富的主动性，有利于宁夏农村特色文化产业的发展；改变农民政治参与的错误动机，要增强农民改变现状的意识，加强文明乡风建设。四是提升农民社会交往能力。宁夏社会经济的不断发展仍无法满足农民日益增长的生活生产资源，需要继续加强闽宁对口协作的优势；保障农村社会交往的基础设施不断完善，农民在政治参与中却仍然难以摆脱传统乡风所遗留的不良影响，可以通过建设新型农村社区予以改善；当前宁夏农民的生活生产资源难以满足其逐渐增强的医疗健康意识，要注重发挥加快农村人口流动对农业农村发展的积极作用。

第六章

宁夏农民内生能力提升的对策建议

本书梳理了宁夏低收入农户内生能力方面的现状、问题，深入分析了阻碍宁夏低收入农户内生能力提升的内在原因，特提出了从提升经济收入能力、提升政治参与能力、提升文化发展能力和提升社会交往能力等四个方面来提高宁夏低收入农户内生能力的对策建议。

第一节　提升经济收入能力

习近平主席在 2015 年减贫与发展高层论坛上指出，中国的扶贫"坚持动员全社会参与，发挥中国制度优势，构建了政府、社会、市场协同推进的大扶贫格局，形成了跨地区、跨部门、跨单位、全社会共同参与的多元主体的社会扶贫体系"[1]。引导低收入农户提升经济收入能力是提升低收入农户内生能力的前提。提升低收入农户经济收入能力，一是要提供就业创业帮扶，二是提升风险防御能力，三是发挥市场经济作用。

一　提供就业创业帮扶

"广泛动员全社会力量共同参与扶贫开发，是我国扶贫开发事业的成功经验，是中国特色扶贫开发道路的重要特征。"[2] 发挥政府主导作用，把

---

[1] 习近平：《携手消除贫困 促进共同发展》，《人民日报》2015 年 10 月 17 日。
[2] 《国务院办公厅关于进一步动员社会各方面力量参与扶贫开发的意见》，中国政府网，2014 年 12 月 4 日，http://www.gov.cn/zhengce/content/2014-12/04/content_9289.htm。

智创、文创、农创等人才引入宁夏广大农村地区，一旦这些人才投入农村，将会快速提高农村创业队伍的创业热情，同时也会带来资金、技术、市场等要素，使宁夏广大农村成为各类要素聚集的洼地、实现梦想的佳境。

（一）加强技能培训

科学技术是第一生产力。加强对低收入农户的技能培训是提高他们内生能力的关键。对广大低收入农户进行培训，并定期举办各类知识讲座、专项技能培训等，提高他们的知识水平、眼界见识和就业能力。坚持因地制宜，积极鼓励农民发展特色种植业，特别是药材、蔬菜等高收益经济作物。引进和发展劳动密集型的企业以及农产品深加工企业，不但可以为农民创造更多的非农就业机会，而且可以"延长农业产业链条，发掘农业的多种功能，推动搬迁地区农村一二三产业的融合发展"①，从而创造就业机会，提升低收入农户的经济收入能力。

（二）打造创业环境

创新是一个民族发展的不竭动力。国务院原总理李克强提出"大众创业、万众创新"口号后，全国上下出现了创业、创新的热潮。要提高宁夏低收入农户内生能力，必须营造良好的创业环境。如何打造良好的创业环境？本书认为，第一，营造全民创新的氛围。只有动员全体农民"动起来""干起来"，才能激活乡村活力。第二，鼓励创业。创业比打工更有发展潜力。宁夏比较闭塞落后，"日出而作，日落而息"的传统观念在宁夏低收入农户群体中根深蒂固。要通过新闻宣传、树立榜样等形式鼓励宁夏低收入农户创业，使其在创业中得到进步，在创业中提升经济收入能力。

二 提升风险防御能力

打赢脱贫攻坚战后，我们面临的新挑战转变为如何实现巩固拓展脱贫攻坚成果同乡村振兴有效衔接。宁夏低收入农户群体"因病致贫""因家

---

① 黎洁：《陕西安康移民搬迁农户生计选择与分工分业的现状与影响因素分析——兼论陕南避灾移民搬迁农户的就地就近城镇化》，《西安交通大学学报》（社会科学版）2017年第1期。

庭重大事故致贫"现象屡见不鲜。如何有效防范此类现象发生成为我们当前的主要任务之一。

社会保障制度是国家通过立法而制定的社会保险、社会福利、社会救济和社会优抚等一系列制度的总称。当公民陷入年迈无力、疾病缠身、失业无助、遭遇灾害等困境时，国家依法给予一定帮助的制度安排。社会保障制度源于英国，成熟于德国，现在已被世界各国普遍采用，成为国家治理的主要内容之一。良好的社会保障制度已经成为一个国家文明发达的重要指标。建立以权利公平、机会公平、规则公平为主要内容的社会公平保障体系，努力营造公平的社会环境，保障人民平等参与、平等发展权利，是党的十八大提出的宏伟蓝图。完善的社会保障体系有助于巩固拓展脱贫攻坚成果同乡村振兴有效衔接。一是要建立平等的社会保障制度。社会保障是社会再分配的主要形式之一，在社会再分配的这一环节，一定要坚持公平公正，城乡一致，只要是中华人民共和国公民就应该享受一致的社会保障服务。二是实施宁夏南部山区农村特别专项计划。宁夏南部山区农村贫穷落后，医疗设施差，社会保障程度低。宁夏应该通过此项特别专项计划，多途径筹集资金，提高医疗卫生水平，完善医疗基础设施建设，提升医护人员专业技能，为宁夏南部山区低收入农户创造良好的医疗环境。三是加强医疗市场的管理和监督，保证宁夏低收入农户买得起药，用上放心药。

三　发挥市场经济作用

市场经济是当今被世界各国普遍采用的生产资料配置方式，是被实践证明具有强大生命力的经济体制。应当发挥各方力量，取长补短，同向发力，提升宁夏低收入农户经济收入能力。

（一）促进农业产业化发展

"农业产业化是现代农业的基本要求和特征，它克服了传统农业的自给自足的自然性质，将农户的生产活动与市场联系起来，同时又把分散的农户组织起来，克服了农户分散无序生产经营与统一大市场要求之间的矛盾，有利于农村生产要素的优化组合与农业资源的高效配置，有利于实现农业生产的专业化、组织化、商品化与社会化。"[1] 乡村振兴背景下，要实现产业升级，就必须挖掘乡村内部增收潜力，合理调整农业产业结构，培育龙头企业，发展优良、特色、附加值高的产业，尽可能扩大优势农业的产业化经营规模，发展集生产、加工、销售于一体的高效农业产业体系。要实现农业现代化的宏伟目标，提升宁夏低收入农户内生能力，就必须做好产业发展规划，使各产业发展跟上社会整体的步伐。

(二) 调整产业结构

宁夏应当科学地调整产业结构，因地制宜发展好地方经济产业，宜农则农、宜林则林、宜工则工、宜商则商。可以适当集中环境、土地、资源等优势，推进产业结构进一步优化，培育壮大主导产业，鼓励和扶持劳动密集型产业。在具有耕地资源优势的地方大力发展粮食生产，形成专业粮食产区；在具有森林山地或草场资源优势的地方集中发展畜牧业和经济林业，形成专业畜牧或经济林区；在具有水资源优势且适宜养殖的地方发展水产养殖等经济价值和效益更高的产业，形成专业渔业养殖区；在具有信息、交通、地理优势的城郊地区则集中发展具有产业化、规模化特征的经济作物种植、水产养殖等经济效益、社会效益、生态效益更高的现代农业，形成现代农业产业示范区；而在自然环境优美、具有历史文化积淀的地区则尽可能发展旅游业等第三产业，形成休闲度假旅游区，从而促进本地经济结构的转型升级。

(三) 发展合作社

引导农民积极进行土地流转，集中发展专业化农业产业，提高农业产业化水平。农业产业化有利于克服小农经济的劣势，提高农业效益，带动乡村劳动力的分流转化，促进生产要素的流动，提高乡村经济发展水平和农民收入水平。通过龙头企业的带动辐射作用，可以强化农产品基地建设，促进农业的标准化、规模化、专业化经营。各地区可根据本地实际情况，发展不同的农业产业组织，提高农业从业者的组织化程度，如以专业市场带动型的"专业市场+基地+农户"、以龙头企业带动型的"公司+基

---

① 王大明：《我国西部地区现代农业发展研究》，电子科技大学出版社，2012，第183页。

地+农户"和以合作经济组织推动型的"专业合作社+农户"等产业化经营的农业产业模式。

第二节　提升政治参与能力

宁夏低收入农户思想意识、文化水平和劳动技能的高低，决定着宁夏低收入农户内生能力提升幅度的大小，影响着巩固拓展脱贫攻坚成果同乡村振兴有效衔接的水平。土地、物质资本和人力资本直接影响着农业生产力的水平，而在这个要素中，人力资本是最重要的因素。在决定农业生产的增长量和增长率的要素中，土地的差别是最不重要的，物质资本的差别是相当重要的，而农民的能力的差别是最重要的。[①] 要提升宁夏低收入农户内生能力，实现巩固拓展脱贫攻坚成果同乡村振兴有效衔接，首先要提高基层自治水平、扩展农民参政方式及加强干部管理考核，只有这样才能提高宁夏低收入农户的思想意识、文化水平和劳动技能。

一　提高基层自治水平

"乡村治理是国家治理的基石，自治是乡村治理的基础。"[②] 实现村民自治是深化农村经济体制改革、促进农村稳定发展的必然要求，是中国特色社会主义政治的伟大创举。村民自治制度的实行，有利于促进农村基层执政制度化、法治化，形成对农村干部有效的监督制约，培养良好的乡村社会风气。目前，村民自治制度最明显的体现便是村委会选举，但社会分层的出现致使这一民主制度跑偏走歪。"民主选举可以说是民主的基础。没有民主选举，没有人民的选择，就无所谓民主。"[③] 村民自治过程中，由于人们开始更加注重现实利益，而参与村民自治并不能直接带来现实利益，不少村民直接或间接放弃了自身选举权利。一些农民长期在外务工，与原籍村庄的利益关系枢纽逐渐分离，进而不再愿意参与到村庄事务的管

---

① 李毅：《国外农村人力资源体系发展经验研究》，《世界农业》2013 年第 5 期。

② 刘晓雪：《新时代乡村振兴战略的新要求——2018 年中央一号文件解读》，《毛泽东邓小平理论研究》2018 年第 3 期。

③ 徐勇：《中国农村村民自治》，华中师范大学出版社，1997，第 101 页。

理过程中，村民自治制度也就随之流于形式化。因此，宁夏农村要实现村民自治，就必须在制度上下功夫。

（一）加强宣传，普及自治知识

马克思指出："批判的武器当然不能代替武器的批判，物质力量只能用物质力量来摧毁；但是理论一经掌握群众，也会变成物质力量。"[①] 宁夏应当加强对村民自治观念的培育，通过多种形式和途径加强民主法治教育，向村民传递新的社会主流观念和信息，从而使广大农民掌握自治知识和理论，让他们的思想观念跟上时代步伐，培养主人翁意识，自觉参与到村民自治的进程中去。

（二）加强创新，积极认真执行自治建设政策

创新是一个民族、一个国家发展的不竭动力。宁夏应积极推进制度创新，创造和完善农民自治的新形势，扩大农民有序的政治参与，确保村民自治工作落到实处，并具有现实成效，通过不同方式或办法让村民自治更"接地气"。另外，要搞好制度完善，明确具体职责范围，完善村"两委"联席会议制度、村务公开制度、财务公开制度、村民自治章程等，营造出良好的政治参与氛围，使农民群众更加信任村小组。

（三）加强治理，全面提高基层自治质量

基层治理是国家治理的基石，只有基础牢固，国家大厦才能稳固。[②]宁夏应当持续深化对基层党组织政治责任的落实，全面而客观地审视当前基层党建工作的实际状况，对年度的党建重点任务进行周密的规划与部署。在此过程中，务必坚持并细化"六个一"要求的执行，明确划分并切实履行各部门的责任，从而有效推动农村基层党组织的品质与效率提升。

此外，各级书记要继续扛起主体责任，严格遵循党中央和宁夏回族自治区党委关于基层党组织建设的指示精神，督促各级党组织书记切实承担起主要责任，专心致力于主要业务，积极发挥核心角色作用，确保基层工

---

① 《马克思恩格斯选集》（第1卷），人民出版社，2012，第9页。

② 韩亚栋、管筱璞：《推进基层治理现代化》，《中国纪检监察报》2024年1月16日，第4版。

作的精准落地。同时，宁夏还须持续强化对基层组织的分类指导。依据基层党组织分类指导工作的既定方案，结合本地、本系统、本行业的实际工作情况，制定具有针对性、精细化和差异化的基层工作措施和办法，以提升基层组织自治的精准度和实效性。

最后，宁夏应持续严格组织生活，认真落实组织生活会、谈心谈话、民主评议党员等各项制度，努力建设政治功能强、支部班子强、党员队伍强、作用发挥强的"四强"党支部。此外，应积极选拔政治素质好、岗位履责好、作风品行好、群众评价好的"四好"党员作为典范，进一步提升基层党组织的凝聚力和号召力。

二 扩展农民参政方式

政治参与是衡量一个国家政治文明进程的一个重要变量，是普通公民通过各种合法方式直接或间接地影响政府的决策、运行方式、运行规则和政策过程的政治行为。公民自觉而广泛地参与到政治中去是民主政治的题中之义，然而，当前农民在政治参与方面的潜能尚未得到全面激活。部分农民仍处于政治参与的"边缘化"状态，其中"沉默者"亦不在少数。这一现象具体表现为农民的政治参与意识薄弱、参与渠道不畅、相关制度不够完善以及参与效能感偏低。实际上，要有效引导农民积极参与政治活动，需要满足一定条件。根据"理性经济人"假设，一般人具有"自利人"和"理性人"两层含义，为了实现自己的目标，主体通过衡量而选择最有利于自身利益的行为。[①] 因此，农民在决定是否参与政治活动时，会权衡成本与收益，只有当参与行为与农民自身利益紧密相连时，他们才会选择采取行动，若缺乏紧密相关的共同利益，即便地缘相近、文化同质、集体行动成本低廉，农民参与政治活动的积极性也将大打折扣。因此，引导农民参与政治活动的关键在于构建农民利益与国家利益的共同体，其中农民的利益诉求被看见、被听见是关键一环。持续拓宽农民的参政方式，推动建立利益共同体，促进两者之间的良性转换，对人民有序参与国家政

---

① 苏华、杨理可：《"理性经济人"假设的合理性新探》，《河南师范大学学报》（哲学社会科学版）2011 年第 4 期。

治生活和社会生活具有重要意义。

（一）网络政治参与

网络政治参与作为政治参与的一种形式，是政治参与在互联网时代的延伸。随着信息技术的迅猛发展，互联网已经成为农民获取信息、表达观点、参与政治生活的重要平台。近年来，中国农村网民规模呈几何数增长，数量非常庞大。尽管在互联网普及率上，农村较城镇还有比较大的差距，但从互联网对生活的渗透与影响程度来看，农村受到的影响并不亚于城市。然而，农民作为一个分散的群体处于网络政治参与的边缘地带，在享受网络政治参与的快捷性、互动性和平等性上有所欠缺。因此，从政治文化、制度构建和技术创新三个层面来提升农民网络政治参与的意识和能力具有十分重要的意义。

1. 政治文化层面

政治文化是人们对于政治生活的基本认知、态度和价值取向的总和。习近平总书记强调："政治文化是政治生活的灵魂，对政治生态具有潜移默化的影响。"① 不难看出，加强政治文化建设，可以纯正政治生态。政治文化积极健康，政治生活就风清气正、严肃认真。

要加强政治教育，提升农民的政治素养。通过举办政治知识讲座、开设政治教育课程等方式，对农民推行平等观、法治观和民主观等社会主义民主思想教育，让农民了解政治生活的重要性，认识到政治参与是维护自身权益、推动社会和谐稳定发展的重要途径。

要培养农民的政治责任感和参与意识。通过"互联网+政务服务"等实践平台，以短视频和宣传片等方式，宣传先进典范、人人是代表等正能量信息，激发农民的政治热情和参与动力，让农民意识到作为社会的一分子，有责任和义务参与到政治生活中来。网络政治参与是一把双刃剑，它一方面可以培养农民的网络民主意识，有助于政治人格的形成；另一方面由于农民政治文化素质偏低和法律意识薄弱，一些虚假信息可能会使他们的政治判断和评价发生偏差。所以，还须继续推行网络立法，实行"注册

---

① 习近平：《在党的十八届六中全会第二次全体会议上的讲话（节选）》，《求是》2017年第1期。

参与"规范网络参与秩序。同时，政府提供完善的网络制度，形成农民与政府之间的良性互动，营造积极向上的政治文化氛围。

2. 制度构建层面

制度是保证农民网络政治参与有序进行的重要保障。政治参与是通过立法渠道加以组织和安排起来的，能够消解政府与民众的对立，从而保证社会稳定。农民网络政治参与的无序性和非理性，表面上看是由网络引发的，实则根源于现实政治制度的不完善。要构建安全、有序、高效的网络参政平台，需要注意以下方面。

一是要完善农民网络政治参与的法律法规。加大网络政治参与的管理力度，立法明确农民网络政治参与的权利和义务，并颁布网络管理的法律，规范参与行为，保障参与者的合法权益，真正做到发生问题事件时，可以有法可依、有法必依、执法必严、违法必究，不断完善网络立法体系，推动民主立法进程。二是要建立健全农民网络政治参与的渠道和平台。通过搭建政府网站、社交媒体平台和设置政务留言板、政务信箱等，为农民提供便捷、高效的参与途径，确保农民的声音能够被听到、被重视。三是要加强农民网络政治参与的监督和评估。通过建立监管机制、政治参与效果评估等方式，确保农民网络政治参与的规范性和有效性，及时发现和解决问题。

3. 技术创新层面

当前，新一代信息技术创新空前活跃，不断催生新产品、新模式和新业态。2019年，中共中央办公厅、国务院办公厅联合印发了《数字乡村发展战略纲要》，明确指出要充分利用数字技术，释放普惠效应，加快推进农业农村现代化。[①] 技术创新作为提升农民网络政治参与的关键手段，需要充分应用突出成效。

农民网络政治参与的兴起，无疑是现代科学技术发展的产物，然而，它也受到网络信息技术的制约。首先，网络政治参与技术本身存在一定的缺陷，部分问题无法仅通过网络途径得到有效解决。其次，网络技术的伦理困境也阻碍了农民网络政治参与的健康发展，农民在网络政治参与过程

---

① 中共中央办公厅、国务院办公厅：《数字乡村发展战略纲要》，人民出版社，2019。

中面临道德相对主义和个人主义的困扰。① 因此，为推动农民网络政治参与的制度化与规范化，政府需积极构建公共机关与农民平等协商的技术平台。一方面，应加快网络信息基础设施建设，推动农村信息工程发展，为农民提供更加便捷的信息获取和服务渠道。另一方面，针对农民获取信息表现出的弱势，政府应实施信息倾斜和辅助政策，加大对部分不发达地区的财政投入，普及网络和数字化知识，以实现弱势群体与社会精英之间的信息共享。同时，政府还需有效甄别信息，抑制网络虚假信息的传播，加强网络舆论引导能力和预警能力，及时了解网络舆情的发展动向。为实现这一目标，各级政府应完善电子政务系统，从软件和硬件两个方面着手，提升"互联网+政务"的交互性服务水平，为农民网络政治参与提供更加高效、便捷的支持。

（二）拓宽利益表达渠道

当代中国正经历着深刻的社会转型与变革，这一过程中利益均等化的格局逐渐瓦解，利益分化和重组的速度日益加快。与此同时，不同社会群体和阶层的权利意识也在逐渐觉醒和强化，他们之间的利益诉求和博弈日趋激烈。作为社会的重要组成部分，农民群体的利益诉求和意见表达应当得到充分的尊重和保障。在传统上，信访作为利益表达的主要渠道，发挥着不可替代的作用。然而，为了更加全面、有效地反映和满足人民群众的多元需求，我们需要探索更多元化的利益表达渠道。习近平总书记强调："要把握新形势下群众工作的特点和规律，走好新时代群众路线，在深入实际、深入群众的躬身实践中，增进群众感情、把准群众脉搏、精准服务群众，满足人民多层次多样化需求，把工作做到人民群众心坎上。"② 这要求我们深入实际，深入农民群体，通过调查研究，切实了解他们的真实需求，找到破解群众工作难题的思路和办法。

1. 信访

作为传统的民意表达主渠道，信访在反映群众诉求、解决群众问题方

---

① 宋吉鑫、王健、赵迎欢：《网络技术的伦理困境及社会建构》，《科学技术与辩证法》2006年第5期。

② 习近平：《在纪念毛泽东同志诞辰130周年座谈会上的讲话》，《人民日报》2023年12月27日。

面发挥着不可替代的作用。为了维护农民的合法权益，避免非制度化的出现，我们必须继续完善信访制度，加强信访工作的规范化、制度化建设，提升信访工作人员的业务素质和服务水平，确保农民的利益诉求能够得到有效表达和处理。还可通过领导干部按时接访、定期下访等方式，及时、就地解决农民群众的合理诉求，提高信访工作的效率和质量，确保农民等社会群体的利益诉求得到有效表达和处理。当然，加强农村地区的信访法治宣传教育，通过实地宣传、网络宣传、现身说法、入户普法等新形式强化农民群众依法信访、合理信访、逐级信访的法律意识，如此可以从根源上解决因农民法律意识不足而出现的"信访不信法"难题。

2. 民生热线

民生热线作为现代社会治理体系中的一项重要创新，以其便捷、高效的特点，成为民意表达的拓展渠道。这一平台通过整合各类信息技术，实现 24 小时全天候为群众提供服务，确保群众能够随时随地反映自己的诉求和问题。作为了解社情民意、联系群众的重要纽带，民生热线不仅有效解决了农民在日常生活和生产经营中遇到的各种困难与问题，还激发了民众参与社会治理的热情。为进一步提升民生热线的效能，许多地方采取了多种形式进行探索和实践。这些实践包括民生热线、市长热线、网上信访、视频接访、民情邮箱、网上论坛、党代表热线、人大代表热线、政协委员热线等多种方式，旨在大力拓展社情民意表达渠道，更加全面地了解群众诉求。这些举措不仅提升了政府的响应速度和服务质量，也增强了政府与群众之间的互动和信任，为构建和谐社会奠定了坚实基础。总之，民生热线作为民意表达的拓展渠道，在提升政府治理效能、促进社会和谐稳定方面发挥着重要作用。未来，我们应继续探索和完善这一机制，以更好地服务群众、回应民意，推动社会治理体系和治理能力现代化。

3. 听证会

作为政府或立法机关在重大抉择前的必要环节，其根本目的在于充分听取社会各界的声音，从而为科学决策提供依据。这一制度的实施与推行，通常由政府主导，涉及行政、司法等多个部门。然而，尽管听证会实施办法明确规定，参与群众可采取自愿报名或者随机选取的形式，但在实际操作中,这一规定往往流于形式,难以实现真正的随机性。因此,当前听证会制度面对诸多挑战与质疑。其中,听证会代表资格的公正性、听证会形式的合理性等问题尤为突出。为确保听证会制度的有效运行,我们需要进一步完善听证会的代表产生机制,确保代表的广泛性和代表性,农民作为社会中重要的一部分,也应当增加占比;同时,也应积极探索更加灵活多样的听证会形式,以适应不同领域和议题的需求。例如,2023 年 4 月宁夏银川市发展改革委、交通局发布了《关于调整银川市巡游出租汽车运价的通知》,拟定了《银川市巡游出租汽车运价调整方案》,经价格听证会并报请市人民政府同意,拟定最终价格。我们应持续推进听证会制度对"三农"工作的深入与实践,最大化地服务于群众。

(三) 加强农民自治组织建设

农民自治组织一般包括村民委员会、村经济合作社、村妇女代表委员会等。在基层群众自治制度的设计中,自治主体是人民群众,但现实与理论存在差距,人民群众的主体角色在现实中逐步沦为了客体。农村这一问题更加突出,村民的文化水平普遍不高,对于相关的法律法规也不够熟悉,这很容易使村民忽视自己的民主权利。村民的民主观念和意识都比较薄弱,更谈不上行使自己的民主权利,种种因素都导致了村民参与的基层自治活动少之又少。推进村民自治工作,事关农村的长远发展,需要各级党委和政府从战略和全局的高度出发,把村民自治工作作为一件大事,列入重要议事日程,按照坚持党的全面领导、坚持依法办事、坚持人民当家作主的原则,在农村整体推进村民自治工作。当前应以建立健全民主选举公平公正、民主决策科学规范、民主管理有章有序、民主监督真实有效的村民自治运作机制为目标,采取切实措施。

1. 进一步提高思想认识,把村民自治放在更加突出的位置

村民自治是提高村民民主法治意识的有效途径,国家实行依法治国方略,在农村就是要进行依法治村;推行村民自治,就是落实依法治国、加强社会主义法治建设的具体体现;村民自治的推行,是一件带有根本性、全局性的大事。因此,乡镇党委、政府要采取积极主动的态度,以稳定为前提,以发展农村经济、提高农民收入为目的,以推进村务公开民主管理

为重点，尽快从领导体制、领导方式、思想作风上进行改进，建成与村民自治相适应的领导新机制、新方法，在村民自治中发挥领导核心作用。

2. 正确处理好三个关系，扎实推进村民自治工作

一是正确处理村党支部与村委会的关系。有人曾对村"两委"的关系做了一个形象的比喻：村级组织就像一只船，在这只船上村党支部是舵手，掌握船的前进方向，村委会和其他村级组织就是水手，为这只船的前进提供动力，老百姓就是托起船的水。只有大家齐心协力，船才能沿着正确的方向航行，到达最终的目的地。按照党章规定，村党支部是农村各种组织和各项工作的领导核心，推进村民自治，其根本目的就是维护和保障农民群众的民主权利，强化党在农村执政的群众基础。这就决定了在村民自治工作中，必须充分发挥村党组织的领导核心作用。二是正确处理村委会、村民小组与其他村级组织的关系。在村民自治工作中，要充分发挥村委会及其他村级组织的职能作用，就要根据法律法规和中央政策的规定，明确村级各个组织的职责任务，切实理顺工作关系，构建以村党组织为领导核心，村委会、村级经济组织以及共青团、妇代会等各个组织职责明确、团结协作、各司其职、密切配合的良好工作机制，不断推进村民自治工作的制度化、规范化、法治化。村委会、村民小组是按照《村民委员会组织法》规定设立的法定组织，村民理事会是村民小组领导下的办理具体事务的组织。村民理事会建设要与村民小组建设相结合，不能以村民理事会代替村民小组。三是正确处理乡镇政府与村委会的关系。根据《村民委员会组织法》规定，乡镇政府与村委会是指导与协助的关系，不是领导与被领导的关系；乡镇政府对村委会的工作给予指导、支持和帮助，不得干预属于村民自治范围的事项；村委会对乡镇政府的工作应当依法予以协助。

3. 进一步深化村务公开民主管理，确保"四个民主"一同发展

深化村务公开民主管理，不仅是推进村民自治的基础性工作，而且是建设新农村的必由之路。面对新形势，应积极探索民主管理的新模式，例如在自然村创设村民理事会，作为村民自治的延伸和发展，协助村委会管理自然村内的公共事务，如文明卫生、社会治安、计划生育等工作，从制

度上解决农村外出务工人员增多带来的民主议事难和"无人办事"等问题，为村民行使重大村务知情权、参与权、决策权和监督权提供一个可操作的平台，使村级民主管理、村民自治简便易行。要大力发展"四个民主"，围绕健全和完善村务公开民主管理这个主题，积极推进村务公开由办事结果公开，向办事依据、办事程序、办事结果全过程的延伸，从物质文明向精神文明、政治文明全过程发展，确保农民群众各项民主权利真正落到实处。

三　加强干部管理考核

长期的二元经济结构造就了城乡差距，持续的城乡差距导致了社会排斥，社会排斥如同一股暗流，侵蚀着社会的和谐与稳定。被排斥的群体往往难以享受到公平的发展机会，他们的权益也难以得到保障，他们的声音也难以被社会所听见。在这样的背景下，加强干部管理考核显得尤为重要。党的二十大报告指出："建设堪当民族复兴重任的高素质干部队伍。全面建设社会主义现代化国家，必须有一支政治过硬、适应新时代要求、具备领导现代化建设能力的干部队伍。"[1] 干部队伍作为党和国家事业的中坚力量，他们的职责之一就是推动城乡协调发展，缩小城乡差距。通过加强干部管理考核，可以确保干部队伍更加积极地履行自己的职责，更加深入地了解城乡发展的实际情况，更加有效地推动城乡之间的融合与交流。

（一）五级书记抓乡村振兴

乡村振兴是一项历史性任务和系统性工作，必须动员更多力量、用更大的力度来推进。党中央高度重视"三农"工作，印发了《乡村振兴责任实施办法》，明确了乡村振兴的部门责任和地方责任，建立了中央统筹、省负总责、市县乡抓落实的工作机制。宁夏紧跟步伐，制定了详细实施办法，印发了《宁夏回族自治区乡村振兴责任制实施细则》，要求全面落实区市县乡村五级书记抓乡村振兴责任，推动各级党政"一把手"把责任真正扛在肩上、抓在手上，特别是发挥县委书记"一线总指挥"作用，要因

---

① 习近平：《高举中国特色社会主义伟大旗帜 为全面建设社会主义现代化国家而团结奋斗——在中国共产党第二十次全国代表大会上的报告》，人民出版社，2022，第66页。

地制宜组织研究区域内乡村振兴规划,加快建设乡村全面振兴样板区。同时,也要发挥考察监督"指挥棒"作用,既要推动各类涉农督查检查考核,能整合的整合,能简化的简化,减轻基层迎检迎考负担,又要继续突出实际实效,实行工作报告制度,开展情况督查和监测评估,强化乡村振兴表彰激励和约谈问责,真正做到落实责任、发现问题、解决问题。

（二）考核机制科学规范

干部考核是坚持和加强党的全面领导、推动党中央决策部署贯彻落实的重要举措,是激励干部担当作为、促进党和国家事业发展的重要抓手。[①]建立科学规范的基层干部考核机制,旨在激励基层干部积极担当作为,推动党和国家事业发展。其核心在于基层党委及其组织部门按照干部管理权限,全面、客观地了解、核实和评价基层党政领导班子和领导干部的政治素质、履职能力、工作成效及作风表现,进而为基层领导班子和领导队伍建设提供有力支撑。

在实践中,科学规范基层干部考核机制应遵循以下原则和措施。首先,必须深刻领会党中央精神和地方政府决策部署,切实履行主体责任,将《干部考核条例》的学习、宣传和贯彻工作落到实处。其次,应始终坚持政治标准贯穿于基层干部考核工作的全过程,突出对地方政府决策部署的贯彻落实情况的考核,确保基层各级领导班子和领导干部在政治上同党中央保持高度一致。此外,还须将区分优劣、奖优罚劣、激励担当、促进发展作为基层干部考核工作的基本任务,通过调整优化考核内容指标、改进考核方式方法、强化考核结果运用,最大限度地调动广大干部的积极性、主动性和创造性,树立讲担当、重担当、改革创新、干事创新的鲜明导向。

针对基层干部反映的督查检查考核过多、过频、过度留痕等问题,宁夏需从健全机制入手,通过细化考核指标、缩减考核内容、减少考核频次等措施,进一步优化考核体系,提升综合考核工作的"精确度"。当然,为了高效破解考核的重点、难点问题,还须通过统筹制定考核指标,继续

---

① 本书编写组编著《新时代党员干部学习关键词（2020版）》,党建读物出版社,2020。

建立县级综合考评中心，积极协调各考核成员单位，结合各自工作职能差异化上报工作指标，科学合理整合各类考核专项，制定年度考核指标框架体系。

第三节　提升文化发展能力

一　提高农村教育质量

不管是舒尔茨、贝克尔，还是阿马蒂亚·森，他们都认为人力资源投资是提高劳动力价值的有效方式。人力资源投资不外乎提高劳动者的知识、技术、健康、修养等素养和开阔视野、解放思想等能力。教育投资是人力资源投资最主要的形式，就像舒尔茨所说，教育投资是生产性投资，具有显著的溢出效应，其平均收益率高于物质资本的收益率。[①] 提升宁夏低收入农户内生能力，首先是在公平公正的前提下，加大人力资源投资，尤其是教育投资，否则，低收入农户就会有剥夺感而放弃人力资源投资的机会。因此，在公平公正前提下，加大低收入农户教育投资是增收致富的有效方式。

（一）树立自信，破除陈旧观念

提升宁夏低收入农户内生能力是一个系统工程，是受投资主体、提升对象和社会环境等诸多因素影响的。诸多因素中，投资主体和提升对象的观念是提升宁夏低收入农户内生能力的最大制约因素。在宁夏农村一些人为了建档立卡户也"跑关系，走后门"。这是一种缺乏自信的陈旧观念，要坚决改掉。"要从思想上淡化'贫困意识'。不要言必称贫，处处说贫。"[②] 首先，强化一些县市政府的职能，消除政府陈旧、僵化的工作模式。转变政府对提升宁夏低收入农户内生能力的认识，加大开发力度，积极探索出符合本地特色的发展之路。其次，通过对当地致富能手的新闻宣传，积极引导宁夏低收入农户自强自立，摒弃安于现状、墨守成规，鼓励

---

① 西奥多·W. 舒尔茨：《改造传统农业》，梁小民译，商务印书馆，2006。
② 习近平：《摆脱贫困》，福建人民出版社，1992，第6页。

他们对新事物、新思想的追求，从而提升宁夏低收入农户内生能力。

（二）加大农村教育投入力度

百年大计，教育为本。教育是提升宁夏低收入农户内生能力的第一手段。提升宁夏低收入农户内生能力的核心就是加大农村教育投入力度。

1. 普及十二年义务教育

自国家实施九年义务教育以来，宁夏低收入农户无论是受教育的规模，还是受教育的时长，都有了显著增加。但是，这对于贫困的宁夏农村来说还是不够的，教育工作的薄弱仍是全面建成社会主义现代化强国目标的重要障碍。因此，本书建议在夯实宁夏农村九年义务教育的基础上，尽快推行十二年义务教育。十二年义务教育也就是将高中三年教育和现有的九年义务教育都实行免费的义务教育。在宁夏农村，许多孩子考不上高中，只能进高职或中职学校。这些考不上高中的学生汇集到教学水平较低、人文环境较差的高职或中职学校，价值观、人生观还未定型的他们大多学不到知识、技能。广东、浙江、河北等省份已经看到了这个问题的严重性，所以在尝试实施十二年义务教育，取得了很好的效果。反对实施十二年义务教育的理由是会大大增加国家的教育支出，课题组根据国家统计局 2018 年教育经费在各级教育间的分配数据进行了简单的分析。2018 年，全国义务教育经费总投入为 20858 亿元。全国高中阶段教育经费总投入为 7184 亿元，其中，中等职业教育经费总投入为 2463 亿元。全国高等教育经费总投入为 12013 亿元，其中，普通高职高专教育经费总投入为 2150 亿元。[①] 全国九年义务教育经费是 20858 亿元，平均每年约 2318 亿元。如果实施高中三年义务教育，也就是每年多追加 6953 亿元。如果将中等职业教育经费的 2463 亿元和普通高职高专教育经费的 2150 亿元投到高中义务教育，那么缺口也只有 2340 亿元，对于作为世界第二大经济体的中国来说，每年在教育上多投两千多亿元，可以将义务教育延长三年，其意义重大。

---

① 《教育部关于 2018 年全国教育经费统计快报》，教育部网站，2019 年 4 月 30 日，http://www.moe.gov.cn/jyb_xwfb/gzdt_gzdt/s5987/201904/t20190430_380155.html。

2. 改革村乡镇级教育格局

九年义务教育推行以来，国家在宁夏农村建立了多所小学。然而，随着城镇化步伐加快，许多农村人口将家安到镇上或县上，甚至住到市里，出现了农村"空心化"现象，而城镇人气非常旺盛的景象。农村小学校舍整齐美观，教学设备齐全，就是缺少学生，甚至出现了许多农村学校老师比学生多的现象。这些现象都是对教育资源的严重浪费。因此，我们要改革现有的村乡镇级教育格局，将一些人口较少的村级学校撤掉，集中精力，将好钢用在刀刃上，在乡镇、县市办一些专门招收农村学生的寄宿制学校，这样不但能够解决教育资源浪费，而且还能让宁夏偏远农村的孩子受到良好的教育。

3. 重视高等教育

贫困的宁夏农村家庭，能培养一名大学生，意味着这个家庭修了一条脱贫路。因此，要重视宁夏农村的高等教育。一是要加大投资力度。宁夏高校为宁夏经济社会发展做出了积极贡献，国家应该加大投资，提高宁夏高校的办学层次和办学水平，敦促宁夏高校在招生上向本地农村生源倾斜。二是保障考上大学的宁夏农村大学生完成学业。积极探索助学模式，发挥助学金、贷学金和勤工俭学等助学方式，保障宁夏农村大学生不因经济困难而辍学，帮助他们顺利完成大学学业。

二　发展特色文化产业

习近平总书记深刻指出："文化是一个国家、一个民族的灵魂。文化兴国运兴，文化强民族强。"[1] 为此，习近平总书记作了进一步阐释："以高质量文化供给增强人们的文化获得感、幸福感。"[2] 这一论述不仅仅揭示了文化发展的内在逻辑，更在全面把握世情、国情变化的基础上，深入审视传统与现代交融的复杂背景，运用历史唯物主义的逻辑思维，对文化在民族进步和满足人民对美好生活向往中的特殊重要性做出了精辟阐述。这

---

[1]　习近平：《决胜全面建成小康社会 夺取新时代中国特色社会主义伟大胜利——在中国共产党第十九次全国代表大会上的报告》，人民出版社，2017，第40~41页。

[2]　《习近平谈治国理政》（第3卷），外文出版社，2020，第314页。

一观点在探讨乡村振兴战略的实施策略时，为我们提供了深刻的指导，即"要科学把握乡村的差异性，因村制宜，精准施策，打造各具特色的现代版'富春山居图'"[①]。为了有效应对文化振兴过程中出现的"千村一面"现象，应学习运用浙江"千村示范、万村整治"工程经验方法，立足各地乡村独特的文化资源，根据各村的具体情况制定适宜的发展策略，构建出具有乡村文化特色的振兴模式。这种因村制宜的发展思路，不仅仅有助于展现乡村文化的多样性，更能推动乡村特色文化产业的持续发展，为乡村振兴注入新的活力与内涵，实现文化与乡村发展的良性互动。

（一）加强农业基础设施建设

乡村振兴，基础设施是关键。2024年中央一号文件强调，学习运用"千万工程"经验，建设宜居宜业和美乡村。这是推进农业农村现代化的基石工程，是深化城乡融合发展的关键举措，是助力美丽中国建设的生态保障工程，是促进共同富裕的民心所向工程。宁夏坚定扛起振兴"三农"工作责任，举全区之力加快农业农村现代化，加快建设乡村全面振兴样板区，把乡村建设摆在美丽新宁夏建设的重要位置，让广大农民过上更加美好的生活。

1. 持续推进农村人居环境整治

为了系统提升农村环境质量和改善村容村貌，应深入开展村庄清洁行动，并着力加大环卫投入力度。通过健全多元投入机制，确保各项清洁工作得以有效实施，推动村容村貌的整体改善。在治理农村生活垃圾方面，应完善村收集、乡转用、县处理的体系，实现垃圾处理的规范化与高效化。同时，梯次推进生活污水治理，确保污水得到妥善处理，避免对环境造成不良影响。此外，还需加强对乡村人口分布特征和趋势的研判，以制定更加精准的环保措施。应积极推进县城污水管网向城郊村延伸，乡镇管道向中心村覆盖，确保污水收集与处理网络的完善，对于一般乡村，应推行粪污一体化处理，实现资源的有效利用与环境保护。为了构建分类梯次治理格局，应深入推进农村"厕所革命"，建立厕所粪污处理及运行维护

---

① 《习近平谈治国理政》（第3卷），外文出版社，2020，第261页。

机制，确保厕所设施的正常运行与清洁。在此过程中，应积极引导村民主动参与改革，积极使用新设施，共同营造干净整洁的农村环境。

2. 狠抓农田水利建设

农田水利建设，是巩固和提高粮食综合生产能力、保障国家粮食安全、促进产业振兴的重要举措。宁夏地处西北内陆，年平均降水量 289 毫米，蒸发量 1250 毫米，人均可利用水资源量仅 572 立方米，是我国水资源最为匮乏的地区之一。2016 年以来，通过持续完善农田水利设施，积极推动高效节水用水，宁夏的水利建设取得了显著成效。2023 年，宁夏农业高效节水灌溉面积已达 580 万亩，① 有效缓解了水资源短缺对农业生产的制约。同时，宁夏将高标准农田建设作为农田水利建设的主阵地，通过大规模投入和精心组织，成功建成高标准农田超 1000 万亩。这一举措不仅显著提升了农田的灌溉效率和产出能力，还成功创建了 3 个国家级优势特色产业集群和农业现代化示范区，为宁夏农业的可持续发展注入了新的动力。通过建设高标准农田，宁夏全区粮食生产实现"二十连丰"的壮举，播种面积、单产、总产实现"三个增长"。这充分证明了农田水利建设在提升粮食生产能力、促进农业产业振兴方面的积极作用。

展望未来，为了进一步巩固和提升农田水利建设的成果，宁夏应继续加大投入力度，完善农田水利设施体系，推动高效节水灌溉技术的广泛应用。同时，还应加强农田水利建设与农业产业发展的深度融合，通过优化农业产业结构、提升农产品品质等方式，进一步推动农业产业的转型升级和可持续发展。此外，还应注重加强农田水利建设的管理和维护工作，确保设施的正常运行和长期效益的发挥。

3. 构建高效交通体系

交通是经济发展的大动脉，乡村振兴交通先行。农村交通基础设施建设要与农村各项事业发展紧密融合，形成城乡联动、融合发展的良好局面。宁夏地处我国西北地区，地理环境复杂，农村交通基础设施改善面临

---

① 张雨浦：《2024 年宁夏回族自治区政府工作报告》，宁夏回族自治区人民政府网站，2024 年 1 月 29 日，https://www.nx.gov.cn/zwxx_11337/nxyw/202401/t20240129_4434113.ht4ml。

着更大的投入挑战。① 目前，宁夏的农村基础设施建设主要集中于普通公路的改善，然而，为了进一步提升农村地区的交通条件，应大力发展并完善农村交通基础设施，特别是发挥高速、高铁对公路的替代效应。随着我国农村地区公路建设的逐步完善，提供更高效率、更低损耗的交通途径已成为必然趋势。在"十四五"时期，我国的高速、高铁建设规划已深入更多农村地区，这不仅为农村地区带来了更便捷的交通方式，也极大地提高了运输效率，宁夏要加大投入，紧跟发达地区乡村振兴步伐，争取早日建成高速高效的农村交通体系。从经济角度来看，高速、高铁的建设不仅仅为农村地区带来了便捷的交通条件，更构建了一个全新的时空环境。在这种环境下，人流、物流、技术流、资金流等都能高速发展，形成有效的组织模式，将有力推动农村地区的城乡消费市场乃至商品市场的进一步变革，为农村地区的经济发展注入更多活力。

4. 加快乡村绿色生产转型

当前，绿色发展成为农业发展的主流，须以绿色发展驱动农业高质量发展。结合宁夏实际情况，需要在巩固化肥、农药零增长行动成果的基础上，进一步推动化肥、农药的减量化使用，以降低农业污染，保护土壤和水资源。同时，巩固地下水超采综合治理成果，实施耐旱品种的推广和节水灌溉多措并举，以推动地下水位持续稳定回升，实现水资源的可持续利用。此外，宁夏还应加快实施农村电网的巩固提升工程，推动农村分布式新能源的发展，为乡村绿色生产提供可靠的电力保障。加强重点村镇新能源汽车充换电设施的规划建设，促进新能源汽车的普及和应用，减少交通领域的碳排放。与此同时，须持续实施绿色乡村发展行动，积极发展智慧农业、数字农业、"互联网+农业"，利用现代信息技术提升农业生产效率和管理水平。通过实施智慧广电乡村工程，加强农村信息化建设，努力缩小城乡"数字鸿沟"。鼓励有条件的地区统筹建设区域性大数据平台，加强农业生产经营、农村社会管理等涉农信息的协同共享，推动乡村治理体系和治理能力现代化。

---

① 廖庆娟：《农村交通基础设施改善对城乡消费市场一体化的影响》，《哈尔滨师范大学社会科学学报》2023 年第 4 期。

（二）红色文化赋能乡村振兴实践

红色文化是涵育乡风文明的精神引领。乡风文明是乡村建设的灵魂，是从精神层面衡量乡村振兴成效的重要标准，对于增强乡村凝聚力和向心力、树立良好的乡村形象具有重要意义。[①] 习近平总书记 2016 年在宁夏考察工作结束时明确指出："宁夏是一片有着光荣革命传统的红色土地。"[②] 这一论断不仅仅深刻揭示了宁夏丰富的革命历史和传统，更为宁夏持续推进红色文化赋能乡村振兴的实践提供了有力支撑。

宁夏，这片红色热土，承载着红军长征途中的重要历史记忆。长征期间，红军曾穿越宁夏南部的西吉、原州、泾源、彭阳四县（区），并在将台堡实现了红一、红二、红四方面军的伟大胜利会师。这一历史性事件标志着中国共产党领导下第一个县级民族自治政府——陕甘宁省豫海县回民自治政府的诞生，为宁夏的革命历程书写了浓墨重彩的一笔，奠定了宁夏在革命历史中的重要位置。

如今，宁夏正积极推进红色文化赋能乡村振兴的实践，深入挖掘红色资源，如盐池县的红色记忆展览馆、贺兰县宁浙电商创业园的宁夏红色收藏馆等。这些场馆不仅仅收藏了大量珍贵的革命文物和历史资料，更为公众提供了了解红色文化、缅怀革命先烈的重要平台。

同时，宁夏还注重将红色文化与乡村旅游相结合，推动文化产业与旅游产业的融合发展。通过开发红色旅游线路、举办红色文化主题活动等方式，宁夏吸引了大量游客前来参观学习，不仅仅显著提升了当地的经济收益，更为乡村振兴提供了源源不断的新活力。更重要的是，这种方式使得更多人能够近距离地感受红色文化的魅力，进一步增强了人民群众对革命精神的认同感和自豪感。

（三）持续推进"六特"产业发展

自 2023 年 11 月 1 日起，《宁夏回族自治区乡村振兴促进条例》正式实施，这标志着宁夏在"三农"领域迈出了坚实的一步。作为宁夏首部基础

---

① 詹檐鹏：《红色文化赋能乡村振兴的意义与实践》，《中国文化报》2024 年 2 月 2 日。
② 习近平：《论中国共产党历史》，中央文献出版社，2021，第 9 页。

性、综合性、系统性法规，该条例为宁夏特色优势产业的发展提供了有力支撑，致力于构建现代农业全产业链，助力乡村振兴。

宁夏农产品加工曾长期停留在"粮去壳、菜去帮、果去皮"式的初级加工水平，产业"特而不强"问题突出。近年来，宁夏着力推动"六特"产业形成集群，鼓励精深加工。"六特"产业即葡萄酒、枸杞、牛奶、肉牛、滩羊、冷凉蔬菜产业，现已成为推动农业发展和农业增收的强大引擎。目前，这六大产业综合产值已突破 2420 亿元，成效显著。自治区第十三次党代会进一步提出，到 2027 年，"六特"产业综合产值应达到 4300亿元的目标，并为此制定了详细的任务规划。

1. 葡萄酒产业方面

坚持大产区、大产业的发展思路，致力于高标准打造百万亩中国优质酿酒葡萄基地，同时积极拓展"葡萄酒+"文旅、康养、休闲、生态等新业态。充分利用国内外市场资源，推进国家葡萄及葡萄酒产业开放发展综合试验区建设，以打造世界葡萄酒之都为目标。预计到 2027 年，酿酒葡萄基地规模将达到 100 万亩，葡萄酒产业综合产值将达到 1000 亿元。

2. 枸杞产业方面

枸杞是宁夏名片之一。实施基地稳杞、龙头强杞、科技兴杞、质量保杞、品牌利杞、文化活杞"六大工程"，创建国家农业现代化示范区，进一步擦亮"枸杞之乡"的金字招牌。预计到 2027 年，枸杞产业综合产值将突破 500 亿元。

3. 牛奶产业方面

坚持高产高效、优质安全、绿色发展的原则，持续优化产业布局，拓展市场容量，力求将宁夏打造成中国"高端奶之乡"。预计到 2027 年，全区奶牛存栏将达到 100 万头，全产业链产值将达到 1100 亿元。

4. 肉牛产业方面

肉牛产业是"六特六新"产业的重要内容之一，发展肉牛产业功在当代，利在千秋。持续增加基础母牛数量，推进肉牛良种繁育体系建设，努力打造全国肉牛良种繁育基地。预计到 2027 年，全区肉牛饲养量将达到270 万头，全产业链产值将达到 620 亿元。

5. 滩羊产业方面

突出高端化、标准化、品牌化的发展策略，重点抓好规模养殖、良种繁育、品质打造等方面的工作，进一步强化"滩羊之乡"的品牌影响力。预计到 2027 年，全区滩羊饲养量将达到 1770 万只，全产业链产值将达到 400 亿元。

6. 冷凉蔬菜产业方面

港澳等地百姓对宁夏菜深爱有加，宁夏菜已经在港澳等地形成品牌效应，宁夏应该大力发展冷凉蔬菜产业。按照一县一业、多县一业的思路，逐步提升产业的集群效应和规模效应。预计到 2027 年，全区蔬菜种植面积将达到 300 万亩以上，总产值将达到 700 亿元以上。

三 加强文明乡风建设

新时代的文明乡风，是深深根植于现代与传统交织的土壤之中，由现代化的乡村社会孕育出的独特文化气质。它不仅是城市与乡村文明交汇的产物，也是民族文化与世界文化相互融合、共同发展的结晶。这种文明乡风，虽无形无质，却以独特的软实力，深刻影响着乡村社会的各个方面。培育文明乡风是一项系统工程，需要我们以全面、系统、开放、发展的视角来审视和推进。我们必须清醒地认识到，培育文明乡风不是一蹴而就的，而是需要长期不懈的努力和持续的探索。习近平总书记在参加十三届全国人大四次会议青海代表团审议时特别强调了培育文明乡风的重要性，并指出："培育文明乡风，建设美丽宜人、业兴人和的社会主义新乡村。"①这一论述，为我们指明了培育文明乡风的方向和目标。

（一）农村不良风气治理

2022 年，农业农村部等八部门印发的《开展高价彩礼、大操大办等农村移风易俗重点领域突出问题专项治理工作方案》，旨在系统建立并完善移风易俗的落实机制，同时寻求并创新农村移风易俗的方法路径。此举标志着我国在推动农村精神文明建设、深化移风易俗工作方面迈出了坚实步

---

① 《坚定不移走高质量发展之路 坚定不移增进民生福祉》，新华网，2021 年 3 月 7 日，http://www.xinhuanet.com/2021-03/07/c_1127181075.htm。

伐。2023 年中央一号文件进一步明确了移风易俗工作的重要性，强调"推动各地因地制宜制定移风易俗规范，强化村规民约约束作用，党员、干部带头示范，扎实开展高价彩礼、大操大办等重点领域突出问题专项治理"①。这指明要着重针对高价彩礼、大操大办等突出问题，开展专项治理工作，以切实减轻农民负担，促进乡村社会和谐稳定。

宁夏在推进农村移风易俗的过程中，应坚持疏堵结合、标本兼治的原则，既要通过制定和执行相关规范来限制不良风气，又要通过创新移风易俗抓手载体，发挥村民自治作用，来推动乡村文化的正向发展。同时，应强化村规民约的激励约束功能，使农民在遵守村规民约的过程中形成自我约束、自我管理的良好风尚。此外，还可以鼓励各地充分利用乡村综合性服务场所，为农民提供婚丧嫁娶等普惠型社会服务，以减轻农民人情负担，促进乡村社会的和谐发展。同时，应完善婚事新办、丧事简办、孝老爱亲等约束性规范和倡导性标准，引导农民形成健康文明的生活方式。为推动移风易俗工作的深入开展，还应发挥党员、干部的示范带头作用，鼓励他们带头承诺践诺，成为推动移风易俗工作的中坚力量。同时，应加强家庭家教家风建设，通过推广清单制、积分制等有效办法，激发农民参与移风易俗工作的积极性和主动性。

综上所述，农村移风易俗工作是一项长期而艰巨的任务，需要政府、社会、农民等各方共同努力，形成合力，共同推动乡村社会的文明进步。

（二）先进人物宣传

先进人物是展现时代风貌的窗口，通过他们的言行和事迹，我们能够窥见一个时代的精神面貌和发展方向。他们是引领社会风尚的旗帜，以其卓越的成就和高尚的品德，为全社会树立了榜样，引领着社会风尚的积极变化。同时，先进人物还是把握时代脉搏的坐标，他们敏锐地捕捉时代的变迁和社会的需求，以创新的思维和行动，推动社会的进步和发展。因此，在宁夏的文明乡风建设中，深入挖掘和培育先进人物显得尤为重要。通过宣传先进人物的典型事迹和优秀品质，可以激发广大农民的积极性和

---

① 《中共中央国务院关于做好 2023 年全面推进乡村振兴重点工作的意见》，人民出版社，2023，第 18 页。

创造性，推动乡村的全面进步和发展。同时，先进人物还能够发挥示范引领作用，带动更多农民投身乡村建设事业，共同推动宁夏文明乡风建设的深入发展。

第四节　提升社会交往能力

有效流动，主要是移民搬迁和劳动力自由流动。移民搬迁是指将生活在自然资源匮乏、环境恶劣地方的人口搬到自然资源较为丰富、环境较好的地方，使其安营扎寨、永久居住、发家致富的一种行为，这种行为一般是由政府主导实施、农民受益的扶贫开发模式。劳动力自由流动，从经济学上来讲就是政府为劳动力需求方和劳动力提供方搭建平台，使他们能够平等协商、各取所需，建立统一的劳动力市场有助于劳动力自由流动；从社会学中社会流动的角度来讲就是指劳动力社会地位的变化，即从某一社会阶层到另一社会阶层的变化。合理的社会流动，不管是垂直流动还是水平流动都有利于经济发展、社会稳定。

一　加强闽宁对口协作

志合者，不以山海为远。闽宁结缘于 1996 年，20 多年来，先后有 2000 余名来自福建的支教支医支农工作队员以"敢于牺牲""敢拼会赢"的精神，和宁夏干部群众一道久久为功，探索出一条具有典范意义的扶贫协作道路。

（一）点对点、一对一，结对帮扶机制实现从纵向到横向的深度延伸

早在闽宁对口扶贫协作第一次联席会议上，两省区就确定了结对帮扶的方式。纵向看，结对帮扶已由县区延伸到乡镇和行政村，两省区 64 个乡镇、34 个村结对帮扶，精准帮扶力度更大，在全国开了先河；横向看，两省区在教育、医疗、文化等领域推进对口协作，组织、统战、民政、司法、教科文卫等几十个部门和社会团体建立起帮扶关系。"这些结对的地方和部门就像一枚硬币的两面，建立了亲密的协作关系，成为两地携手合作取得实质成效的强有力保障。"宁夏回族自治区扶贫办主任董玲说。福

建先后选派 9 批 140 名干部到宁夏挂职，宁夏也选派 15 批 244 名干部到福建挂职。

（二）社会扶贫、民生优先，社会参与机制不断深化协作的内涵

扶贫先扶智，治贫先治愚。20 多年来，闽宁两地不断拓展扶贫协作领域，由单一的经济合作发展为在教育、医疗、文化等多领域推进合作，各项社会事业不断推进，当地老百姓获得更多实惠。

（三）取长补短、优势互补，协作共赢的机制奠定可持续发展的基石

就像电视剧《山海情》里展现的那样，宁夏和福建具有不同的地理位置和自然环境，山是宁夏的代名词，海是福建的代名词。福建有海洋、生态、民营经济等方面的优势，但也存在人多地少、资源匮乏、要素成本高等困境。宁夏有地多人少、资源较为丰富的优势，但有干旱少雨、人力资本水平不高、地方经济落后等劣势。因此，闽宁要广泛深入地开展多种形式的扶贫协作，促进闽宁双方共同发展。宁夏哈纳斯集团也抓住福建建设 21 世纪海上丝绸之路核心区的机遇，在莆田市筹建投资约 110 亿元的国家级天然气战略储备基地项目，成为闽宁双向互助转变的一个标志。

"六盘山上高峰，红旗漫卷西风。"位于固原的六盘山，是红军当年长征翻越的最后一座大山，从此中国革命从胜利走向胜利。如今，"闽宁模式"正掀开全新一页，福建、宁夏两省区对口协作不断汇聚新的智慧与力量，在六盘山下奏响脱贫攻坚的澎湃乐章。[①]

二　建立新型农村社区

新型农村社区的出现，是城镇化不断发展的结果。与传统农村社区不同，新型农村社区是在政府领导下，经过科学合理的规划，以居民需求为主导的新型社会生活共同体。新型农村社区打破了以往村庄的限制，将村域合并。这种合并是经过合理的规划，按照一定的法律标准及要求，在固定的期限内进行的。通过重新规划、建立起统一的住房，并配置有公共服务设施，新型农村社区能帮助农民构建新的生产生活方式，构建一种新的

---

① 孙波等：《山海为证，携手共圆全面小康梦》，《文汇报》2016 年 7 月 20 日。

居住生活的共同体。[1] 乡村振兴背景下，新型农村社区的规划与发展整体呈现较好态势，但由于各种主客观因素的影响，我国新型农村社区发展依旧存在规划发展缺乏科学性、治理主体单一和公共服务设施缺乏等问题，需要在原有基础上进行重构与完善，持续提升新型农村社区的建设水平。

（一）完善农村社区基础设施

基础设施的完善是新型农村社区建设的核心支撑。宁夏应加大投入力度，分两步走。一是持续推进有条件乡村向新型农村社区转型，做好顶层设计，根据以往经验，因地制宜，少走弯路；二是确保已建成的新型农村社区的基础设施得到全面升级，包括住房条件的改善、道路网络的优化、水电暖供应的稳定以及通信设施的现代化等。这些设施的完善将为新型农村社区的居民提供更加便捷、高效和舒适的生活环境，进一步提升农村社区的吸引力和竞争力。

（二）打开邻里的公共交往空间

社区邻里的公共交往是社区凝聚力和向心力的重要体现。为了加强社区邻里的公共交往，首先需要优化社区公共空间布局，打造宜人的交往环境，如广场、公园等，为居民提供相聚、交流的平台。同时，通过举办丰富多彩的文化、体育和娱乐活动，让居民在轻松愉悦的氛围中增进了解、加深邻里感情。可以设立社区议事会、线上交流平台等，鼓励居民积极参与社区事务的讨论与决策，共同为社区的发展出谋划策。

（三）加强各民族交往交流交融

加强各民族交往交流交融是新型农村社区建设不可或缺的一环。作为一个多民族聚居的地区，宁夏应充分尊重并发挥各民族的文化特色，通过举办各类文化交流活动、建立多民族参与的社区治理机制等方式，促进不同民族之间的深度交流和融合。这不仅仅有助于增进民族间的了解和友谊，更能够共同推动社区的和谐稳定发展。

---

[1] 喻新安、刘道兴主编《新型农村社区建设探析》，社会科学文献出版社，2013。

三 加快农村人口流动

长期的二元经济结构造就了城乡差距，持续的城乡差距导致了社会排斥。社会排斥是指政策、制度、文化等因素致使某些个人或社会群体无法行使或不能充分行使法律赋予的公民基本权利而被边缘化的过程。宁夏低收入农户的社会排斥尤为突出。鼓励宁夏低收入农户外出务工、易地搬迁等都是破除社会排斥的良药。外出务工是破除社会排斥的主要途径之一。改革开放以来，农民工队伍的兴衰历史，充分地证明外出务工不仅破除了社会排斥，也推动了城市化，提高了农民收入，改善了农民生活。易地搬迁是破除社会排斥的另一个重要途径。易地搬迁是指由政府主导，将生活在不适于人类生存的偏远山区的农村人口搬迁到有利于人类生存的地域，使他们居住到更适合生存的地方，实现共同富裕，同时保护搬出地脆弱生态的行为。易地搬迁给宁夏低收入农户提供良好的生存环境，创造了就业机会，提高了见识。因此政府要积极推进外出务工和易地搬迁工作。

（一）鼓励外出务工，发展特色经济

1. 积极推动剩余劳动力外出务工

习近平总书记在东西部扶贫协作座谈会上指出："一人就业，全家脱贫，增加就业是最有效最直接的脱贫方式。长期坚持还可以有效解决贫困代际传递问题。"[①] 通过鼓励农村低收入人口外出务工，进一步激发内生动力，实现脱贫人口应就业尽就业，使脱贫攻坚战成果更加稳固。

鼓励剩余劳动力外出务工，能够直接增加农民的工资性收入。农民通过在城市或工业发达地区找到就业机会，能够获得比传统农业更高的收入。这种转移不仅提高了农民的个人收入水平，也提升了农户的家庭总体收入，从而提高了农民的生活质量。外出务工还有助于农民积累物质资本和人力资本。农民在城市工作期间，能够接触到更先进的生产技术和管理经验，这些经验在日后返乡创业或从事农业生产时，能够转化为实际的生产力，提高农业生产效率。鼓励剩余劳动力外出就业，还可以促进农村产

---

① 中共中央文献研究室编《习近平关于社会主义社会建设论述摘编》，中央文献出版社，2017，第75页。

业结构的调整和升级。随着劳动力的转移，农村的传统农业生产结构已然逐渐转向高效、集约、绿色的现代农业，这将进一步推动农业产业化的进程。这不仅可以提高农业的综合效益，还能为农村创造更多的就业机会，形成良性循环。

2. 有效发展地方特色，培养农民拥有一技之长

宁夏海原县作为往日的贫困县，现已脱贫摘帽，其转型之路上，长途运输业作为地方特色经济发挥着至关重要的作用。自 2017 年起，海原县紧密结合县域实际情况，将劳务产业定位为精准脱贫和富民的关键产业。通过不断完善相关体制机制、强化政策扶持以及深化技能培训工作，该县积极推动农村劳动力转移就业，以此促进农民增收致富。

为进一步推动汽车货运产业的健康发展，海原县委、县政府研究制定了《海原县交通运输业助推脱贫攻坚的实施意见》和《关于印发海原县交通运输业助推脱贫攻坚"五定"方案的通知》等文件。这些政策文件以"规模化、集约化、信息化、产业化"为发展方向，采用"互联网＋"先进模式，通过重点扶持、优化产业结构、规范行业管理以及强化服务等一系列举措，有效解决了汽车货运企业规模偏小、运输组织松散、竞争力和抗风险能力不强等问题。同时，为了进一步促进产业发展，海原县还成立了汽车货运产业发展"两园一办"，以打造更为优越的发展环境，推动汽车货运产业做大做强。

如今的海原县，已经成为宁夏地区货运领域的佼佼者。依托"海原司机"这一具有地方特色经济的劳务品牌，该县在 2020 年成立了"道路货物运输协会"。该协会积极协调各方资源，与甘肃靖远热电厂、固原王洼煤矿、宁煤集团等企业签订了煤炭运输合同，不仅仅显著提升了行业的抗风险能力和服务水平，更为从业者提供了技能培训、组织归属以及品牌认同的机会。这一举措使得从业者的收入水平更高、保障更为完善、职业稳定性也得到了显著增强。

综上所述，通过有效发展地方特色经济，特别是培养农民掌握一技之长，并精心打造属于农民自己的品牌，海原县不仅实现了农民与企业的双赢，而且其做法成了一种成本较低、效率较高的扶持就业措施。这一经验

对于其他地区在推动农民就业和低收入群体增收方面具有重要的借鉴意义。

（二）统筹规划，易地搬迁

1. 精心谋划，加大搬迁力度

一般来说，易地搬迁具有周期长、耗资大、百姓支持等特点。搬出地老百姓的搬出意愿很重要，如果他们不愿意，政府的移民搬迁工程就会"打水漂"。所以，在实施易地搬迁工程时，"各地政府应注重综合利用多种手段宣传易地扶贫搬迁相关政策，让贫困户能够详细准确地了解政策内容，及时享受政策优惠及福利，提高参与易地扶贫搬迁的热情，同时加快安置地项目建设，落实集中安置方式群众的居住保障，多措并举有力推进易地扶贫搬迁工作"[①]。

2. 培训移民，发展特色产业

对搬到移民新区的宁夏低收入农户进行培训，并定期举办各类知识讲座、专项技能培训等，提高他们的知识水平、眼界见识和就业能力。坚持因地制宜，积极鼓励移民在安置区发展特色种植业，特别是药材、蔬菜等高收益经济作物。引进和发展劳动密集型的企业以及农产品深加工企业，不但可以为移民创造更多的非农就业机会，而且可以"延长农业产业链条，发掘农业的多种功能，推动搬迁地区农村一二三产业的融合发展"[②]，从而实现巩固拓展脱贫攻坚成果同乡村振兴有效衔接。

---

① 李聪、郭嫚嫚、李萍：《破解"一方水土养不起一方人"的发展困境？——易地扶贫搬迁农户的"福祉-生态"耦合模式分析》，《干旱区资源与环境》2019年第11期。
② 黎洁：《陕西安康移民搬迁农户生计选择与分工分业的现状与影响因素分析——兼论陕南避灾移民搬迁农户的就地就近城镇化》，《西安交通大学学报》（社会科学版）2017年第1期。

结 语

天地之大，黎元为先。"三农"问题之农民问题是我国社会发展的根本问题之一。虽然我国取得了脱贫攻坚战的胜利，但是广大农民的高质量发展还任重道远，特别是低收入农户的发展迫在眉睫。内因是事物发展的根本，要解决低收入农户发展问题，关键在于他们自身，提升低收入农户内生能力是解决低收入农户发展的关键。宁夏地处西北边陲，低收入农户群体占比较高。本书以宁夏低收入农户内生能力提升为例，运用文献阅读、实地调研、问卷访谈等研究方法，分析影响低收入农户内生能力提升的诸多因素，提出从经济收入能力、政治参与能力、文化发展能力和社会交往能力等四个方面提升低收入农户内生能力的路径，旨在构建低收入农户内生能力提升机制。主要研究结论如下。

第一，提升低收入农户经济收入能力。提高低收入农户经济收入能力，一是要提供就业创业帮扶。发挥政府主导作用，把智创、文创、农创等方面的人才引入宁夏广大农村地区，一旦这些人才投入农村，将会快速提高农村创业队伍的创业热情，同时也会带来资金、技术、市场等要素，使宁夏广大农村成为各类要素聚集的洼地、实现梦想的佳境。二是要提升风险防御能力。在构建平等的社会保障制度基础上，实施宁夏南部山区农村特别专项计划，多途径筹集资金，提高医疗卫生水平，完善医疗基础设施建设，提升医护人员专业技能，为宁夏低收入农户创造良好的医疗环境。三是要发挥市场经济作用。巩固拓展脱贫攻坚成果同乡村振兴有效衔接，提升宁夏低收入农户经济收入能力，要继续发挥多方位发展、多主体参与的发展模式。

第二，提升低收入农户政治参与能力。宁夏低收入农户思想意识、文化水平和劳动技能的高低，决定着宁夏低收入农户内生能力提升幅度的大小，影响着巩固拓展脱贫攻坚成果同乡村振兴有效衔接的水平。在决定农业生产的增长量和增长率的要素中，土地的差别是最不重要的，物质资本的差别是相当重要的，而农民的能力的差别是最重要的。要提升宁夏低收入农户内生能力，实现巩固拓展脱贫攻坚成果同乡村振兴有效衔接，就要提高基层自治水平、扩展农民参政方式并加强干部管理考核，只有这样才能提高宁夏低收入农户的思想意识、文化水平和劳动技能。

第三，提升低收入农户文化发展能力。文化软实力是综合国力的重要组成部分。低收入农户的文化水平决定着他们的发展水平和富裕程度。提升低收入农户文化发展能力，一是提高农村教育质量，提高低收入农户的文化素养。二是发展特色文化产业。立足各地乡村独特的文化资源，根据各村的具体情况制定适宜的发展策略，构建出具有乡村文化特色的振兴模式，推动乡村特色文化产业的持续发展，为乡村振兴注入新的活力与内涵，实现文化与乡村发展的良性互动。三是加强文明乡风建设，为低收入农户指明培育文明乡风的方向和目标。

第四，提升低收入农户社会交往能力。农民内生能力提升的关键是沟通与交流。低收入农户在与外界的沟通与交流中，能够开阔视野，打开思路，从而提升他们分析问题、解决问题的能力。移民搬迁是指将生活在自然资源匮乏、环境恶劣地方的人口搬到自然资源较为丰富、环境较好的地方，使其安营扎寨、永久居住、发家致富的一种行为，这种行为一般是由政府主导实施、农民受益的扶贫开发模式。移民搬迁能够扩大低收入农户交际圈，能够开阔他们的视野，从而提升他们的社会交往能力。

本书可能的创新之处有三。一是学术思想创新。以宁夏低收入农户内生能力为研究对象，既是基于问题导向，也是对宁夏巩固拓展脱贫攻坚成果同乡村振兴有效衔接的回应。在"十四五"时期，该研究以新的视角为新形势下推进宁夏巩固拓展脱贫攻坚成果、推进乡村振兴提供了理论依据和政策参考。二是学术观点创新。宁夏低收入农户内生能力包含经济收入能力、政治参与能力、文化发展能力、社会交往能力四项内容，其中，经济收入能力是低收入农户内生能力的核心，政治参与能力是低收入农户内生能力的引擎，文化发展能力是低收入农户内生能力的基础，社会交往能力是低收入农户内生能力的支撑。根据调查结果及原因分析，构建提升宁夏低收入农户内生能力的框架。三是研究方法创新。本书对宁夏有特色、有代表性的地区进行田野调查，并采用整群抽样的方法进行问卷调查，尽可能全面、客观、准确地掌握宁夏低收入农户内生能力现状，同时通过"让数据说话"，使我们的研究更具有说服力。根据地区特殊性，结合规范性分析结果，提出符合宁夏回族自治区区情的提升低收入农户内生能力的对策。

本书以宁夏低收入农户内生能力为研究对象，分析了"经济收入能力"、"政治参与能力"、"文化发展能力"和"社会交往能力"四个指标与宁夏低收入农户内生能力之间的内在联系，希望能够提出提升低收入农户内生能力的有效对策。但是，由于农民内生能力参差不齐、数据量大等原因，本书的数据在样本信息饱和度、有效度等方面具有有限性和不完整性。另外，由于个体因素的多样性和贫困发生机制的复杂性，以及反贫困道路的曲折性等原因，我们的研究可能仍存在一些缺陷和不足。在今后的研究中，低收入农户内生能力提升机制还须进一步研究。

参考文献

普通图书类：

阿马蒂亚·森：《贫困与饥荒——论权利与剥夺》，王宇、王文玉译，商务印书馆，2001。

阿马蒂亚·森：《以自由看待发展》，任赜、于真译，中国人民大学出版社，2002。

阿马蒂亚·森：《正义的理念》，王磊、李航译，中国人民大学出版社，2012。

本书编写组编著《新时代党员干部学习关键词（2020 版）》，党建读物出版社，2020。

国家统计局住户调查办公室编《2020 中国农村贫困监测报告》，中国统计出版社，2020。

韩庆祥：《建构能力社会：21 世纪中国人的发展图景》，广东教育出版社，2003。

罗伯特·莱顿：《他者的眼光——人类学理论导论》（修订版），罗攀、苏敏译，华夏出版社，2005。

《马克思恩格斯全集》（第 32 卷），人民出版社，1998。

《马克思恩格斯文集》（第 1 卷），人民出版社，2009。

《马克思恩格斯文集》（第 3 卷），人民出版社，2009。

《马克思恩格斯选集》（第 1 卷），人民出版社，2012。

《毛泽东年谱（一八九三——一九四九）》（修订本，上卷），中央文献出版社，2013。

《毛泽东选集》（第 2 卷），人民出版社，1991。

宁夏回族自治区统计局、国家统计局宁夏调查总队编《2013 宁夏统计年鉴》，中国统计出版社，2013。

宁夏回族自治区统计局、国家统计局宁夏调查总队编《2021 宁夏统计年鉴》，中国统计出版社，2021。

宁夏回族自治区统计局、国家统计局宁夏调查总队编《2022 宁夏统计年鉴》，中国统计出版社，2022。

王大明：《我国西部地区现代农业发展研究》，电子科技大学出版社，2012。

王德宠主编《能力·素质·创新教育》，北京邮电大学出版社，2002。

西奥多·W. 舒尔茨：《改造传统农业》，梁小民译，商务印书馆，2006。

希拉里·普特南：《事实与价值二分法的崩溃》，应奇译，东方出版社，2006。

习近平：《摆脱贫困》，福建人民出版社，1992。

习近平：《论中国共产党历史》，中央文献出版社，2021。

《习近平谈治国理政》（第 3 卷），外文出版社，2020。

《习近平谈治国理政》（第 2 卷），外文出版社，2017。

习近平：《在全国脱贫攻坚总结表彰大会上的讲话》，人民出版社，2021。

习近平：《在深度贫困地区脱贫攻坚座谈会上的讲话》，人民出版社，2017。

习近平：《之江新语》，浙江出版联合集团、浙江人民出版社，2007。

徐勇：《中国农村村民自治》，华中师范大学出版社，1997。

喻新安、刘道兴主编《新型农村社区建设探析》，社会科学文献出版社，2013。

郑新立、何毅亭主编《十五届五中全会文件学习读本》，研究出版社，2000。

《中共中央关于党的百年奋斗重大成就和历史经验的决议》，人民出版社，

2021。

《中共中央国务院关于做好 2023 年全面推进乡村振兴重点工作的意见》，
人民出版社，2023。

中共中央文献研究室编《习近平关于社会主义社会建设论述摘编》，中央
文献出版社，2017。

C. M. Korsgaard, *Self-Constitution: Agency, Identity, and Integrity* (Oxford: Oxford University Press, 2009).

报告类：

《2020 年宁夏十大体育新闻发布》，宁夏回族自治区体育局网站，2021 年 1 月 7
日，https://www.sport.gov.cn/n14471/n14501/n14537/c975603/content.html。

《2020 年宁夏卫生健康统计公报》，宁夏回族自治区卫生健康委员会网站，
2021 年 7 月 26 日，https://wsjkw.nx.gov.cn/zfxxgk_279/fdzdgknr/
wstjbg/202107/t20210726_2942459.html。

《2020 年全国居民健康素养水平升至 23.15%》，中国政府网，2021 年 4 月
1 日，http://www.nhc.gov.cn/xcs/s7847/202104/6cede3c9306a41eeb52
2f076c82b2d94.shtml。

《巩固拓展脱贫攻坚成果同乡村振兴有效衔接"十四五"规划的通知》，宁
夏回族自治区人民政府网站，2021 年 12 月 21 日，https://www.nx.
gov.cn/zwgk/qzfwj/202112/t20211221_3240314.html。

《关于〈宁夏全民健身实施计划（2021—2025 年）（征求意见稿）〉征求
意见的公告》，宁夏回族自治区体育局网站，2021 年 10 月 19 日，ht-
tp://sport.nx.gov.cn/hdjl/yjzj/202203/t20220325_3404615.html。

《国务院办公厅关于进一步动员社会各方面力量参与扶贫开发的意见》，中
国政府网，2014 年 12 月 4 日，https://www.gov.cn/zhengce/content/
2014-12/04/content_9289.htm。

《好事办好 实事办实——宁夏实施农村危房改造侧记》，"宁夏新闻网"百
家号，2019 年 10 月 30 日，https://baijiahao.baidu.com/s?id=16488

04116016153214&wfr＝spider&for＝pc。

《积极支持宁夏加快煤矿先进产能建设》，国家能源局西北监管局网站，2024 年 2 月 28 日，https：//xbj. nea. gov. cn/dtyw/hyxx/202402/t20240229_257330. html。

《坚定不移走高质量发展之路 坚定不移增进民生福祉》，新华网，2021 年 3 月 7 日，http：//www. xinhuanet. com/2021－03/07/c_1127181075. htm。

《教育部关于 2018 年全国教育经费统计快报》，教育部网站，2019 年 4 月 30 日，http：//www. moe. gov. cn/jyb ＿ xwfb/gzdt ＿ gzdt/s5987/201904/t20190430_380 155. html。

刘彤：《信息通信业在乡村振兴中大有可为》，中国工信新闻网，2021 年 3 月 31 日，https：//www. cnii. com. cn/rmydb/202103/t20210331_265575. html。

《雒树刚：以高质量文化供给增强人民群众文化获得感幸福感》，人民网，2018 年 10 月 8 日，http：//cpc. people. com. cn/n1/2018/1008/c64102－303281 30. html。

宁夏回族自治区统计局、国家统计局宁夏调查总队编《2020 宁夏统计年鉴》，"统计年鉴下载站" 网站，https：//www. zgtjnj. org/navibooklist-n3020013210－1. html，最后访问日期：2023 年 8 月 21 日。

宁夏回族自治区统计局、国家统计局宁夏调查总队：《宁夏回族自治区 2022 年国民经济和社会发展统计公报》，宁夏回族自治区统计局网站，2023 年 4 月 26 日，https：//tj. nx. gov. cn/tjsj ＿ htr/tjgb ＿ htr/202304/t20230426_4046882. html？ 1＝1&h＝0。

《宁夏教育事业发展 "十四五" 规划发布》，宁夏回族自治区教育工委、宁夏回族自治区教育厅网站，2021 年 12 月 13 日，http：//jyt. nx. gov. cn/zwgk/zfxxgkml/ghjh/202112/t20211213_3219614. html。

《陕西实施移民搬迁工程对农民收入影响的调查报告》，国家统计局陕西调查总队网站，2015 年 9 月 30 日，http：//snzd. stats. gov. cn/fbjd/2015/41 250. shtml。

咸辉：《2019 年宁夏回族自治区政府工作报告——2019 年 1 月 27 日在宁夏

回族自治区第十二届人民代表大会第二次会议上》，宁夏回族自治区
人民政府网站，2019 年 2 月 3 日，https://www. nx. gov. cn/zzsl/zfgzbg/
201902/t20190203_1275662. html。

杨生俊：《2020 年政府工作报告》，西吉县人民政府网站，2021 年 1 月 25
日，https://www. nxxj. gov. cn/xxgk_13648/zfgzbg/202101/t20210125_
2578882. html。

《一季度全区经济运行总体平稳、开局良好》，宁夏回族自治区发展和改革
委员会网站，2022 年 4 月 20 日，http://tj. nx. gov. cn/tjxx/202204/
t20220419_3459161. html。

张瑛：《宁夏：闲置低效的土地资源"活"了》，人民网，2022 年 8 月 22
日，http://nx. people. com. cn/n2/2022/0822/c192482-40090638. html。

《中共中央 国务院印发〈乡村振兴战略规划（2018—2022 年）〉》，共产
党员网，2018 年 9 月 27 日，https://www. 12371. cn/2018/09/27/AR-
TI1538000221034483. shtml。

周一青：《卫生厕所普及率达 58% 配置户类分类垃圾桶超 16 万个 我区农村
人居环境整治取得"三个明显改善"》，宁夏回族自治区人民政府网站，
2020 年 11 月 30 日，https://www. nx. gov. cn/ztsj/zt/hjbhdc/202011/t2020
1130_2385533. html。

《自治区交通运输厅关于印发〈宁夏回族自治区交通运输"十四五"发展
规划〉的通知》，宁夏回族自治区交通运输厅网站，2021 年 9 月 30
日，https://jtt. nx. gov. cn/zfxxgk/zfxxgkml/glgk/zdgkwj/202110/t202110
22_3102156. html。

《自治区人民政府办公厅关于印发宁夏回族自治区农业农村现代化发展
"十四五"规划的通知》，宁夏回族自治区人民政府网站，2021 年 11
月 19 日，https://www. nx. gov. cn/zwgk/qzfwj/202111/t20211129_317
0674. html? from = singlemessage。

《自治区卫生健康委关于呈送 2019 年全区农村卫生工作总结及 2020 年农村
卫生健康工作安排的函》，宁夏回族自治区卫生健康委员会网站，
2019 年 11 月 26 日，http://wsjkw. nx. gov. cn/zfxxgk_279/zcfg/201911/

t20191126_2811283. html。

学位论文类：

谷玉良：《底层群体向上流动的"关系"逻辑——基于建筑业包工头创业过程的分析》，博士学位论文，华中师范大学，2017。

管珍珠：《农村回流劳动力就业问题的研究》，硕士学位论文，南京大学，2016。

刘金新：《脱贫脆弱户可持续生计研究》，博士学位论文，中共中央党校，2018。

马冬梅：《宁夏六盘山区旅游扶贫开发思路及对策研究》，硕士学位论文，西安建筑科技大学，2006。

任毅：《马克思的反贫困思想及其当代价值研究》，博士学位论文，中共中央党校，2021。

舒玲：《基于农民"干中学"的能力贫困消除问题研究——以岩头村为例》，硕士学位论文，湖南农业大学，2015。

宋燕平：《我国新型农民合作组织技术吸收能力的历史演化、理论框架和评价》，博士学位论文，中国科学技术大学，2010。

田斌：《宁夏农民收入增长问题及对策研究》，硕士学位论文，中国农业大学，2004。

汪雨晴：《习近平中国传统文化观研究》，硕士学位论文，西华大学，2019。

王辉：《参与式发展理论视角下的民族地区精准扶贫研究——以内蒙古翁牛特旗为例》，硕士学位论文，北京化工大学，2019。

邢成举：《乡村扶贫资源分配中的精英俘获——制度、权力与社会结构的视角》，博士学位论文，中国农业大学，2014。

殷雪峰：《当前乡村文化建设问题研究——以宁夏回族自治区盐池县为例》，硕士学位论文，中央民族大学，2011。

尹昊：《基于卷积神经网络的遥感图像分割方法研究》，硕士学位论文，山东农业大学，2021。

余娟：《葡萄酒旅游目的地评价与建设研究——以宁夏贺兰山东麓为例》，硕士学位论文，宁夏大学，2022。

岳鑫：《政府推动下精英主导的非资源型农村城镇化发展模式研究——以山西 C 村为例》，硕士学位论文，山西大学，2014。

张芳：《新型农民能力建设研究》，硕士学位论文，湖南师范大学，2008。

张君：《陕甘宁老区多维贫困：时空结构、形成机制与返贫风险防控》，博士学位论文，陕西师范大学，2021。

周鹏：《中国西部地区生态移民可持续发展研究》，博士学位论文，中央民族大学，2013。

周闻鹏：《农民沟通式政治参与研究》，硕士学位论文，黑龙江大学，2011。

期刊类：

阿斯兰·艾合买提：《民族地区城乡居民医疗保险与医疗服务条件的研究》，《营销界》2019 年第 29 期。

艾莉等：《宁夏羊绒产业竞争力分析》，《农业科学研究》2009 年第 2 期。

白描、苑鹏：《现代化进程中我国农民全面发展的制约因素与推进路径》，《改革》2021 年第 12 期。

白南生、卢迈：《中国农村扶贫开发移民：方法和经验》，《管理世界》2000 年第 3 期。

曹子坚、张俊霞：《能力建设视域下的农村贫困治理》，《甘肃社会科学》2020 年第 5 期。

常跟应等：《我国内陆河流域农民对强制性农业节水政策的态度及其影响因素》，《干旱区资源与环境》2017 年第 9 期。

陈达云、扈文英：《教育精准扶贫与新时代民族地区教育发展——学习习近平关于教育扶贫重要论述的思考》，《中南民族大学学报》（人文社会科学版）2021 年第 2 期。

陈浩、葛亚赛：《基于可行能力的失地农民市民化测度及其影响因素研究》，《华中农业大学学报》（社会科学版）2016 年第 6 期。

陈梦雪等:《儿童膳食模式与健康关系的流行病学研究进展》,《中华预防医学杂志》2022 年第 2 期。

陈松友:《和谐社会的构建与农民的制度化政治参与》,《探索》2011 年第 5 期。

陈垚、汪晓文、张国兴:《交通基础设施对农村减贫的门槛效应研究》,《中国地质大学学报》(社会科学版)2021 年第 5 期。

池上新、陈诚:《背反效应:人口流动与城乡居民的政治态度》,《中国农村观察》2016 年第 5 期。

崔永亮:《农村住房保障制度缺失及其未来改善》,《改革》2013 年第 12 期。

戴昌桥:《农民政治参与的特征、效果及路径选择——以村民自治进程为背景》,《湖南科技大学学报》(社会科学版)2010 年第 3 期。

戴丹红:《浅析人力资源开发与区域经济发展》,《商讯》2021 年第 34 期。

邓睿:《卫生服务可及性如何影响农民工主观生活质量?——基于流动人口健康重点领域专题调查的证据》,《中国农村观察》2022 年第 2 期。

邓万春:《关于农民市场风险的一种表述——市场"规则"与"场所"的关系逻辑》,《中国农业大学学报》(社会科学版)2008 年第 3 期。

邓湧、冯进展、杜艳艳:《新型职业农民经营管理能力构成与培训策略研究》,《农业经济》2015 年第 7 期。

豆书龙、叶敬忠:《乡村振兴与脱贫攻坚的有机衔接及其机制构建》,《改革》2019 年第 1 期。

杜利娜:《马克思的贫困理论及当代启示》,《马克思主义研究》2018 年第 8 期。

樊杰、周侃、伍健雄:《中国相对贫困地区可持续发展问题典型研究与政策前瞻》,《中国科学院院刊》2020 年第 10 期。

范和生:《返贫预警机制构建探究》,《中国特色社会主义研究》2018 年第 1 期。

房红梅:《助力乡村振兴 建设美丽家园》,《新长征》2021 年第 10 期。

傅安国等:《脱贫内生动力机制的质性探究》,《心理学报》2020 年第 1 期。

宫晓、曹秀玲：《农村居民在乡镇卫生院就医意愿的影响因素分析》，《中国卫生事业管理》2011 年第 11 期。

缑博、谭英、奉公：《电视文化传播及其在新农村建设中的作用——来自全国 27 个省市区农户的调查报告》，《中国农业大学学报》（社会科学版）2006 年第 3 期。

郭丽：《论城乡基本公共服务均等化制度创新》，《理论与当代》2012 年第 7 期。

郭然等：《北京市 16 区患者基层医疗卫生机构就诊情况及影响因素研究》，《中国全科医学》2021 年第 7 期。

郭志仪、逯进：《教育、人力资本积累与外溢对西北地区经济增长影响的实证分析》，《中国人口科学》2006 年第 2 期。

韩佳丽：《深度贫困地区农村劳动力流动减贫的理论逻辑与实践路径》，《云南民族大学学报》（哲学社会科学版）2020 年第 4 期。

韩峥：《脆弱性与农村贫困》，《农业经济问题》2004 年第 10 期。

何晶等：《急性缺血性脑卒中病人延迟就医与家庭动力学的相关性研究》，《护理研究》2020 年第 2 期。

侯铁虎、黄召才：《建设新农村中的农民政治参与研究》，《理论探索》2006 年第 2 期。

黄承伟：《新时代十年伟大变革的最生动实践——兼论脱贫攻坚的里程碑意义》，《南京农业大学学报》（社会科学版）2022 年第 6 期。

黄国庆、刘钆、时朋飞：《民族地区脱贫户返贫风险评估与预警机制构建》，《华中农业大学学报》（社会科学版）2021 年第 4 期。

黄开腾：《国外社会组织扶贫：历史演变、实践经验及其政策启示》，《贵州师范大学学报》（社会科学版）2021 年第 1 期。

黄鹂：《城乡融合视野下农民工市民化的影响因素与政策扶持》，《农业经济》2019 年第 8 期。

黄乾、晋晓飞：《子女流动对农村老龄人口相对贫困的影响》，《广东社会科学》2022 年第 1 期。

贾海刚：《职业教育服务精准扶贫的路径探索》，《职教论坛》2016 年第 25 期。

贾海薇：《中国的贫困治理：运行机理与内核动力——基于"闽宁模式"
　　的思考》，《治理研究》2018 年第 6 期。

贾玮、黄春杰、孙百才：《教育能够缓解农村相对贫困吗？——基于农村
　　家庭多维相对贫困的测量和实证分析》，《教育与经济》2021 年第
　　5 期。

江剑平、葛晨晓、朱雪纯：《新时代以增强农村内生发展能力为核心的乡
　　村振兴逻辑》，《财经科学》2020 年第 9 期。

江松颖、刘颖、金雅：《我国粮食综合生产能力影响因素及其变迁分析》，
　　《统计与决策》2016 年第 14 期。

黎洁：《陕西安康移民搬迁农户生计选择与分工分业的现状与影响因素分
　　析——兼论陕南避灾移民搬迁农户的就地就近城镇化》，《西安交通大
　　学学报》（社会科学版）2017 年第 1 期。

李宝军、罗剑朝：《农村劳动力流动对农户家庭多维贫困影响的实证》，
　　《统计与决策》2022 年第 8 期。

李长亮：《深度贫困地区贫困人口返贫因素研究》，《西北民族研究》2019
　　年第 3 期。

李聪、郭嫚嫚、李萍：《破解"一方水土养不起一方人"的发展困
　　境？——易地扶贫搬迁农户的"福祉－生态"耦合模式分析》，《干旱
　　区资源与环境》2019 年第 11 期。

李涵、滕兆岳、伍骏骞：《公路基础设施与农业劳动生产率》，《产业经济
　　研究》2020 年第 4 期。

李建国等：《试论宁夏枸杞经济的作用与产业化发展对策》，《宁夏农林科
　　技》2003 年第 2 期。

李洁、赵连飞、王凯荣：《宁夏南部山区农村女性围绝经期综合征特点及
　　影响因素分析》，《宁夏医科大学学报》2018 年第 3 期。

李刘艳、杨阳：《乡村振兴进程中农业劳动力转移对粮食生产的影响——
　　基于 30 个省级面板数据的实证检验》，《河南师范大学学报》（哲学社
　　会科学版）2022 年第 2 期。

李棉管、岳经纶：《相对贫困与治理的长效机制：从理论到政策》，《社会

学研究》2020 年第 6 期。

李琴英、常慧、唐华仓：《农业保险、农业全要素生产率与农业产出的协同效应》，《河南农业大学学报》2022 年第 1 期。

李秋利、张少生、罗亮：《钟南山院士学术访谈录：体育融入生活的"主动健康"模式探索》，《体育与科学》2022 年第 2 期。

李淑芳、熊傲然、刘欣：《推进基本公共服务均等化的三重困境与破解之道》，《财会月刊》2022 年第 8 期。

李小红、段雪辉：《后脱贫时代脱贫村有效治理的实现路径研究》，《云南民族大学学报》（哲学社会科学版）2020 年第 1 期。

李晓宁、李雪峥、崔健：《西部农村居民政治参与及社会治理分析——基于陕西省岐山县 G 村的社会调查》，《西北农林科技大学学报》（社会科学版）2018 年第 1 期。

李雪平：《湖北省农村人力资本对农村经济增长的影响分析》，《决策咨询》2017 年第 3 期。

李毅：《国外农村人力资源体系发展经验研究》，《世界农业》2013 年第 5 期。

李智勇：《做培育良好家风的表率——学习习近平总书记关于家风建设重要论述》，《紫光阁》2016 年第 7 期。

李仲生：《美国的人力资源开发与经济发展》，《中国人力资源开发》2006 年第 2 期。

梁海伦、陶磊：《健康乡村建设：逻辑、任务与路径》，《卫生经济研究》2022 年第 3 期。

梁龙：《品牌崛起提升我国羊绒话语权》，《中国纺织》2015 年第 10 期。

廖庆娟：《农村交通基础设施改善对城乡消费市场一体化的影响》，《哈尔滨师范大学社会科学学报》2023 年第 4 期。

林闽钢、张瑞利：《农村贫困家庭代际传递研究——基于 CHNS 数据的分析》，《农业技术经济》2012 年第 1 期。

林万龙等：《全面深化改革背景下中国特色社会扶贫政策的创新》，《经济纵横》2016 年第 6 期。

林万龙:《乡村社区公共产品的制度外筹资:历史、现状及改革》,《中国农村经济》2002 年第 7 期。

林永然:《交通基础设施对区域贫困的影响研究——基于省域面板数据的实证检验》,《学习论坛》2021 年第 1 期。

刘环亚等:《影响老年急性心肌梗死患者健康素养的生活习惯及饮食习惯》,《中国老年学杂志》2021 年第 17 期。

刘慧、叶尔肯·吾扎提:《中国西部地区生态扶贫策略研究》,《中国人口·资源与环境》2013 年第 10 期。

刘鹏宇:《宁夏煤炭资源现状及其保障程度预测研究》,《知识经济》2019 年第 1 期。

刘同君:《论农民权利倾斜性保护的价值目标》,《法学》2022 年第 2 期。

刘晓雪:《新时代乡村振兴战略的新要求——2018 年中央一号文件解读》,《毛泽东邓小平理论研究》2018 年第 3 期。

刘璇:《乡村振兴战略实施背景下应对农村人口老龄化的策略研究——以吉安市为例》,《南方农机》2021 年第 14 期。

刘学敏:《西北地区生态移民的效果与问题探讨》,《中国农村经济》2002 年第 4 期。

刘子宁等:《医疗保险、健康异质性与精准脱贫——基于贫困脆弱性的分析》,《金融研究》2019 年第 5 期。

卢昱嘉、陈秋分、康永兴:《面向新发展格局的我国农业农村现代化探讨》,《农业现代化研究》2022 年第 2 期。

马翠萍:《农村集体经营性建设用地入市收益分配的实践探索与制度优化》,《改革》2022 年第 10 期。

孟凡东、张力、李庆利:《民族地区新农村建设中的农民素质教育问题》,《成人教育》2012 年第 10 期。

潘锦棠:《性别人力资本理论》,《中国人民大学学报》2003 年第 3 期。

潘选明、张炜、陈汐菡:《互联网使用与农村劳动力流动:影响机制与经验证据》,《农村经济》2022 年第 2 期。

庞超:《当代中国农民政治参与中的主体性特征及其优化》,《求实》2014

年第 7 期。

皮埃尔·萨内:《贫困:人权斗争的新领域》,刘亚秋译,《国际社会科学杂志》(中文版)2005 年第 2 期。

齐斌:《普惠金融推进脱贫地区乡村振兴的路径研究》,《商业经济》2023年第 11 期。

秦芳、王剑程、胥芹:《数字经济如何促进农户增收?——来自农村电商发展的证据》,《经济学》(季刊)2022 年第 2 期。

秦红增:《农民再造与乡村发展——文化农民系列研究之一》,《广西民族研究》2005 年第 2 期。

任映红、荆琦:《村落文化情境中农民的政治参与——兼析 H 村村治变迁中的文化因子》,《浙江社会科学》2013 年第 7 期。

沈春梅、杨雪英:《社会排斥视角下的农村反贫困机制研究》,《淮海工学院学报》(人文社会科学版)2016 年第 6 期。

沈琼、李皓浩、马红春:《营商环境对新型职业农民持续务农意愿的影响分析》,《农林经济管理学报》2021 年第 2 期。

宋海春:《现代化进程中农民政治参与问题及对策分析》,《东北师大学报》2002 年第 4 期。

宋浩昆:《浅析参与性发展及在中国的实践》,《云南地理环境研究》1999年第 S1 期。

苏剑峰、聂荣:《社会网络对农村家庭相对贫困脆弱性的影响》,《华南农业大学学报》(社会科学版)2022 年第 2 期。

苏祎凝:《社保扶助"三农"发展的创新模式》,《当代县域经济》2023 年第 7 期。

孙延鹏:《交通基础设施建设、劳动力流动与城乡收入差距》,《南京审计大学学报》2020 年第 3 期。

谭虎、刘增民:《基于共同富裕理念的三峡库区农民增收研究》,《农业科技与信息》2023 年第 10 期。

檀学文:《走向共同富裕的解决相对贫困思路研究》,《中国农村经济》2020 年第 6 期。

唐代婷等：《母亲孕期生活习惯与低出生体重关系病例对照研究》，《中国公共卫生》2016 年第 12 期。

唐钧：《后小康时代的相对贫困与贫困家庭生活方式》，《党政研究》2021 年第 3 期。

田红宇、王媛名、覃朝晖：《高铁开通、劳动力流动与农村多维贫困》，《统计与决策》2021 年第 3 期。

万君、张琦：《区域发展视角下我国连片特困地区精准扶贫及脱贫的思考》，《中国农业大学学报》（社会科学版）2016 年第 5 期。

汪晨、万广华、吴万宗：《中国减贫战略转型及其面临的挑战》，《中国工业经济》2020 年第 1 期。

汪辉平、王增涛、马鹏程：《农村地区因病致贫情况分析与思考——基于西部 9 省市 1214 个因病致贫户的调查数据》，《经济学家》2016 年第 10 期。

王福军：《农业经济管理对农村经济发展的促进作用研究——以山东省济南地区农村为研究对象》，《河北农机》2023 年第 14 期。

王国庆、李梦玲、刘初脱：《宁夏"脱贫摘帽"后产业可持续发展研究》，《农业经济》2020 年第 5 期。

王海娟：《乡村振兴背景下农村基层民主治理转型：制度空间、实现路径与当代价值》，《求实》2021 年第 5 期。

王嘉毅、封清云、张金：《教育与精准扶贫精准脱贫》，《教育研究》2016 年第 7 期。

王介勇、陈玉福、严茂超：《我国精准扶贫政策及其创新路径研究》，《中国科学院院刊》2016 年第 3 期。

王景玉：《试论政治沟通》，《南都学坛》2006 年第 2 期。

王静、王志章、杨志红：《中国共产党反贫困的实践探索、经验总结与当代价值研究》，《中国软科学》2022 年第 5 期。

王丽萍、方然：《参与还是不参与：中国公民政治参与的社会心理分析——基于一项调查的考察与分析》，《政治学研究》2010 年第 2 期。

王明生、马维振：《公民网络政治参与法律规制面临的困境与出路》，《江苏行政学院学报》2020 年第 3 期。

王琦：《新乡贤融入乡村治理体系的历史逻辑、现实逻辑与理论逻辑》，
《东南大学学报》（哲学社会科学版）2021 年第 S2 期。

王三秀、卢晓：《健康中国背景下农村健康福利效能优化：目标、困境及
破解——农民健康主体能力塑造视角》，《宁夏社会科学》2022 年第
2 期。

王延中、宁亚芳：《新时代民族地区决胜全面小康社会的进展、问题及对
策——基于 2013~2016 年民族地区经济社会发展问卷调查的分析》，
《管理世界》2018 年第 1 期。

王轶、刘蕾、武青远：《正规信贷供给方式与农村地区共同富裕》，《金融
经济学研究》2022 年第 1 期。

魏春梅、盛小平：《弱关系与强关系理论及其在信息共享中的应用研究综
述》，《图书馆》2014 年第 4 期。

文琦等：《黄土高原村域多维贫困空间异质性研究——以宁夏彭阳县为
例》，《地理学报》2018 年第 10 期。

吴春宝：《增权赋能：乡镇政府公共服务能力提升及其实现路径》，《广西
大学学报》（哲学社会科学版）2022 年第 1 期。

吴高辉：《新型农村社区建设中农民参与的多维困境浅析》，《企业改革与
管理》2014 年第 10 期。

吴嘉贤、刘修岩：《高铁开通与中国农村减贫——来自遥感数据的证据》，
《世界经济文汇》2022 年第 1 期。

吴强等：《连片特困地区的医疗扶贫绩效评价体系研究》，《中国卫生经济》
2019 年第 8 期。

吴玄娜：《程序公正与权威信任：公共政策可接受性机制》，《心理科学进
展》2016 年第 8 期。

吴兆明、于云波：《新型职业农民长期从农意愿及其影响因素实证分析》，
《北方园艺》2020 年第 2 期。

《习近平向全国广大农民和工作在"三农"战线上的同志们致以节日祝贺
和诚挚问候》，《黑龙江粮食》2023 年第 9 期。

《习近平在宁夏考察时强调 决胜全面建成小康社会决战脱贫攻坚 继续建设
　　经济繁荣民族团结环境优美人民富裕的美丽新宁夏》，《思想政治工作
　　研究》2020 年第 7 期。

习近平：《在庆祝中国共产党成立 100 周年大会上的讲话》，《求是》2021
　　年第 14 期。

徐孝勇、赖景生、寸家菊：《我国西部地区农村扶贫模式与扶贫绩效及政
　　策建议》，《农业现代化研究》2010 年第 2 期。

徐月宾、刘凤芹、张秀兰：《中国农村反贫困政策的反思——从社会救助
　　向社会保护转变》，《中国社会科学》2007 年第 3 期。

许汉泽：《"后扶贫时代"易地扶贫搬迁的实践困境及政策优化——以秦巴
　　山区 Y 镇扶贫搬迁安置社区为例》，《华东理工大学学报》（社会科学
　　版）2021 年第 2 期。

杨丰硕等：《江西省典型县域经济差异影响因子地理探测研究》，《地球信
　　息科学学报》2018 年第 1 期。

杨虎、曹慧玲：《政策支持对农产品流通绩效提升的效应及异质性——基
　　于长三角地区样本》，《商业经济研究》2020 年第 12 期。

杨柳青、田红梅、石汉平：《三种饮食模式与慢性疾病研究进展》，《首都
　　医科大学学报》2022 年第 2 期。

杨明洪：《论西方人力资本理论的研究主线与思路》，《经济评论》2001 年
　　第 1 期。

杨蓉、刘亚楠、杨惠娟：《宁夏移民安置区土地承载力评价与乡村振兴路
　　径选择——以闽宁镇为例》，《宁夏工程技术》2023 年第 1 期。

杨小科：《农村住房补贴政策瞄准效果分析——来自"2017 年城乡困难家
　　庭抽样入户调查"的经验证据》，《中国行政管理》2022 年第 1 期。

杨奕：《健康中国背景下农村体育贫困的破解路径研究》，《云南行政学院
　　学报》2020 年第 3 期。

杨越等：《新农合参合人员不同等级医疗机构住院流向构成分析》，《中国
　　卫生事业管理》2015 年第 2 期。

姚先国、张海峰：《教育、人力资本与地区经济差异》，《经济研究》2008

年第 5 期。

叶兴庆、殷浩栋：《从消除绝对贫困到缓解相对贫困：中国减贫历程与
　　2020 年后的减贫战略》，《改革》2019 年第 12 期。

叶修堂、姚林香：《小微电商创业扶持政策需求的优先次序和影响因素研
　　究》，《当代财经》2018 年第 6 期。

易芳、徐国营：《羊绒，宁夏新名片——访宁夏轻纺工业局局长龙飞》，
　　《中国纺织》2012 年第 8 期。

尹栾玉：《基本公共服务：理论、现状与对策分析》，《政治学研究》2016
　　年第 5 期。

尹志超、郭沛瑶：《精准扶贫政策效果评估——家庭消费视角下的实证研
　　究》，《管理世界》2021 年第 4 期。

于莎、赵义情：《空心村治理下新型职业农民培育研究——基于内生发展
　　理论》，《中国职业技术教育》2018 年第 26 期。

余丽生、宋莹莹、楼蕾：《共同富裕视角下缩小城乡差距的公共服务体系
　　研究》，《经济研究参考》2022 年第 7 期。

袁方成：《参与式发展：草根组织成长与农村发展的路径选择——岳东实
　　验观察》，《社会主义研究》2006 年第 5 期。

翟雯雯等：《凉山彝族小学生个人卫生行为现状及影响因素的研究》，《现
　　代预防医学》2017 年第 19 期。

湛礼珠：《人际信任的自我削弱与熟人社会变迁》，《华南农业大学学报》
　　（社会科学版）2022 年第 1 期。

张蓓：《以扶志、扶智推进精准扶贫的内生动力与实践路径》，《改革》
　　2017 年第 12 期。

张晨：《以更有力举措全面推进乡村振兴》，《发展》2021 年第 4 期。

张君：《全过程人民民主：新时代人民民主的新形态》，《政治学研究》
　　2021 年第 4 期。

张文明：《内生发展：自主性对农村家庭收入的影响——基于上海市郊 9
　　个村的实证研究》，《人民论坛·学术前沿》2019 年第 10 期。

张潇潇：《社会转型时期村民政治参与存在的问题及路径分析》，《法制与

社会》2017 年第 22 期。

张行发、徐虹、张妍：《从脱贫攻坚到乡村振兴：新内生发展理论视角——以贵州省 Y 县为案例》，《当代经济管理》2021 年第 10 期。

张翊：《我国农村人力资源开发的路径分析》，《农业经济》2015 年第 12 期。

张兆同、李静：《农民的农业生产经营决策分析——基于江苏省苏北地区的调查》，《农业经济问题》2009 年第 12 期。

张仲芳：《精准扶贫政策背景下医疗保障反贫困研究》，《探索》2017 年第 2 期。

赵朋飞：《心智能力、区位环境对欠发达民族地区农户内生发展的影响效应研究——基于家庭创业与返贫风险的双重视角分析》，《农业经济与管理》2022 年第 2 期。

郑琪：《玛莎·努斯鲍姆基于能力理论的正义思想研究》，《求是学刊》2017 年第 6 期。

周大鸣、秦红增：《参与发展：当代人类学对"他者"的关怀》，《民族研究》2003 年第 5 期。

朱方明、李敬：《习近平新时代反贫困思想的核心主题——"能力扶贫"和"机会扶贫"》，《上海经济研究》2019 年第 3 期。

朱琳、罗宏翔：《交通基础设施建设影响区域经济差距的特征、机理及其实证研究》，《云南财经大学学报》2022 年第 3 期。

朱梦冰、李实：《精准扶贫重在精准识别贫困人口——农村低保政策的瞄准效果分析》，《中国社会科学》2017 年第 9 期。

朱雯君等：《广西长寿饮食模式下的蛋白质营养方式对 D-半乳糖致衰老小鼠的影响》，《食品工业科技》2022 年第 18 期。

邹浩、姜东旭、张琳琳：《慢性病患者就医延迟评估工具及影响因素的研究进展》，《中国全科医学》2022 年第 7 期。

左停、徐小言：《农村"贫困-疾病"恶性循环与精准扶贫中链式健康保障体系建设》，《西南民族大学学报》（人文社科版）2017 年第 1 期。

N. Ntoumanis，"A Prospective Study of Participation in Optional School Physical

Education Using a Self-Determination Theory Framework," *Journal of Educational Psychology*, 97. 3 (2005): 444-453.

R. E. Lucas Jr. , "On the Mechanics of Economic Development," *Journal of Monetary Economics*, 22. 1 (1998): 3-42.

R. R. Nelson, E. S. Phelps, "Investment in Humans, Technological Diffusion, and Economic Growth," *The American Economic Review*, 56. 1 (1966): 69-75.

报纸类：

杜冰：《乡村教育，撑起一片希望的天空》，《光明日报》2021 年 5 月 25 日。

《解放思想真抓实干奋力前进 确保与全国同步建成全面小康社会》，《人民日报》2016 年 7 月 21 日。

彭宗璐：《王陇德院士：餐桌上需要一场膳食革命》，《中国食品报》2022 年 4 月 12 日。

《全面建成小康社会，一个少数民族也不能少》，《光明日报》2020 年 6 月 14 日。

孙波等：《山海为证，携手共圆全面小康梦》，《文汇报》2016 年 7 月 20 日。

习近平：《决胜全面建成小康社会 夺取新时代中国特色社会主义伟大胜利——在中国共产党第十九次全国代表大会上的报告》，《人民日报》2017 年 10 月 28 日。

习近平：《携手消除贫困 促进共同发展》，《人民日报》2015 年 10 月 17 日。

姚媛、朱瑞：《脱贫摘帽不是终点，而是新生活、新奋斗的起点》，《农民日报》2021 年 3 月 7 日。

詹櫩鹏：《红色文化赋能乡村振兴的意义与实践》，《中国文化报》2024 年 2 月 2 日。

张碧迁：《灵武市打造滩羊高质量全产业链》，《银川日报》2022 年 4 月

13 日。

张烁：《坚持中国特色社会主义教育发展道路 培养德智体美劳全面发展的社会主义建设者和接班人》，《人民日报》2018 年 9 月 11 日。

张为民：《脱贫步伐加快 扶贫成效显著 我国贫困人口大幅减少》，《中国信息报》2015 年 10 月 16 日。

张雨浦：《2024 宁夏回族自治区政府工作报告》，《宁夏日报》2024 年 1 月 28 日。

《中共中央关于党的百年奋斗重大成就和历史经验的决议》，《人民日报》2021 年 11 月 17 日。

后　记

　　时光流转，岁月静好。经过近三年的调研与写作，《农民内生能力研究——以宁夏为例》的写作工作终于完成了。为了使这本书具有客观性和可读性，我们始终秉持着严谨的态度和求真务实的精神，查阅了大量的资料和文献，并进行了深入的调研和严谨的分析，精心撰写，反复修改，最终成书。在调研和写作过程中，肖梦悦、马雪、张苗和贺敬媛等同学做出了很大贡献。同时，宁夏大学马克思主义学院领导和很多同事对我们的研究与写作给予了大力支持。另外，我们还得到了许多专家、学者的支持和帮助，在此一并表示衷心的感谢。

　　在此书的创作过程中，我们深感学术研究的艰辛、艰苦与艰难。尽管我们已经尽心竭力，力求完美，也难免还有许多不足之处，欢迎广大读者批评指正。

　　最后，感谢社会科学文献出版社的领导和编辑们的大力支持和精心编辑。他们对本书的出版发行给予了极大的支持和帮助，使本书能够更好地呈现在读者面前。

马金龙

2025 年 1 月 25 日

图书在版编目（CIP）数据

农民内生能力研究：以宁夏为例 / 马金龙，张颖著．
北京：社会科学文献出版社，2025.7. -- （宁夏大学马
克思主义理论研究与学科建设工程丛书). --ISBN 978
-7-5228-5260-7

Ⅰ. F323. 8

中国国家版本馆 CIP 数据核字第 202501GR01 号

宁夏大学马克思主义理论研究与学科建设工程丛书
农民内生能力研究
　　——以宁夏为例

著　　者 / 马金龙　张　颖

出 版 人 / 冀祥德
责任编辑 / 岳梦夏
文稿编辑 / 王红平
责任印制 / 岳　阳

出　　版 / 社会科学文献出版社·马克思主义分社（010）59367126
　　　　　 地址：北京市北三环中路甲 29 号院华龙大厦　邮编：100029
　　　　　 网址：www. ssap. com. cn
发　　行 / 社会科学文献出版社（010）59367028
印　　装 / 三河市龙林印务有限公司

规　　格 / 开　本：787mm×1092mm　1/16
　　　　　 印　张：15.5　字　数：238 千字
版　　次 / 2025 年 7 月第 1 版　2025 年 7 月第 1 次印刷
书　　号 / ISBN 978-7-5228-5260-7
定　　价 / 98.00 元

读者服务电话：4008918866